KB156266

초정 박제가의
實學思想과 海運通商論

사단법인 한국해운물류학회
오세영 · 윤일현 · 김성준 엮음

도서출판 신서원

엮은이

오세영

동덕여자대학교 경영경제학부 교수, 경영학박사

일본 神戶大學 연구교수

미국 Indiana 대학 객원교수

한국해운물류학회 회장

저서 : 『현대 해운 경영의 이해』, 『최신무역실무』(공저), 『경영학원론』(공저)

역서 : 『레퓨테이션』

e-mail : osyoung@dongduk.ac.kr

윤일현

대전대학교 법경대학장, 경영학박사

일본 熊本學園大學 교환교수

미국 Rutgers 대학 방문교수

한국해운물류학회 학술위원장

저서 : 『운송물류론』, 『현대인과 보험』, 『국제무역통상개론』(공저)

email : ihyo@dju.ac.kr

김성준

한국해양대학교 해양박물관 전임연구원, 문학박사, 1등항해사

University of London 역사연구소(Institute of Historical Research) 연구

한국해운물류학회 사무국장

저서 : 『영화로 읽는 바다의 역사』, 『유럽의 대항해시대』, 『세계해양사』(공편)

역서 : 『서양해운사』, 『약탈의 역사』, 『역사와 바다 : 해양력의 세계여행』

email : s-junekim@hanmail.net

題字 : 寶鼎 조국현(한국해사재단 사무국장)

초정 박제가의 실학사상과 해운통상론

2004년 11월 20일 초판1쇄 인쇄

2004년 11월 30일 초판1쇄 발행

엮은이 : 사단법인 한국해운물류학회 오세영·윤일현·김성준 엮음

펴낸곳 : 도서출판 신서원[등록 : 제1-1805(1994. 11.9)]

서울시 종로구 교남동 47-2 협신빌딩 209호

전화 : 739-0222·3   팩스 : 739-0224

ISBN : 89-7940-325-9 93910

책을 엮으며

　사단법인 한국해운물류학회는 지난 2002년 창립 20주년을 맞이하여 학술상을 제정하고 그 이름을 북학파 실학자인 박제가의 유통물류에 대한 선각자적인 이론을 기리어 초정학술상楚亭學術賞으로 정하였다. 초정 박제가의 실학사상은 그의 저서 『북학의』에서 유감없이 발현되고 있는데, 유통혁신론과 해외통상론이 그 핵심이라고 판단했기 때문이었다. 2002년 8월 거행된 제1회 초정학술상 시상식에서 초정의 유통물류론에 대한 편린이나마 접하게 된 우리 한국해운물류학회 회원들, 그리고 제1회 초정학술상 시상식과 동시에 가졌던 제1회 해운물류 e-비즈니스대상 시상식에 참석했던 우리 해운물류업계의 경영자들은 우리 역사에서도 이렇게 물류와 해운에 대해 깊이있게 통찰한 선각자가 있었다는 사실에 놀라움을 금치 못하였음은 물론, 다른 한편에서는 초정의 실학사상이 해운물류업계에 잘 알려지지 않았다는 사실에 대해 큰 아쉬움을 토로하기도 하였다.

　이로부터 해운물류 학계와 업계에서 우리나라 선인들의 사상 가운데서 해운·물류 그리고 유통에 대해 집중적으로 조명해 주길 열

망하는 뜨거운 기운이 일어나기 시작하였다. 이 책에 수록된 '초정 박제가의 유통통상론'이라는 논문은 이러한 열망에 부응하기 위한 입문적인 성과로서 한국해운물류학회 학술발표대회에서 발표되었고, 학회지인 『해운물류연구』(제39호, 2003)에 게재된 바 있다. 초정의 유통통상론에 대해 알게 된 분들 가운데서는 '초정 박제가의 유통통상론'을 해외에 소개하는 것이 어떻겠느냐는 매우 진취적인 조언을 해주신 분들도 있었다. 초정학술상 시상을 계기로 우리 해운물류 학계와 업계에서는 해운·물류 및 유통에 대해 그 뿌리를 우리 역사에서 찾아보자는 움직임과 더불어 초정 박제가를 비롯한 선각들의 사상에 대한 관심이 크게 제고되었다.

이와 같은 관심을 학술적인 방향으로 이끌기 위해 한국해운물류학회에서는 그 동안 사학계와 경제경영학계에서 여러 선학들이 일구어 놓은 박제가의 실학사상과 해운물류에 관한 연구성과를 묶어 하나의 단행본으로 꾸며보기로 하였다. 마침 한국해사재단(이사장 박종규)에서 이 사업의 의미를 인정하여 출판비를 지원해 주셨다. 이러한 도움이 없었다면 이 책은 나오기가 어려웠을 것이다.

이 책은 크게 4부로 구성하였다. 1부에서는 초정 박제가의 삶과 학문을 전체적인 시야에서 검토한 논문 2편을 수록하였고, 2부에는 박제가의 실학사상을 다룬 논문 4편을, 그리고 3부에는 박제가의 경제사상을 다룬 6편을 싣고, 마지막 4부에는 박제가의 사상사적 의의를 정리한 논문 2편을 배열하였다.

이 책에 실린 논문들은 1960년대에 발표된 것에서부터 2004년에 집필된 것에 이르기까지 시간적 편차가 매우 크고, 문장 또한 옛 어투가 많이 발견되고 있다. 뿐만 아니라 여러 필자들이 비록 각기 다른 주제를 다루고는 있지만, 서로 중복되는 부분도 없지 않다. 논문 모음집으로서는 피할 수 없는 일이라고 변명할 수밖에 없을 것 같다. 하지만 이 책에서는 원저자의 의도를 존중한다는 원칙에 따라 원문을 그대로 전제하는 것을 원칙으로 하였다. 다만, 불가피한 경우를 제외하고는 본문 가운데 인용된 한문으로 쓰여진 원문은 각주로 옮기거나 간략하게 속뜻을 풀이하였다. 이러한 한계에도 불구하고 이 책은 초정 박제가의 사상을 전체적으로 조망할 수 있다는 점에서 그 의미가 있다고 할 수 있다. 그 가운데서 초정의 해운물류론에 대해 집중적으로 조명해 본다는 점에서는 그 뜻이 크다 하겠다.

이 책이 나오기까지 여러 분들의 도움과 협조를 받았다. 먼저 이 책에 논문을 수록할 수 있도록 허락하여 주신 나우권·신용하·이상태·이성무·이훈섭·홍덕기님께 감사드린다. 김용덕님은 작고하신 관계로 을유문화사와 진단학회·단국대출판부의 양해를 구하였으며, 김길환님 또한 연락처를 확인하지 못하여 전남대출판부의 양해를 받았다. 논문을 싣도록 허락하여 주신 을유문화사·전남대출판부·단국대출판부·진단학회에 감사드린다. 그리고 북한의 학자인 김광진·김광순·변낙주의 『한국경제사상사』에서 발췌한 논문에 대해서는 저자와 연락할 방도가 없었고, 출판사인 이성과 현실도 폐업되어 게재 허락을 받지 못하였음도 밝혀둔다.

이 책은 한국해사재단의 출판비 보조가 없었다면 출간되지 못하였을 것이다. 이에 대해 한국해사재단에 감사의 뜻을 전한다. 그리고 표제를 써주신 보정寶鄭 조국현님과 원 논문과 일일이 대조해 가며 입력해 준 이유림님에게도 감사의 마음을 전한다. 마지막으로 어려운 출판여건에서도 상업성이라고는 전혀 없는 이런 책을 출판하여 주신 신서원의 임성렬 사장님과 편집부의 직원들에게도 감사드린다. 이 책이 우리나라의 자주적인 해운물류론을 확립하는 데 이바지하길 기대해 본다.

2004년 가을
엮은이 일동

차 례

제1부
박제가의 삶과 학문

제1장
박제가의 생애와 사상*

1

박제가는 1750년(영조 26)에 승지 박평朴玶의 서자로 서울에서 태어났다고 하나, 그의 졸년에 대해서는 확실치가 않다. 11세에 부친을 잃고 가난과 천대 속에서 살았으나 동요됨이 없이 박지원·이덕무·유득공·이서구 등과 같은 북학론자들과 교유하며 학문에 정진하였다. 그리하여 그는 실학과 시문의 사대가로 손꼽히게 되었고, 그의 명성은 청나라 학계에도 널리 알려졌다고 한다.

1788년(정조 2)에는 29세의 나이로 연경을 방문했고, 당시 청나라의 석학 반정균潘庭筠·이조원李調元·축덕린祝德麟·강덕귀江德貴 등과 사귀며 청대의 실학정신과 문물을 직접 익히고 돌아와 시무책時務策으로서 『북학의』를 저술하였다. 그는 그 후 세 차례나 연경을 방문하여

* 김길환, 전 충남대학교 철학과 교수.
　원전 : 이을호 편, 『실학논총』, 전남대학교출판부, 1975, 493~501쪽.

그가 관심을 가졌던 청대의 실학정신과 문물제도를 깊이 연구하였다.
그리고 그는 당시 조선의 문물제도가 낙후된 원인을 투철한 실학정신
의 부재와 문물제도의 후진성에 있다고 판단하고 실학정신에 입각한
문물제도의 개혁을 역설하게 되었다. 그러나 불행하게도 그의 실학이
념과 개혁안은 당대에 시행되지는 못했다.

2

18세기에 이르러 조선사회는 정치·경제·사회·문화의 제 영역
에 많은 동요와 변화를 겪게 되었다. 정치면을 보면, 정치이념은 왕
도에 있었으나 군주를 중심으로 권력이 집중되었고 군주의 독재와
사대부의 권력암쟁이 끊임없기 때문에 실제로는 왕도정치에 대한 도
전이 계속되었다. 다시 말하면, 왕도정치는 민을 근본으로 민을 위한
것인데, 이러한 이념과는 정반대로 권력지향적인 정치암쟁과 정치행
사로 말미암아 하부지향적인 정치가 아니라, 상부지향적인 정치가
시행되었다. 따라서 민의 권익이 보호받지 못하는 실정이었다. 이러
한 정치적 상황에서 박제가는 정치적으로는 치자의 편도 아니고 민
의 편도 아닌 중도적 입장에서 치자의 도덕적 각성과 민의 근면을 주
창했는데, 그의 병오소회丙午所懷에 그의 입장과 정신이 여실히 나타나
있다.

한편 국제관계는 숭명반청의 외교노선을 유지하려 하였으나 청조
문화와의 접촉에 의해서 식자간에 청조문화의 진보성을 수용하고 국
제관계의 폐쇄성을 지양하여 개방하자는 의식이 높아지게 되었다.

북학파 학자들의 입장은 그 실례인데, 그들은 국제관계에서 명분보다 실리를 추구할 것을 촉구하였던 것이다. 이러한 상황에서 그는 연경을 왕래하며 쉽게 청조의 문화를 접하게 되었고 이로 인하여 북학파의 거두로 등장하였던 것이다. 그의 외교노선은 그의 존주론에 명백하게 제시되고 있다.

사회적인 면을 보면, 봉건질서의 형식화에 따른 신분제도, 즉 상반차별은 엄격하였다. 임란 이후 전란의 영향과 농공상인의 각성에 따라 다소 경화된 현상이 풀려 서얼의 지위가 향상되었으나 그들에 대한 차별대우가 철폐된 것은 아니었다. 더욱이 박제가는 서자로 태어났고 또 사회적으로 천대받는 터라 서얼과 천대받는 농공상인의 편에서서 그들의 권익을 옹호하게 된 것도 우연한 일은 아닌 성싶다.

경제적인 면을 보면, 호란·임란의 양대 전운은 심각한 경제위기로 몰고 갔다. 또한 이러한 전란으로 말미암은 노동력의 감소에 따라 곡물의 생산량이 준 것은 말할 나위도 없고, 한편 기술과 도구의 부족이 주는 영향은 막대한 것이었다. 이러한 상황에서 그는 '가난이 나라의 큰 적'이라는 것을 깊이 깨닫게 되었고 생산기술과 도구의 필요성을 절실하게 느꼈던 것이다.

이와 같이 정치·경제·사회·외교의 전반적인 동요와 변화는 새로운 형식의 문화현상을 빚게 했다. 즉 성리문화의 말폐에 대한 도전이다. 이러한 현상은 청조문물을 직접 보고 배우고 돌아와서 선진의 기술과 도구를 소개하는 북학파 학자들에 의해서 더욱 고조되었다. 그리하여 문화사상적으로 동요와 변화가 일기 시작했다.

그러나 이러한 문화사상의 동요와 변화는 성리문화의 본질의 거부나 단절에서 갑자기 이루어진 것이 아니며 전승과 변용의 범주를 벗어나지 않고 점진적으로 이루어져 갔던 것이다. 다시 말하면 성리

학의 명제인 성즉리性卽理1)의 자각과 거경궁리居敬窮理2)의 이념과 실제
를 망각하거나 그것을 근본으로 하지 않고 문물제도의 개혁을 추진
하려고 했던 것은 아니고 개혁과 변용을 통하여 도덕적 정치·경
제·사회·문화의 발전과 진보를 시도하려고 했던 것이다.

실상 청조의 문물도 한대의 실사구시의 정신과 송대의 성리학의
정신과 실제의 단절에서 이루어진 것은 아니다. 다만 기술과 도구의
개발을 통해서 인간의 생활을 풍요하게 함으로써 도덕적 인간세계를
건설하게 했던 것이다. 이와 마찬가지로 조선 후기의 실학자들도 선
진의 도구와 기술을 수용하여 인간생활을 풍요하게 하려고 했으나
결코 성리학의 이념이나 도덕윤리의 가치를 수단으로 삼고 도구와
기술을 목적으로 삼았던 것은 아니다.

이와 같이 사회전반이 동요와 변화하는 시대에 선각자 박제가는

---

1) 성리학에서 인간은 天理를 받아 性을 갖고, 기를 받아 형체를 이룬 존재이다. 인간
   은 이를 부여받아서 本性은 선하지만, 동시에 기도 받고 있으므로 기의 맑고 흐림
   에 따라 선악이 나뉘게 된다. 인간의 본성이 선하다는 점에서 모든 인간은 보편성
   을 가지며, 기에 의해서 선악이 나뉜다는 점에서 각각의 인간은 차별성을 이룬다.
   이와 같이 성리학에서는 이에 의한 착한 본성이라는 인간의 보편성을 인정하는 동
   시에, 기에 의한 차별성으로 인간 사이의 현실적 차별을 인정하는 것이다. 천리를
   받아 이루어진 인간의 본성이 선하다는 성리학의 인간관은 맹자의 성선설을 '성이
   곧 이性卽理'라는 논리로 발전시킨 것이었다. 이러한 성리학적 인간관은 인간이 본
   래 선하기 때문에 인간의 주체적인 노력에 의하여 선해질 수 있다고 본다.(편저자)
2) 주자학에서 주장하는 학문수양의 기본방법이다. 거경과 궁리의 두 綱目을 말한다.
   近思錄에 "수양은 모름지기 敬으로써 하여야 하고 進學은 致知에 달려 있다"고 하였
   다. 거경의 경이란, 主一無適으로서 마음을 한 군데에 집중하여 잡념을 버리는 것을
   말한다. 그러나 그것은 내면적인 집중만이 아니고 외면적으로도 엄숙한 태도라야
   한다. 程顥도 "경으로써 안을 바로 잡고 義로써 밖을 바르게 한다"라고 근사록 권4에
   서 강조하였다. 朱熹는 二程子(정호와 정이의 형제)를 계승하여 그 구체적인 방법으
   로서 靜座를 권했다. 궁리란 이른바 格物致知이며, 그 방법으로서는 博學·審問·愼
   思·明辨·篤行을 들었다. 거경과 궁리는 수레의 두 바퀴와 같이, 또 사람의 두 발과
   같이 함께 있어야 비로소 仁을 실현할 수 있다고 하였다.(편저자)

동요와 변화에 대처할 수 있는 실학정신을 고양시키고 또한 그 구체
적 방안까지도 제시하여 사회전반의 혁신을 주장했던 것은 우연한
일이 아니다. '시대가 인물을 만든다'는 율곡의 말은 이를 두고 한 말
인 것 같다.

3

그가 주장한 농공상업과 외국무역의 장려·개방외교, 그리고 과
학제도·재정정책·장례 등의 개혁사상은 그의 실학정신에 근거하여
전개된 것이다.

그의 실학정신의 특징은 한마디로 말하면 정덕正德·이용利用·후
생厚生에 있었다. 그것은 그가 『서경』에 "덕을 바르게 하고 용用을 이
롭게 하여 생生을 두텁게 함을 오직 닦아야 한다"는 사상을 강조했다
는 점을 보아도 충분히 증명된다. 또한 그는 『대학』에 "재물을 생산
하는데 대도大道가 있으니 생산하는 자는 빨리 하고 쓰는 사람은 천천
히 한다"는 입장에 서서 이용후생의 문제에 역점을 두었다. 그가 『북
학의』에서 "생산을 빨리 한다는 것은 용用의 이익을 의미하고 생生을
두텁게 한다는 것은 의식衣食을 풍족하게 함을 의미한다"고 풀이한 것
만 보아도 그가 이용후생에 치중하였다는 것이 명백하다.[3]

더욱이 이 글에서 그가 이용후생을 말하면서 정덕을 빼놓지 않고
강조한 점과 그의 과학론에서 성명의리性命義理를 소홀히 할 수 없고

---

3) 『北學議』進北學議, 農蠶總論.

경학을 존중해야 한다고 한 것은 그의 실학정신이 정덕, 즉 경학적 도덕과 성명의리의 현실을 목표로 삼고 이용후생을 그 수단으로 생각했던 것이 명백하다.

이러한 그의 입장을 볼 때, 그의 실학정신이 경학과 성명의리를 존중하고 그 실현을 주장하는 성리학을 반대하는 데 있지 않았다는 것을 알 수 있다. 다시 말하면, 그는 이러한 입장에서 이용후생을 도모하려 했고, 그러기 위해서 사회의 여러가지 문제의 혁신과 개혁을 주창하게 되었으며, 더 나아가서는 이러한 혁신을 통해서 인간의 성명의리와 도덕을 구현하려고 했던 것이다.

이와 같이 그의 실학정신은 정덕을 근거한 이용후생에 있었고, 이 정신은 민흉民胸의 편에 서서 민중의 생활을 풍요하게 하고 그들의 권익을 보호하려는 데 있었다. 대개 이러한 그의 입장은 항산恒産이 없더라도 항심恒心을 보존하는 지도자의 편에서가 아니라 항산이 없으면 항심을 보존하기 어려운 민중의 편에 서서 민중의 항심을 풍족하게 함으로써 민중이 항심을 갖도록 하는 데 기초한 것이다. 따라서 그는 민중이 항산을 갖는 데 관심을 두고, 이를 위하여 여러 가지 낙후한 문물제도의 혁신과 기술 및 도구를 개발할 것을 촉구하였다. 이것은 곧 '국가의 대폐大弊인 가난'으로부터의 해방을 위한 것이었다.

그는 일찍이 네 차례나 연경을 건너가 이정원·이조원·기윤·포자경 등과 같은 청조의 석학들과 교유하면서 선진의 문물제도를 직접 보고 익힘으로써 이용후생에 필요한 기술과 도구의 필요성을 절실하게 느꼈다. 『북학의』는 곧 그가 연경에서 보고 느끼고 배운 선진적 청조의 문물제도·기술·도구를 소개한 것이다.

특히 그의 관심의 대상은 실사구시와 이용후생의 이념을 바탕으로 발전된 청조의 기술과 도구였고, 또한 상업·농업·해외무역이었다. 결국 조선이 낙후한 이유는 이러한 기술과 도구의 미개발, 그리고 상업과 무역이 침체된 데 기인한다고 평가하고, 강력하게 선진적 청조문물의 수용을 주장했던 것이다.

그는 이와 같이 이용후생에 필요한 기술과 도구의 개발을 주장하면서, 동시에 도덕적 자각과 그 실천을 역설하였다. 그는 성명의리와 도덕을 숭상하는 유교주의를 신봉하면서도 성리학 그 자체가 아니라 성리학과 기송사장학記誦詞章學의 말폐를 공박하고 구유속사拘儒俗士의 변색고체便塞固滯한 식견識見으로부터 벗어날 것을 촉구하였던 것이다. 이 점이 곧 그가 성리문화를 거부 또는 반대하지 않고 이를 근거로 청조문화를 수용하여 개혁과 변용을 시도한 선견지명이라 할 것이다.

그가 위에서 말한 문제는 대단히 비근하고 실생활에 유용하고 유익한 것들이었다. 이 점은 그의 실제적이고 실용적이며 효율적인 것을 추구하는 실학정신이 민중의 생활개선과 도덕의 실현에 관계되었다는 것을 입증하는 것으로서 '아래부터의 혁명'을 통하여 '위를 혁명'하려는 것이었다. 여기에서 실제적·실용적·효율적이란 말은 경제적 또는 물질적이라는 점에만 국한되는 것이 아니고 도덕과 윤리를 포함하고 있다는 것을 잊어서는 안된다.

그의 이러한 입장은 그의 사기삼폐四欺三弊의 타파설에 잘 나타나고 있다. 국가의 자기自欺, 사대부의 자기, 공령의 자기, 습속의 자기가 그의 사기설인데 이것은 '위로부터의 혁명'을 통하여 '아래를 혁명'하려는 의도가 담겨져 있다고 하겠다. 또한 삼폐설은 첫째, 인재 양성의 폐단이고, 둘째, 과거의 폐단이고, 셋째, 숭유하는 방법의 폐단이다. 그리하여 그는 이러한 모든 폐단을 하나하나 개혁할 것을 주장하게 되었다.

4

그는 정덕이용의 후생하는 실학정신에 근거하여 사회개혁을 주장했으나 방법상 이용후생을 통하여 정덕을 실현하려고 하였다. 그러므로 그는 신분제도·농업·상업·과학제도·풍수신앙·병사문제·외교문제 등 다각적으로 사회의 제 문제에 대하여 깊은 관심을 보였으며 그에 대한 개혁을 주장했던 것이다.

이것은 그의 실학정신에 입각한 시도였음에는 틀림이 없으나 시무적時務的인 것으로서 이용후생의 문제에 중점을 두고 낙후된 문물제도의 개혁을 강조한 것이다. 이러한 정신은 16~18세기의 선각자들에 있어서 흔히 시무책으로 표현되었다. 율곡이 『동호문답東湖問答』에서 제시한 논군도論君道·논신도論臣道·논군신상득지난論君臣相得之難·논동방도학불행論東方道學不行·논아조고도불복論我朝古道不復·논당금지세論當今之勢·논무실위수기지요論務實爲修己之要·논변간위용현지요論辨姦爲用賢之要·논안민지술論安民之術·논교인지술論敎人之術·논정명위치도지본論正名爲治道之本 등의 시무책, 우하영禹夏永의 무본務本·화속化俗·용인用人·군제軍制·세세라든가, 경세권농지책輕稅勸農之策·광둔존민지책廣屯尊民之策·광치전화지책廣置錢貨之策·모민흥판지책募民興販之策·약환이공지책藥丸移貢之策 등의 시무책이 그 예다.

박제가의 『북학의』도 이런 뜻에서 시무책에 속한다. 대개 이 시무책은 당시에 낙후된 문물제도와 그 시행의 잘못을 비판하여 급선무의 일을 추진할 것과 그 잘못된 것을 개혁하는 방법 등을 제시한 것이 내용으로 되어 있다.

그의 『북학의』의 내용은 혁신적 사상으로서 곧 시무책이었다. 통
강남절강상박의通江南浙江商舶議는 통상의 개방과 조선造船의 개량을 논
한 것이고, 농잠총론農蠶總論은 농업 및 잠사蠶事 등의 내용과 기술도구
의 개선을 논한 것이고, 존주론尊周論은 쇄국주의를 비판하고 외교의
개방을 논한 것이다. 그리고 병론兵論은 병기의 개량과 농기구와의 병
용 등을 논한 것이고, 장론葬論은 장례의 허화虛華와 풍수설의 비과학
성을 논한 것이고, 재부론財賦論은 기용器用의 기술과 용법 그리고 재정
문제를 논한 것이다. 또한 과거론科擧論은 과거제도의 모순과 그 시비
를 논한 것이다.

이상에서 논의한 바와 같이 그의 실학정신은 개혁사상으로 연결
되고 있다. 단적으로 말하면 그의 실학정신은 후기 실학의 특징이라
고 하는 이용후생에만 국한된 것이 아니고 정덕에 근거하고 있다. 대
개 박제가의 사상을 논의함에 있어서 그의 개혁사상에 초점을 두고
그것이 곧 실학정신이라 하는 것은 편견이고, 또 그의 실학사상은 성
리학·경학을 부정하고 이용후생만을 추구한 것이라 하는 것은 더욱
오류라는 것은 재언을 요하지 않는다.

박제가는 분명히 전기의 실학정신에 성명의리를 근거하고 시무책
으로서 이용후생을 강조하였고, 기술과 도구를 이용하여 성명의리의
도덕을 실현하려고 하였던 것이다. 이러한 입장은 비단 박제가의 실
학정신에 제한되지 않고 18세기 이후의 실학자라면 거의 이러한 입
장에서 실학을 주장한 것이다. 정약용·우하영·김추사 등은 그 좋은
예인 것이다.

다시 강조해 둘 문제는 실학의 대상을 실생활에 유용하고 실제적
인 사고에 의한 이용후생을 추구한 18세기 이후의 기술·도구 우선주
의의 신사조에 둔다는 견해는 실학의 본질이 경학과 성명의리에 있

다는 것을 모르는 소치이며, 더욱이 후기 실학이 성리학과 경학을 부
정한 반동적 사상이라는 것은 실학의 체계와 방법에 대한 무지와 유
학의 내면적 구조와 논리에 대한 몰이해에 연유한 것임을 밝혀둔다.
실생활에 유용하고 실제적 사고란 기술·도구·물질을 추구하는 것
만이 아니고 도덕·윤리 등 정신적인 것도 실생활에 유용한 실제적
사고에 속한다는 것을 잊어서는 안된다.

이러한 입장에서 박제가는 성리문화의 말폐를 부정하면서도 성리
문화의 참된 내실을 전승 내지 그에 근거하고 청나라의 선진적 문물
을 수용하여 정치·경제·문화의 낙후된 제도의 개혁과 민중과 치자
의 정신개조를 주장한 것이다.

그가 주장한 사회전반의 개혁안은 빈곤구제救貧를 통하여 민중의
도덕과 성명의리를 실현하려는 면과 치자의 각성을 통하여 혁신적
정책입안과 그 시행을 촉구한 면으로 나뉜다. 전자는 도구와 기술의
혁신을 통하여 이루어지는 것이었고, 후자는 4기3폐의 혁신과 같은
치자의 정신혁명을 통하여 이루어지는 것이었다. 그는 이와 같이 전
자와 같은 기술도구의 혁신과 후자와 같은 정덕, 즉 정신혁명을 통하
여 후생을 도모했던 혁신사상가였다.

해외무역의 개방·선박과 수레의 개량·농잠기술과 도구의 개선·
쇄국주의의 철폐와 개방외교주의·정병주의精兵主義와 농기구병용·풍
수설의 비판·이재理財·과거제도의 개혁 등은 정덕이용후생의 실학정
신에 입각하여 주장한 것이다.

그러므로 비록 당시에 그의 주장이 실현을 보지 못했다고 하더라
도, 그의 실학정신과 개혁사상은 물질과 정신, 또는 도덕과 경제의
대립과 갈등으로 그 좌표와 조화를 찾지 못하는 현대에 있어서 하나
의 이정표가 될 수 있는 우리의 정신적 유산으로 재조명해 볼 가치가
있다고 할 수 있을 것이다.

제2장

정유 박제가의 생애*

1. 머리말

박제가는 인재가 빈빈彬彬하던 정조대에 가장 천재적인 우수한 실학자였음은 주지된 사실이다. 그의 공헌은 북학론을 가장 철저하게 구체적으로 주장한 점에 있다. 북학이란 중점을 이용후생利用厚生 기용제도器用制度에 두고 선진적인 중국문화를 배우자는 주장으로 그것은 구빈救貧의 방도로서 여러 실학자 사이에 공통된 의견이었다. 특히 박제가는 그 주장의 근저에 봉건적 개량주의를 넘는 뚜렷한 '근대적'인 개명적·합리적 정신이 보인다. 중국과의 해로통상, 서양과학자의 초빙, 양반을 상업에 종사시키자는 등 그 사상의 일면을 보더라도 그가 인순因循과 편협偏狹으로 뒤덮인 쇄국적인 사상계에 반기를 든 특출한 진취적인 실학자임을 알 수 있다.

한편 그는 네 번이나 연행燕行하여 청조문화를 대표하는 제 명사

* 김용덕, 전 중앙대 사학과 교수, 작고.

원전 : 『중앙대논문집』 제5집, 1961, 49~75쪽 ; 김용덕, 『조선후기사상사연구』, 을유문화사, 1977, 66~140쪽.

들과 가장 우의가 두터웠으며, 시서화에 걸친 달인으로서도 가장 저
명한 조선인사였다. 그러나 그의 관위는 낮았고 만년은 불우하여 정
리된 문집도 없으며,[1] 그 생애에 대해서는 알려진 바 적은 것이다.
그러므로 필자는 북학론을 연구하는 하나의 기초적 과업으로서 제서
諸書에 산견하는 그에 관한 자료를 습철拾掇하여 간단히 그의 사상에
논급하면서 전기적 서술을 이 곳에 시도하였다.[2]

2. 소년시절

박제가는 영조 26년(1750) 11월 5일 승지 박평朴玶의 서자로 태어
났다. 조숙한 어린 수재로서 4세 연장인 그의 누이로부터 공부에 많

---

1) 그의 문집으로서 간행된 것은 청나라에서 상재된 간단한 貞蕤稿略 2권이 있을 뿐
   이다. 그밖에 필자가 본 박제가의 저서는 北學議 1책(규장각본), 貞蕤閣文集 4책,
   貞蕤閣抄集 1책, 貞蕤詩集 3책(모두 초본)으로 모두 서울대학교 도서관 소장이다.
   본문 가운데 표기는 예컨대 貞蕤閣文集 권2는 貞2로 표시하였다. 정유각문집은 규
   장각본보다 古圖書本이 내용이 충실하였다.
2) 박제가에 관련해서 지금까지 발표된 논문으로서는 藤塚鄰,「李朝の學人と乾隆文
   化」(『朝鮮支那文化の硏究』)・「金秋史の入燕と翁阮二經師」(『東方文化史叢考』)・「日
   鮮淸に亘する文化交流の一考察」이 있고, 김한석이 집필한 협동문고본의『북학의』
   의 해설이 있다(이 책은 진소본『북학의』의 번역뿐임). 김성칠은 연행소고(『역사학
   보』제10집, 1960)에서 여러 북학론자에 대해 논급하고 있다. 그는 특히『북학의』
   를 극찬하여 거의 보탤 말이 없을 정도로 그의 사상의 선진성·탁월성을 평가하고
   있다. 『북학의』는 이루어지지 못한 문화혁명의 봉화이며『북학의』의 제창은 (조
   선에서의 근세시민사상의 맹아라고 봄이 옳으며"(그 논문 4쪽), "『북학의』는 지금
   으로부터 근 2백여 년 전에 하마 조선에선 신생면을 개척할 뻔한 우국제세의 대경
   륜이었다"(70쪽), "『북학의』는 그 주장이 있은 지 170년 후인 오늘날에도 매우 적
   절한 시무책"(6쪽)이라고 그 불후의 생명을 지적하고 있다. 그 뒤 실학사상연구가
   활기를 더해 감에 따라 박제가를 언급하거나 주제로 다룬 수편의 논문이 발표되었
   다(참고문헌 참조).

은 도움을 받았다. 그 누이는 총명하고 협기있는 여성으로서 제가 15
세 때 출가했거니와 누이와는 매우 우애가 두터웠으며 가난하나 단
란한 가정이었다. 그러나 11세에 아버지를 잃은 후 생계는 매우 곤
란하게 되어 주로 남산 밑 묵동과 필동 등지를 전전하며 거처를 옮
길 정도였다.[3]

그와 평생의 지기인 아정雅亭 이덕무와의 첫 상봉은 한 폭의 그림
같은 광경이었다. 아정은 친구 집에서 제가의 필적을 보고 그것이 15
세 소년의 솜씨라는 데 놀랐으며 이어 그의 시를 보고 더욱 마음이
끌렸다. 제가 18세 때 우연히 아정은 길에서 제가를 보고 직감적으로
그가 오랫동안 관심을 가졌던 그 소년인 것을 알고 두 사람은 초면
인사를 한 다음 곧 의기상투 막역한 사이가 되었다. 그리하여 지취志
趣가 같은 두 준수俊秀는 의기투합이라기보다도 더한 우정으로써 맺어
졌다. 덕무는 제가보다 9세 연장이었으니 소년시절의 그들은 사제와
같은 면도 있으나, 두 사람의 지기지감知己之感은 스스로 교세矯世의 일
이라 자허自許하였으니 우정에 있어서는 그지없는 지기知己를 얻는 청
복淸福을 가졌었다. 제가와 연암 박지원 또한 처음 만난 그날부터 환
연상계歡然相契하였다.

일찍부터 박지원의 명성을 흠모하고 있던 19세 소년은 그를 원각
사지(지금 탑골공원 부근) 근처에 있는 우거寓居로 찾아가자 형암炯庵 이
덕무를 통하여 이미 초정을 알고 있었던 미중은 그를 옛 벗이라도 본
듯 환영, 서로 경도傾倒함에 이르렀다. 마침 형암의 집은 그 북쪽, 이
서구의 집은 그 서쪽, 수십 보 떨어져서 서상수의 집, 다시 그 근처에
유득공의 집도 있어 이들은 일단이 되어 문주간文酒間에 밤낮을 이어
책 읽고 시문을 지었으며, 한 달이고 열흘이고 머무르는 것이 예사였

---

3) 貞1 序閼幼時所書孟子叙.

었다.[4] 그러나 이들의 살림은 모두 계량繼糧이 어려운 형편이었다. 제
가의 어머니도 홀로 된 지 십여 년에 제대로 입지도 먹지도 못하고
밤새워 바느질하는 어려운 처지였으나, 아들 공부를 위하여서는 전
력을 기울였고 그의 교우 중에는 왕왕 당세지명當世知名의 선배인사가
많았으므로 그들을 극력 초대하여 주효酒肴를 갖추어 접대했으니 동
지들은 그 집의 가난함을 몰랐다 한다. 제가도 이러한 어머니의 눈물
겨운 진력에 크게 감사하고 있다.[5]

가난은 이덕무나 유득공도 마찬가지였으니 굴뚝에서 밥 짓는 연
기가 나지 않는 날이 예사였다. 그리고 또 이들은 모두 불우한 운명
을 지닌 소위 서자들이었다. 대대로 차별을 받아온 이들 서류庶類의
소통은 뜻있는 이의 오랜 숙안宿案이었으나 매우 고루한 속습 속에서
현실적으로는 의연히 그들의 전도는 막혀져 있었던 것이다.

재정才情이 봉발蓬勃한 제가는 특히 이러한 점에 한 많은 감개를
품고 있었을 것이다. 그의 조달早達은 이미 19세에 시고詩稿를 엮음에
이르렀는데 그 때부터 초정楚亭이라는 호를 사용하였다. 그러나 다채
롭고 청복된 그의 교우에도 불구하고 그의 내면생활은 당시의 사회
적 제약 밑에서 감개한 면이 있었던 모양이다.[6]

3. 사가四家

그들 이덕무·박제가·유득공·이서구는 젊은 날의 가장 친근한

---

4) 貞1 白塔靑綠集序.
5) 貞3 與徐觀軒書.
6) 貞5 寄族從姪 詩註.

벗들이요 다같이 예원지봉藝苑之鳳들이었다. 유득공의 숙부 유탄소柳彈
素는 역학·음률에 유식한 인사인데 일찍부터 그들의 시재詩才의 비범
을 알아 그들의 시를 엮어『건연집巾衍集』7)이라 제목을 붙이고 연경에
갈 기회를 기다리던 중 정조 즉위년(1776) 11월 부사 서호수徐浩修의 막
관幕官으로서 연경에 가게 되었다. 그는『건연집』을 연경시단燕京詩壇
에 소개하기 위한 서문을 지명知名 문인으로부터 얻고자 물색 중 우촌
雨村 이조원李調元의『황화집皇華集』을 읽고 그를 찾았다.

이조원은 이부고공사원외랑吏部考功司員外郞이며 이미『간운루집看雲
樓集』24권의 저술이 있었다. 그는 마침 폐문섭정閉門攝靜 중 찾아온 이
이국의 이목이 수려하고 눈에 정기있는 인물과 필담 중 그 학문의 굉
심宏深에 호의를 느끼고 또『건연집』을 본즉 시품이 청아탈속淸雅脫俗
하므로 사가시의 평척評隲을 쾌락했다. 우촌은 다시 앞서 연경에 왔
던 홍대용과 친교가 있었던 사고전서분교관四庫全書分校官 반정균潘庭筠
을 소개하였다. 반정균은 홍대용과 심교心交를 맺고 홍대용이 귀국한
뒤에도 서찰을 통한 그들의 우정에 변함이 없는 사이였다. 그는 기꺼
이 이에 서문을 써주고 평하였으니 이로 말미암아 그들은 젊어서 시
명詩名을 연경에 날리고 다시 이것이 본국에 전해져 이른바 '사가시四
家詩'로서 그들의 청신한 시풍은 인구에 널리 회자되었던 것이다. 결
국 사가란 북학파로서의 사가가 아니라『건연집』으로 말미암은 청년
시인으로서의 사가를 의미하는 것이다.8)

시인으로서도 명수려니와 초정의 본령은 시에 있는 것이 아니라

---

7) 건연집에 실려 있는 시는 도합 399편이며, 건륭 41년(1776) 당시의 연령은 이덕무
36세, 유득공 29세, 박제가 27세, 이서구 28세였다.
8) 사가 중 이서구만 소위 서출이 아니며 명문 출신으로서 그 地閥行狀이 초정과는
판이하여 후에 그는 우의정이 된다. 그러나 청년시절의 그들은 가장 친근한 벗들
이었다.

그 경제지지經濟之志에 있었으니 그는 일찍부터 조중봉趙重峰에 사숙하고 그의 『동환봉사東還封事』에 나타난 간절한 구국지념救國之念에 깊은 영향을 받고 있었다. 민생과 재용이 날로 곤궁해 가는 것을 보고는 그로서는 세속의 타산을 넘어 솟아오르는 치국혜민治國惠民의 정성에서 수수방관할 수 없었던 것이다. 이리하여 연암을 중심으로 혹은 우옥설첨雨屋雪簷 밑에서 조용히 혹은 주흥酒興 속에 격하면서 수레와 배의 제작이며 백공기예百工技藝에 대하여 연구와 토론을 거듭하였으니, 실지로 중원中原의 문물을 한번 관찰해야겠다는 숙제는 항상 가슴속에 불타는 불이었다. 그는 이조원에게 서신을 보내어 사행의 일마졸一馬卒로서라도 입연入燕하여 그 산천인물과 제반제도를 살펴 평소 보고 배우고자 원하던 것을 본 후에는 돌아와 비록 농부로 일생을 보내더라도 한이 없겠다고 하였다.[9] 우촌은 곧 답서를 보내어, 초정을 '인군지학人群之鶴으로 칭송 격려하였다.[10] 초정은 꿈속에 중주中州를 그리면서 이미 연경에 가기 이전에 그와 같은 결연이 연경의 명사와 이루어졌으며, 보기도 전에 이미 그 풍광과 백공百工제도는 심안心眼에 역력했으며, 무엇에 착안 정밀할 것인가 이미 환하였던 것이다.

4. 제1차 연행과 『북학의』

정조 2년(1788) 3월 제가 29세 때 오랜 숙망은 이루어졌다. 정사正使 채제공蔡濟恭의 특별한 후의로 제가는 덕무와 함께 사행을 따라 그리

---

9) 貞4 與李羹堂調元.
10) 貞4 古圖書本.

던 연경을 찾게 되었다.

당시의 연경은 영주 건륭제의 치세로 정령엄명政令嚴明 상화번영商
貨繁榮하고 저『사고전서四庫全書』편찬의 대문화사업이 진행되고 있어
전국의 석학 명유名儒가 연경에 운집하여 있었고, 문화적 분위기가 성
숙한 문예부흥의 시기였다. 더욱이 이 사업[11]의 주관자는 청조 일대
의 대학자 기윤紀昀으로 그는 예부상서의 요직에 있으면서 직접 편찬
집필하여 한학의 융성은 절정에 달하였고, 또 바로 이 기윤이 제가와
는 가장 연이 깊었던 것이다. 제가는 세심 문물을 관찰 기록하는 동
시에 학자를 예방하고 진서에 가득찬 서적의 연총淵叢 유리창琉璃廠 서
사書肆에서 방서訪書에 열중하였다.

서점가인 유리창은 수십의 대서적상으로서 이루어지며『사고전
서』편찬사업과 더불어 더욱 활기를 띠어 학자 교환交驩의 장소로서
도 특히 우리 연행사신들의 유람소로 저명하였다. 그들이 혹은 유리
창 서사에서 혹은 심방교환尋訪交驩한 학자들은 반정균·이조원·이정
원李鼎元·축덕린祝德麟·당락우唐樂宇 등 여러 사람들로 모두 쟁쟁한 명
유들이었다. 이번의 연행은 전후 3개월여 유관留館 30일 귀국 후 연경
에서의 교우는 초정으로서는 가장 소중한 추억으로 반정균으로부터
홍대용과 지기로서 서로 허하며 형제의 연을 맺은 이야기를 듣고는
돌아와 곧 홍대용 찾아 인하여 친교를 맺게 되었다.[12]

이번 연행의 수확은 돌아온 지 약 3개월 만인 정조 2년 9월에 탈
고된『북학의』내외편이었다. 일찍부터 연구한 바 있는 청국의 수레

---

11) 건륭제가 전력을 기울인 이 대문화사업은 주지하는 바와 같이 석학 361명을 모아
한림원에 辦理處를 두고 紀昀이 주관, 전후 10년의 세월을 들여 經史文子集 총 3
만 6천 책의 초본을 사부 작성, 이를 수장하고 그 해제인 四庫全書·總目提要 2백
권을 만들었다. 후에 다시 3부를 추가, 南北七閣에 나누어 소장하였다.
12) 貞4 與潘庭筠.

車·배船·성城·벽甓·대자리簟·가옥宮室·축목畜牧·도로道路·다리橋
梁·저잣거리市井·농잠農蠶에 대한 관찰, 그것도 보통 연기·연행록에
서 보는 바와 같은 관찰기에 그치는 것이 아니고 '시행함으로써 얻을
수 있는 이로움이 무엇인지, 그렇지 않을 때에 생길 손해는 무엇인
지'13)를 역설한 서리犀利하고 본격적인 북학론이며 과거론·북학변·
재부론·병론, 그리고 통강남절강상박의를 붙였으니 평소 포회抱懷한
수발秀拔한 구국경제救國經世의 명론으로 그 투철한 선각적 견식은 놀
랄 만하다. 나이 29세에 쓴 『북학의』는 20년이 지나 왕에 진소할 때
에도 실질적으로 별 수정이 필요치 않았으며 오늘에 이르도록 또 앞
으로도 불후의 생명과 정채는 더욱 빛날 것이다.

5. 규장각 검서관

연행에서 돌아온 후에도 박제가의 환경은 여전하였다. 서류庶類로
서의 제약은 빈궁 속에서 그대로 평생 계속되는 듯 보였다. 연행 이
래 사물의 참모습을 꿰뚫어 보는 마음눈心目은 더 높아졌으나 할 일은
없이 홀로 방안에서 세상일을 탄하는 그에게 뜻하지 않은 전기가 돌
연히 찾아왔으니 그에게는 천문만호가 일시에 열리는 심경이었을 것
이다.
정조는 3년(1779) 3월 규장각에 처음으로 서류출신의 임과任窠로
검서관 사원四員을 두었다. 규장각은 다난한 가운데 즉위한 정조가 즉

---

13) 『北學議』 自序.

위 다음날 첫 정사政事로서 설치한 것으로 요컨대 규장각은 단순한 어
제존각御製尊閣이 아님은 물론 왕실 도서관에 그치는 것도 아니고 중
요한 정치적 비중을 가지고 있었고 초기일수록 그러하였다.14)

　규장각은 정조가 포회抱懷한 혁신정치를 위한 기구로서 마련된 것
으로 정책의 연구 수립기관 내지는 그 이상의 권력기관뿐만 아니라
정조대의 문운文運을 장식하는 각종 편찬 출판사업의 중심이 되었거
니와 중요한 실무자인 검서원직에 서자출신을 임용한 것은 넓은 사
회적 의의를 갖는 조치로 정조의 오랜 숙구宿構였던 것이다.

　정조는 그 총명과 유위有爲 확신 및 이해력에 있어서 비할 바 없이
특출한 분이었다. 그는 원년 3월에 서류소통절목庶類疏通節目을 내려 '수
많은 서출 가운데 나라에 수용될 재주가 뛰어난 인재가 어찌 없으랴'
하고 소체疏滯하여 입신의 길 없는 그들에게 문호를 넓혔거니와 남다
른 재주를 가진 서류소통의 일환으로 검서관직은 설치되고 적임자를
구하자 약 2개월 후에 초대 검서관으로 이덕무 · 박제가 · 유득공 · 서
상수가 뽑혔다.

　그들은 모두 당대 최고의 인재로 당시에 이미 쓸모있는 사람을 얻
었다는 칭송이 높았거니와 검서관직의 설치 자체가 구체적으론 이 ·
박 · 유와 같은 당시에 이름있는 서출의 인물을 목표한 조치인 듯하다.

　정조 3년 6월에 외각검서로 임명되었다가 5년 정월에 내각검서로,
즉 규장각 사무청사事務廳舍인 금문원擒文院에서 일을 보게 되었는데 검
서관의 직무는 각신閣臣을 보좌하여 어제御製 · 일력日曆 · 일성록日省錄 등
무릇 명령 문자로서 내각에서 나오는 것은 모두 모두 수집하여 기록하
며 이밖에 편서編書 및 간서刊書에 있어서도 실무 담당자였다.15)

14) 김용덕, 「奎章閣考」, 『중앙대학교논문집』 제2집 참조.
15) 檢書廳記, 『雅亭遺稿』 卷3.

검서관은 참외參外로부터 5품에 이르는 사람이 임용되는데 비록 관품은 높지 않더라도 상기한 바와 같은 광범하고 중요한 직무를 갖고 있었고 또 왕에게 근시近侍할 수 있는 기회가 많아 특별대우를 받았으며, 정조 또한 이들의 우수함을 누구보다도 명지하는 분이었다.

"정사에 도움되는 의견은 이를 진언하라. 그러면 채용할 만한 것은 어제집御製集 중에 누구누구의 진언이라 명기하겠다" 하는 것이다.16) 하급직위에 있는 신하에게 묻는 것을 부끄럽게 생각지 않은 영주英主와 '쓰임을 이롭게 하고 고루한 습속의 폐해를 없애는 것'을 그 염원으로 하는 준수俊秀의 상봉은 참으로 있기 드문 일이었다.

검서관 생활이 시작되자 의기상합하는 동지들과 한방에 근무하면서 도서를 교열하며, 홍유鴻儒들인 각신들에게서 친히 가르침을 받으며 소장된 비서秘書를 마음껏 읽을 수 있었으니 제가의 생애는 비록 가난하였다고 하나 그가 살던 시대 그가 사귄 연경의 선비들, 그가 처한 환경으로 보아 차라리 청복하였다고도 할 만하다. 제가는 이 모든 보람과 한을 품은 채 정조 10년 8월 일단 검서관을 그만둘 때까지 금문원에서 일보았다.

6. 병오소회丙午所懷

정조 10년(1786 병오년, 제가 37세) 정월 22일 왕은 언로를 열어 대신 이하 중인 군사에 이르기까지 자유롭게 국정에 진언시키는 기회를 주고자 하였다.17) 이 때 전설서 별제의 직을 겸하고 있던 제가도 이

---

16)『청장관전서』연보, 신해 5월 초4일.

기회에 시혐猜嫌을 무릅쓰고 평소의 소회를 솔직하게 개진하였으니 참으로 그것은 경탄할 선각적 탁견이요 혁명적 주장이었다. 즉 쇄국의 시대에 해외통상을 부르짖고, 천주교를 사갈시하는 시대에 이용후생의 방책에 밝은 서양인 선교사 수십 인을 초빙하여 과학기술 교육을 진흥시킬 것을 주장하고, 양반특권의식 아래 토색을 일삼는 무리가 나라 안에 가득한 시대에 양반에게 상업을 권하자는 의견을 역설하고 있는 것이다.

그 하나하나가 세상이 모두 크게 놀라하는 절세의 경륜임은 말할 나위도 없을 것이다. 그러나 같은 날 대사헌 김리소金履素는 서사西士 초빙은커녕 연경에서 서학서적은 물론 모든 서적을 구입하는 것을 엄금 중벌할 것을 주장하여 가납嘉納되고 있으며,[18] 대사간 심풍지沈豐之는 연경에서 사신 일행이 연경의 선비들과 필담을 주고받는 것 및 귀국 후의 문서왕래를 금할 것을 주장하여 역시 받아들여지고 있는 것이다.[19] 이와 같이 그 때에 채납되었던 진언은 모두 제가와 정반대되는 것이었다. 그러나 관용한 정조는 제가의 진언을 책하지 않고 이로써 제가의 의취議趣를 더욱 잘 알았던 것이며,[20] 그에 대한 경애敬愛는 변함없었던 것이다. 참으로 천리마는 언제나 있건만, 그를 알아보는 백락伯樂[21]은 없음을 탄식함이 새롭다.

---

17) 『정종실록』권21, 10년 정월 정묘.
18) 『승정원일기』병오년 정월 22일조.
19) 『승정원일기』병오년 정월 22일조.
20) 병오소회에 대한 정조의 비답은 "觀此諸條所陳 爾之識趣亦可見矣."(古圖書本 貞文3)
21) 말의 좋고 나쁨을 잘 감정하는 사람을 일컫는 말로, 주나라 때 말의 감정을 잘하였던 사람의 별명에서 유래하였다. '인물을 알아보는 안목이 있는 사람'을 비유하여 이른다.(편저자)

7. 제2차·제3차의 연행

정조 14년(1790년, 제가 41세) 건륭제의 팔순절을 진하進賀하기 위하여 정사 황인점黃仁點, 부사 서호수徐浩修 등이 연경에 갈 때 제가는 유득공과 같이 수행하였다. 이번 연행에 있어서 그는 더욱 널리 석학 홍유鴻儒들과 학연을 맺을 수 있었다.

제2차 연행은 5월 27일 사폐辭陛, 7월 15일 열하에 도착하고 다시 연경에 들어가 만리연萬里宴에 참석하고, 거의 40여 일 머물다가 환국하였는데 9월 압록강을 건너자 왕명이 있어서 3백 리를 기마로 달려와 급장急裝한 대로 입대하였더니, 정조는 위로의 말과 함께 군기정軍器正으로 승서陞敍하여 다시 연경으로 가게 하였다. 이것은 그 해 6월 18일 원자(후의 순조)가 탄생하였는데 연경에 있던 정사 황인점이 이를 건륭제에 알리자 이를 축하해 주어,22) 원자 탄생에 대한 건륭제의 정중한 축하의 인사에 답하고자 박제가를 특탁별자特擢別咨를 가지고 동지사행에 추부追附시켰던 것이다.23)

실록에는 황인점 등의 귀주歸奏로 비로소 제가에게 연경에 다시 갈 것을 특임한 것같이 되어 있지만 황인점을 소견召見한 것이 10월 22일이요, 제가가 자문咨文·방물을 가지고 출발한 것이 10월 24일이니 너무 빠르다. 이는 사전에 정사로부터 보고를 받은 정조가 사행이 압수鴨水를 건너자 곧 특지特旨로 제가를 급소急召하여 사명을 주고 정사의 공식보고 후 곧 출발시켰을 것이다.24) 일개 유품직流品職인 검서관을

---

22) 『정종실록』 권31, 14년 10월 신미.
23) 『정종실록』 권31, 14년 10월 신미.

군기시정正3품으로 차어借啣하여 별자別啣를 가지고 다시 연경으로 가
게 한다는 것은 특례적인 대우요 평소 정조가 얼마나 그를 지우知遇하
였는가 하는 예시라 할 것이다. 아마 이 때가 제가 생애의 절정기요
그의 최량最良의 시절이었을 것이다.25)

　이번 동지사행은 다음해 3월 8일 복명復命하였거니와 그에 대한
수우와 그의 당벽唐癖은 일반의 반발·반감을 일으키게 된 모양이다.
제가는 벼슬살이 십여 년에 별로 한 일은 없고 후진들은 자기를 피
하는 바 되었음을 탄하고 있다.26) 그의 철저한 북학론 '당벽'은 반청
멸호反淸蔑胡로 뒤덮인 시대풍조 속에서 질시의 과녁이 되었고 점차
동지들과도 심적 괴리를 느끼게 되어 고독을 절감하게 되었으니 그
에게는 부운浮雲과 같이 전변轉變하는 세상인심 현실의 영욕榮辱를 넘
어서 변치 않는 것, 진실한 것에 대한 동경이 이즈음 특히 간절하였
던 모양이다. 벽색의구碧色依舊한 상록수 정유송貞䕺松은 제가의 지향이
요 그 상록에의 희원希願은 드디어 '정유'로써 호를 삼음에 이르렀던
것이다.

　이즈음 그는 또 시력을 상하고 있었다. 검서관의 일은 상당히 번
극繁劇하였으니 연달은 지리한 교서校書·사서寫書 속에 십년의 세월은
흘러갔다. 미식후록美食厚祿에 끌려서가 아니라 정조의 지우知遇에 대한
감격 때문에 어언 십여 년의 세월을 책과 더불어 늙었으나 어느덧 두
눈의 시력이 약해졌던 것이다. 5년 전부터 안질이 있어 좌안이 상하
여 안경을 써도 별 효과가 없었는데 얼마 안 가서 우안의 시력도 혼
미해졌다는 것이다.27) 이리하여 그는 상심을 안고 정조 16년 부여현

---

24) 貞3 贈別詩 및 『정유고략』권2 亡女尹氏婦墓誌銘.
25) 결국 제가는 정조 2년에(1차), 정조 14년 5~10월에(2차), 동 14년 10월~15년 3월(3
　　차), 순조 원년에(4차), 도합 네 번 연행하고 있다.
26) 貞3 鑷白.

감으로 전보되었다.

8. 문체론 문제

그 동안의 정세를 일별하면 남인의 영수 채제공이 정조 12년 배
상拜相하여 힘쓰는 바 남인의 등용이었다. 하나 노론의 세력은 강대하
고 또 제제濟濟한 명사를 품고 있었으며 당쟁은 새로이 시時·벽僻으로
나누어져 패거리 풍조는 더욱 고착되어가 오직 정조의 영명英明이 이
를 누르고 있는 형편이었다.

주지하는 바와 같이 이승훈이 정조 8년 연경에 가서 영세를 받고
돌아온 후 이벽을 중심으로 남인의 소장층 가운데 우수한 무리의 태
반이 천주교에 감염되었는데 정조 15년에는 전라도 진산에서 남인양
반 윤지충은 어머니 상喪을 당했으나 상례를 폐했으므로 이른바 멸륜
난상滅倫亂常의 죄로써 처벌되고 화는 확대되어 이승훈·권일신 등에
미치고 가주서假注書 홍락안洪樂安은 정조 15년 1월 재상 채제공에게 장
서長書를 보내어 남인소장의 총명재지지사總名才智之士로 사학邪學에 물든 자
열에 여덟 아홉, 지금 막고 금하는 것을 두려워하지 않고 백주 공연
히 전파한다고 알리어 은연중 이로써 남인시파를 망타하여 그 영수
인 채제공을 실각시키고자 기도하였다. 정조는 이러한 음모를 간파하여
홍낙안·이기경 등을 정배시킴으로써 국면을 무마하였으나 이를 계기로
정조는 사학을 금하기 위하여서도 먼저 명나라와 청나라의 패관소설

---

27) 貞4 與徐內翰(有架)書.

문집을 금하여야 된다고 그것을 사오는 것도 일절 엄금하고(정조 15년 9월) 다시 나아가 경전자사經傳子史를 막론하고 모든 당판唐版의 수입도 금하였다(정조 16년 10월).

이 때 또 문체론 문제가 일어나니 정조는 일찍부터 문체를 중시하고 문기文氣는 인심의 반영이니 문기를 작흥作興하는 것은 인심을 진발振發하는 소이라 하여, 그는 문체의 시폐時弊를 개혁하려 하였고 잡서의 유행이 문체타락文體墮落의 일대원인이라고 생각하여 앞서 말한 금서의 명을 내렸던 것이었다.

그런데 정조가 보는바 청장靑莊·정유의 문체는 모두 패관소품에서 나온 것이었다.[28] 마침 정조 16년(1792, 제가 43세) 11월 6일 부교리副校理 이동직李東稷은 상소하여 채제공은 군주를 저버리고 역적을 비호한다고 논하고, 이가환은 이단사설의 죄가 있다고 논하며 성균관 대사성의 직에서 파면시키라고 주장하였다. 여기 대해서 정조는 가환의 문체에 대한 비난은 왕으로서도 동감하여 마지않는 바라고 하고[29] 이를 기회로 남공철·김조순을 비롯한 제문신, 그리고 박제가에게도 그 문체에 관한 자송문自訟文을 제진製進할 것을 명하였다. 아정雅亭은 자송문 제진의 일이 있자 곧 감은지죄感恩知罪의 성의誠意를 피력하여 소설류를 모방하지 말고 우아한 고문古文으로써 글 지으라고 충고하고 있다.[30]

제가는 17년 정월 3일 내각 관문關文을 받고 자송문을 올렸는데 이 때의 자송문은 『정유고략貞蕤稿略』 권2에 '비옥희음송정인比屋希音頌幷引'이라는 제목으로 수록되어 있거니와 여기서 그는 약관시로부터 옛글

28) 高橋 亨 弘齋王の文體反正, 『靑丘學叢』 第7號, 8쪽 참조.
29) 『정종실록』 권36, 16년 11월 신축.
30) 『아정유고』 권7.

에 매달렸으며, 유속流俗을 역배力排해 온 것은 신의 자부하는 바요 십
여 년래 정주程朱의 문로門路를 잃지 않은 것은 어제교정御製校正의 힘이
었다는 운운으로 이 고비를 넘기고 있다. 아정은 다시 신랄하게 제가
의 당벽을 비판하고 있으니[31] 여기서 청장의 북학론이 정유와 거리
가 있다는 것을 알 수 있다.

문체론[32]으로 이른바 '개과자신改過自新'한 후 제가는 다시 겸검서
관兼檢書官으로 편교編校의 일에도 참여하면서 정조 19년부터 경기도 영
평현령으로 있었다.

9. 진북학의소進北學議疏

정조 23년은 영조가 적전籍田에 친경親耕한 지 회갑이 되는 해이므
로 22년 11월(1798년, 제가 49세) 중농重農의 뜻을 추술追述한다는 의미에
서 농서를 구하는 윤음을 내렸다.

천시天時·지리地理·수공水功·기구器具·제언堤堰·곡종穀種·파종
播種 등에 관하여 경향京鄕의 신서臣庶에게 각각 소견을 말하라는 왕의
분부였다. 이에 응하여 진소하는 자 27인, 농서를 올리는 자 40인
으로 대개 초야의 사람이 많았다.

이 때 정유는 먼저 쓴 『북학의』 내외편 53조 중에서 윤음의 취지

---

31) 『아정유고』 권7.
32) 정조대는 문화계에서 새 기운이 돌아 주자학의 사상통제력은 이완되고 잠행적으
    로 주자학은 쇠퇴하여 갔다. 정조의 문체반정운동은 이 정세에 대한 그의 주자학
    부흥의 노력의 일환이며, 제가와 같은 혁신적 사상가가 이러한 운동의 첫 대상이
    되는 것은 이해된다.

에 맞추어 수레車·밭田·분糞·농기農器·도종稻種·축창築倉 및 통강절
강상박의通江南浙江相舶議 등을 진북학의소와 함께 올렸다. 이것이 소위
『진소본 북학의』로『북학의』내외편과 혼동되어서는 안될 것을 강조
한다.『북학의』내외편에서 꼭 3분의 1 되는 분량을 추출하되 첨삭을
가하여 번간繁略·순서 모두 다르다.

진북학의소에서 정유는 비참한 농민생활의 현상을 솔직하게 보고
하고 이 가난을 극복하는 길로써

① 유식遊食 양반의 도태.

② 행거行車.

③ 농기·농구의 제작을 중국에서 배워 농사시험장을 설치할 것

④ 삼십만석 저곡론貯穀論.

등을 주장하고 이러한 말은 이미 여러 번 사람들에게 말한 바 있으나
지금의 중국은 오랑캐의 중국인데 무슨 소리냐고 냉소만 받던 것이
나 망발이라는 비난을 받는다 하더라도 이외에 또 할 말이 없다고 선
각자의 고뇌를 말하고 있다.

당시 면천군수로 있던 박연암도『과농소초』에다 한민명전의限民名
田議 일편을 붙여 올렸는데(정조 23년 3월) 이도 명저로서 농사시험장
론·북학론 등『북학의』와 상통되는 점이 많다.

10. 피화被禍와 배소配所생활

명군 정조는 49세의 춘추로 24년 6월 승하하였다. 그래도 정조가
있으므로 정유나 그의 동지가 그만큼이나마 그 식취識趣를 펼 수 있었

던 것이며 정조 없는 이 나라란 오직 앞날의 다난만이 예측되었던 것
이다.

정유의 제4차 연행은 신유박해辛酉迫害가 벌어지던 어지러운 순조
원년(1801년, 제가 52세) 2월에 행해졌다. 이번에도 유득공과 동행하였는
데 이번 연행에 관해서는 냉제冷齋의 『연대재유록燕臺再遊錄』33)에 자세
하다. 즉 사은사 일행에 수행하여 주자서 선본善本을 구득하는 것이
목적이었다. 정조서거 후에도 '당괴唐魁'로서 지목받던 정유의 연행이
가능하였던 것은 제가와 특별히 친분이 있는 윤행임尹行恁이 이 때 이
조판서로서 전람국병專攬國柄하고 있었기 때문일 것이다. 그가 연경을
향하여 여행하고 있을 때 친분있었던 이가환·정약종 등은 사학邪學
죄인으로서 혹심한 박해를 당하고 있었고, 제가가 압록강을 건너 서
울로 돌아오고 있을 무렵에는 그의 보호자 윤행임은 모진 정계의 폭
풍에 밀려 벌써 실각하고 있었다.

신유박해는 결코 단순히 종교의 금지로 말미암아 일어난 것, 즉
종교정책에서 기도된 것이 아니고 사교일소邪敎一掃의 국책國策에 자구
藉□한 벽파의 시파 타도책, 환언하면 당쟁의 일변형에 불과하다는 것
은 이미 선학이 명언한 바다.34) 김대비金大妃 섭정하의 벽파 영수는
영의정 심환지로 그는 전부터 채제공을 노렸으나 정조의 영명 아래
그 기회를 얻지 못하고 있다가 이에 이르러 채상蔡相을 사당邪黨의 괴
수로 몰고 어떠한 구실이라도 붙여서 그와 친근하던 남인시파 및 그

---

33) 조선 후기 학자 유득공이 청나라를 다녀와서 쓴 사행기록. 1801년(순조 1) 지은이
가 주자서의 좋은 판본을 구해오라는 명을 받고 사은사 일행과 합류하여 귀국할
때까지 약 4개월 동안의 중국체류기로, 문집인 『冷齋書種』에 수록되어 있다. 일
기·견문 등을 위주로 한 일반 사행록과는 달리 중국학자들과 사회·사상 등에 관
하여 문답한 것을 기록한 것이 특징이다.(편저자)
34) 이능화, 『朝鮮基督敎及外交史』, 113쪽; 山口正之, 『黃嗣永帛書の硏究』, 51쪽.

의 관련자의 망타를 꾀하였던 것이다.

윤행임은 충정공 윤집35)의 후손 명문의 자제로 덕무·제가와도 친하였으며, 『아정유고』에 서문도 보내고 있다. 정조승하 후 도승지, 이어 그해 12월 이판이 되어 중적衆敵이 교집하는 가운데 자신있는 듯이 선왕유지운운으로 국병國柄을 오로지 하려다가 심환지를 선두로 하는 벽파에 밀려 순조 원년 5월에는 벌써 당진현 신지도에 원배遠配되었던 것이다.

그 해 9월 동남성문 밖 흉서사건에 사돈인 윤가기가 주모자로 지목되어 처형되었다. 윤가기도 서출로서 덕무·제가와도 친교가 있어서 『아정유고』에는 '여윤가기서與尹可基書' 여러 장이 보이며 제가와는 연적 관계도 있었다. 윤가기의 옥사는 마침내 제가에게로 비화되었다. 윤가기의 노비 갑금이란 자의 공초에 윤가기의 흉언 때에 제가도 같이 있었다는 것으로 제가도 곧 구속되어 엄혹한 취조를 받았으나 불복하므로 종성부鐘城府의 정배처분이 내렸는데, 지나치게 가벼운 처벌이라고 삼사三司는 연일 처형할 것을 주장하였다.36)

박제가의 소위 죄는 물론 모호한 것이며, 증거도 없고 죄라고 논의될 성질의 것이 아니었다. 그럼에도 불구하고 그를 어떻게든 죽음으로 몰려는 벽파의 규탄은 가혹하고 집요하였다.

그는 배소配所에 도착한 후 그의 장남 장염長稔에게 "정배의 명이 내린 후 신장訊杖으로 상한 몸을 이끌고 24일이나 걸려 배소에 도착하

---

35) 尹集(1606~1637)은 조선 중기의 문신으로 三學士의 한 사람이다. 본관은 남원南原이고, 자는 成伯이며, 호는 林溪·高山이며, 시호는 忠貞이다. 22세에 생원이 되고, 1631년(인조 9) 별시문과에 급제, 1636년(인조 14) 이조정랑·교리가 되었다. 병자호란 때 화의를 적극 반대, 척화론자로 오달제·홍익한과 함께 청나라에 잡혀가서 갖은 고문을 받았으나 끝내 굴하지 않고 瀋陽 서문 밖에서 사형되었다. 영의정에 추증되었다.(편저자)

36) 『순종실록』 권3, 원년 9월 기축.

였다. 도중에 천산만수를 겪는 동안 다리상처는 좀 유합愈合되었으나 의료를 받지 못하여 자연치료만을 바란다"고 소식을 전하며 머나먼 땅의 끝, 입에 담을 수도 없는 조식粗食을 들며 아이들의 공부를 걱정하고 있다.37) 정유의 심정은 이번 정배가 무고하리만치 더욱 처연하였을 것이다.

그에 대한 이와 같은 책벌責罰의 진실한 이유는 무엇인가. 북학을 열렬히 주장한 것, 서출·유품직이란 그 사회 안에서의 위치를 넘어서 어쩔 수 없는 정성에서 과감하게 개혁을 주장한 것이 그것이 바로 화근이었다. 일비日非하는 국사를 탄하여 백성들의 가난을 보다 못하여 그 출중한 천재, 서리犀利한 식견, 봉발蓬勃한 재정才情으로 외친 일은 별다른 실효를 보기는커녕, 오히려 그 보답은 신장에 유배였던 것이다.

세월은 그에게도 약이었다. 점차 한가하게 독서도 하게 되었으며 시골 청년들을 가르치기도 하고(그에게는 수명의 제자가 생겼다), 때로는 음주광가飮酒狂歌하여 호웅豪雄의 기를 펴며 활을 메고 장쾌한 사냥도 하며, 사투리도 귀에 익어가서 온정의 눈으로 지방의 민정이며 민폐를 살피어 조용히 그 개혁방도를 구상도 하였다.

기다리고 기다리던 사령赦令은 그의 장남 염이 부친을 찾아 그 곳에 온다는 소식과 함께 전해졌다. 사명赦命은 그에게 크나큰 감격, 동면에서 다시 깬 것 같은 기쁨을 주었던 것이다. 순조 3년 2월 6일 대왕대비는 여러 도에 유배가 있는 죄인을 향리에 방축시키는 영을 내렸다. 그러나 박제가의 배소생활은 좀더 계속되지 않으면 안되었으니 그것은 의금부의 고관들이 대비의 영을 수행하지 않았기 때문이

---

37) 貞4 寄稔兒.

다. 다시 순조 4년 2월24일 대비가 엄명을 내려[38] 제가는 정배생활 약 2년 7개월 만에 겨우 돌아오게 되었다.

그 후의 정유 소식은 문집을 통해서나 다른 곳에서나 찾아볼 수가 없다. 김한석씨의 『북학의』 해제에는 출처를 밝히지 않고 "순조 5년에 졸하였고, 그의 묘는 경기 광주 암현에 있다 한다"라고 적고 있는데 대략 타당한 설이라고 생각한다. 즉 그는 귀양에서 풀려난 뒤 얼마 안 있어 세상을 떠난 것으로 추측된다. 조선서화인명사서에는 영조 26년 11월 5일생, 순조 15년 4월 25일 몰이라고 월일까지 나와 있지만 생년월일은 『북학의』 및 문집에서 확인되나 몰년은 믿기 어렵다. 순조 15년이라면 그 동안 10여 년의 동정이 문집에 전혀 나타나 있지 않을 리 없기 때문이다.

11. 정조와 정유: 박제가와 학우들

정조는 관대하며 확고하며 물정에 밝은 총명한 군주였다. 주자학 진흥에 애쓰면서도 남인 시파에 대하여 양식있는 태도를 잃지 않았으며, 박제가와 같은 거의 이단적인 진보적 인물에 대해서도 시종 관용과 이해를 베풀었던 것이다. 누구보다도 제가를 아끼고 알아주는 사람이 정조였다. 정유에 대한 서적·복용·식품·약환 등의 내사內賜는 빈번하여 그 영총은 각신 못지 않았다. 정조는 제가를 무쌍사無雙士[39]라 불렀으며, 제가를 왕안석에 비한 일도 있었다.[40]

---

38) 『순종실록』 권6, 4년 2월 갑신.
39) 貞詩5, 次朱子卜居詩韻.

정조와 박제가와의 관계를 말하는 아름다운 이야기가 있으니, 제가는 낙산 쪽 어의동에 오랫동안 살고 있었는데 마당에는 큰 반송盤松이 있었다. 정조는 어느 날 경모궁에 전배하고 박제가의 집에 들렀었는데, 이 나무를 보고서는 칭찬하여 어애송御愛松이라고 이름지어 주었다.[41] 이리하여 어애송은 정유의 집의 큰 자랑이 되었으며 남공철을 위시하여 많은 문인들이 시를 지어 찬미하였으며 정유도 즐겨 이 소나무를 시재로 삼았다.[42] 특히 그는 이 대반송의 상록의 절개를 찬탄하여 마지않았다. 이 늘 푸른 정유송貞蕤松은 제가의 지향이요 또한 귀감이었다. 박제가의 아호 정유는 어애송과 깊은 관련이 있을 것이다.

제가의 평생을 통한 지기요 학우는 아정 이덕무였다. 아정과의 소년시절의 교분은 전술하였거니와 제2차의 연행에도 동행하였으며, 오랫동안 검서관으로서 한방에 근무하며 일상을 같이하고 있어 그를 누구보다 잘 알았다. 제가는 『아정집서雅亭集序』에서 아정의 고상하고 천진한 인격·견식·강기强記·문장을 칭송하고 있다.[43] 아정도 일찍부터 생민生民의 곤췌困悴에 유념하여 경제에 뜻을 세우고 그 우국우민의 정성은 생애에 변함이 없었으니, 그 학문의 정신은 경세치용에 있었고 고정림顧亭林에 사숙하고 있었던 것이다. 그는 시로서도 연경 인사로부터 절찬을 받았다. 저서는 정조가 그의 재식을 추모하여 내탕內帑을 내주어 간각刊刻시킨 『아정유고』 및 『청장관전서』 71권이 있다. 그 중 사소절士小節·기년아람紀年兒覽·청비록淸脾錄·앙엽기盎葉記·입연기入燕記 등이 유명하며, 그가 편찬에 주요구실을 한 『규장전운奎章

---

40) 貞詩5 利原.
41) 『漢京識略』 卷2 各洞 於義洞.
42) 貞詩4 金陵學士 爲余撰示御愛松章句一篇.
43) 『雅亭集』 序.

全韻』이 명저로서의 정평이 있다. 그는 제가에게 자송문을 조심해서 쓰라고 충고한 직후 정조 17년 정월 25일 53세의 생애를 마치었다. 그는 청렴결백하기가 비할 데 없었으니 과도하게 검소한 생활을 한 것이 그의 병인病因이었다 한다.

유득공은 제가보다 2세 연장이고 생일은 같은 11월 5일이다. 저 연암의 집을 중심으로 한 소년 때의 교유로부터 제가와는 막역한 사이요, 검서관으로서도 같이 일보며 제2차 및 제4차 연행을 같이하고 있는 것이다.

제가는 혜풍惠風의 저『발해고渤海考』의 서序에서 혜풍의 박학공시博學工詩와 사학史學에 밝음을 칭찬하고『발해고』내용의 충실함을 소개하고 고려의 고구려 고토故土회복운동의 좌절을 탄하는 저자의 뜻을 전하고 있다.[44] 혜풍은 이십일도회고시二十一都懷古詩의 시주詩註에서 풍박豐博한 사식史識을 엿보이고 있는데 그 회고시 또한 그의 대표작이다.

이십일도회고시는『학재총서鶴齋叢書』의 하나로 청말 중국에서 간행되었으며, 이밖에 그의 저서로서는『사군지四郡志』·『경도잡지京都雜志』및『열하기행시주熱河紀行詩註』·『병세집並世集』·『연대재유록燕臺再遊錄』『냉재시고冷齋詩稿』등이 있다.『사군지』는 한사군의 건치建置 연혁·산천·인물·토산·고적 등의 연구이고,『경도잡지』는 세시고歲時攷 및 경도의 풍속고風俗攷이며,『열하기행시주』는 열하참하熱河參賀 및 연경생활에서의 교우 및 풍물을 읊은 것이고,『병세집』은 십수년래 동지들이 연경에 가 사귀었던 연사燕士 및 안남·일본 등 인사와의 창수시편唱酬詩篇 및 상대방 인물의 소전小傳을 부기附記하고 있어 그들의 인물·저서 등을 아는 데 편리하며,『연대재유록』은 순조원년의 연행록이다.

---

44) 貞文 卷1.

『아정유고』·『냉재시고』·『정유각집』도처에 이들이 일단이 되어 문주文酒로 즐기는 모습이 나타나 있거니와 제가의 원정園亭도 이들 가까운 벗들이 모이는 곳이었다. 정조 15년에는 왕명에 의하여 『국조병사國朝兵事』를 혜풍과 같이 정유가 찬수纂修하였다.

유득공의 아들 본예本藝는 미소년이며 수재였다. 제가는 득공의 두 아들이 '진기재眞奇才'이며 '모옥령貌玉靈'함을 칭찬하고 제가의 아들 장염도 유본예와 시문의 증답贈答도 하는 등 세교世交가 있었다.

이서구는 청년시의 동지이며 또 오래 친교가 계속되었지만 명문 출신인 그가 점차 고관으로 출세함에 따라서 청장·혜풍과 같이 조석으로 만나지는 못하였을 것이다.

제가의 심우心友로서 사가 외에 비교적 알려지지 않은, 그러면서도 절친한 학우로서 이희경李喜經이 있다. 호는 십삼十三,『해동농기고海東農器攷』[45]의 저가 있으며 저 탑동에서 연암·형암·초정 등이 글과 술로 벗을 삼을 때의 한 그룹으로서 그들의 시문척독詩文尺牘을 모아 『백탑청연집白塔淸緣集』을 편한 일이 있다. 제가는 그의 인물을 경애하고 있으며,[46] 그의 아우 희명喜明과도 친하고 『북학의』에도 특히 십삼의 농기도서農器圖序 및 용미차설龍尾車說을 부록하고 있다.

연암은 이미 말한 바와 같이 소년시절의 스승이며, 담헌·연암·청장·혜풍·초정은 늘 같이 유연遊讌하며 가끔 야유도 하고 있었다.

초정이 연행하기 전에 그들은 연암의 집에 모여 열심히 북학을 토론하였으며 그 절차탁마의 공은 『북학의』에 나타나 있거니와 초정이 젊었을 때부터 연암은 박제가의 과감한 혁신책을 달가워하지 않았다. 한민명전의限民名田議에서 보는 바와 같이 점진적 개량을 주장하

---

45)『五洲衍文長箋散稿』권8, 中原農具辨證說.
46) 貞蕤詩抄 卷1, 李十三麝泉.

는 근실온건近實穩健한 연암의 사상으로 보아 환영을 받지 못하였던 모양이다.

그러나 북학론에 있어서는 공통된 견해가 많으며 제가의 연암에 대한 존경은 허생전서후許生傳書後에 잘 나타나 있다.[47]

숭앙하는 성호星湖보다 지난다는 『허생전』 독후감을 보더라도 연암과 제가의 관계를 짐작할 수 있다. 또 정조 23년 왕이 농서를 구할 때 같이 『북학의』와 『과농소초課農小抄』[48]를 올린 것도 두 사람의 끊을 수 없는 학연을 말하는 듯하다.

담헌은 연경에서 그의 인물됨을 듣고 귀국 후 초정이 찾아가서 교유가 시작되어 두 사람은 자주 만나 증유曾遊의 중원의 풍광이며 공통된 연경 친구들의 이야기며 백반경제책百般經濟策에 대해서 토론도 하였다. 그러나 담헌은 정조 7년에 서거하고 있으니, 약 5년 동안의 교유였다. 이외에도 이름있는 제가의 지우知友는 많으나 할애하고 다음은 다산과 추사와의 관계를 살피기로 한다.

다산은 정유보다 13세 손아래이고 같이 내각에서 일하였으며 두 사람의 친분을 말하는 기사는 『여유당전서與猶堂全書』에 약간 보인다. 정약용은 길이 어긋나서 정유와 녹음지하綠陰之下 연파지상烟波之上에서 만나지 못한 것을 아쉬워하며 빌려온 시묵은 좀더 가지고 감상하겠

---

47) 『貞蕤閣文集』 書燕岩許生傳後 및 『열하일기』 권37 玉匣夜話. 정인보 선생은 "박정유의 허생전서후를 보매 중봉·성호에 지난다는 評語가 있었으므로 연암·정유 사제간에 성호의 저술이 유파되었음을 알았고, 또 그에 지난다 함으로써 극찬의 詞를 삼을진대 그에 대한 숭앙이 실로 엷지 아니함을 짐작하여…(『詹園國學散藁』, 57쪽, 藿憂錄 해설)라고 深得犀利한 논평을 하고 있다.

48) 『과농소초』는 대소 70여 종의 농서 중에서 초록한 것에 按說을 붙인 것으로 그 농사에 대한 해박한 지식과 열성은 놀랄 만하다. 안설은 직접 중국에서 견문한 것 및 국내에서 목격한 것을 적었는데 주장하는바 모두 북학이요, 또 실제적이다. 부록한 限民名田議는 백성들의 安土樂業을 위한 조건을 추궁한 名論으로서 봉건적 개량주의의 전형적 논설이라 하겠다.

다고 말하고 정유가 보내온 시에 대해서는 이를 필화령무筆花靈舞 시가
혈맥詩歌血脈이라고 극구 칭찬하고 얻은 바 많았음을 감사하고 있다.49)
또 이덕무의 기년아람紀年兒覽을 꼭 보았으면 하니 주선하여 달라고 부
탁하고 있다.50)

다산과 정유는 또『사기영선史記英選』을 같이 교서한 일이 있었다.
다산은 후에『북학의』를 읽을 기회를 가져 정유의 탁견에 감명을 받
았다.51)

그 형이 천주교 신자이며 자신도 서학에 이해가 깊었던 다산으로
서는 정유의 서학에 대한 이해있는 태도도 두 사람의 교분을 두텁게
하는 기반이었을 것이다. 즉 제가는 서양 선교사들이 모두 이용후생
의 방책에 정통하고 있으며 서학은 결국 불교와 같은 것 내지는 불교
별파別派라고 보고 있었던 것이다.

두 사람은 의학에도 관심이 깊어 다산은『종두방種痘方』이란 저서
까지 있거니와 그는 영아의 요절을 구하고자 제가와 같이 힘썼으니
제가는 다산의 처방에 여러 번 실험을 하고 의사 이씨에게 가르쳐서
착착 성공을 거두었다고 한다.52)

다산은 또 북학의 동지였다. 다산의 북학사상도 여러 곳에서 나
타나고 있다. 그는 빈번한 연행사신의 왕래에도 불구하고 이용후생
에 뜻을 두는 이 없음을 탄식하고, 문익점과 같은 뜻을 품고 그와 같
은 혜민에의 공헌을 기하라고 부탁하고 있다.53) 이어 정약용은 이용
감利用監을 특설하여 대규모 본격적으로 북학하여 이용후생 부국강병

---

49)『여유당전서』1집 권18.
50)『여유당전서』1집 권18.
51)『여유당전서』5집 권5.
52)「다산선생의 생애와 업적」,『담원국학산고』, 91쪽.
53)『여유당전서』1집 권13, 送李參判基讓使燕京序.

을 꾀해야 함은 반드시 실천하여야 할 철칙이라고 강조하고 있다.[54]

후지쓰카는 "박제가는 당시에 가장 우수한 달식達識의 학자이며 청조 문화에 대한 최대의 이해자다. 그는 자기의 새로운 지식을 기울여 천재아 김정희를 고무 격려하였다"라고 초정이 연경에 네번째 갔다 돌아와 그 때 16세 소년이던 추사를 교도하였으며, 추사 후년의 대성은 초정에 힘입은 바 크며, "이렇게 되게 한 최초의 지도자는 실로 박제가 그 사람이었다"고 추사의 소년 때 스승이 박제가였음을 역설하고 있다.[55] 또 문일평도 '박초정이 김추사의 선생으로 유명한 분'[56]이라고 말하고 있는데 필자는 유감이나마 『정유각집』 또는 『완당선생전집』에서 좀더 뚜렷한 증거를 찾을 수 없었다.

후지쓰카는 아마 『초본문집鈔本文集』에도 기재되지 않은 척독尺牘류에서 그러한 관계를 확인한 모양이다. 다만 고도서본 『정유각문집』 제4책에는 '답김대아정희答金大雅正喜'라고 하는 기사가 있는데, 대학경의大學經義를 공부할 때 공부의 순서를 일러준 글로 대학을 이제 막 공부하기 시작한 15세 소년 추사에게 보낸 글이다. 문집의 부附에도 소년 추사에게 대학의 강령에 대해서 교회敎誨한 글이 있는데, 두 사람의 학연과 그 시기를 밝혀주는 자료라고 생각하여 틀림없을 것이다. 부附에는 다시 자기는 소년적에 경학에 별로 유의하지 않고 다만 문사만 지었을 뿐 검서생활 20여 년에 속무俗務에 바빠 뜻대로 독서하지 못하였고, 지금 적지適地에 와 한가를 얻어 비로소 '궁경지사窮經之士'가 떠오른다는 글이 있는데 이 역시 전후 관련으로 보아 종성에서 추사에게 보내는 글이라 생각된다. 『정유각문집』에 보이는 추사관계 기

---

54) 『경세유표』 권1.
55) 藤塚鄰, 「金秋史の入燕と翁阮二經師」, 『東方文化史叢考』, 264쪽.
56) 『湖岩全集』 제2권, 171쪽.

사라고 생각되는 것은 이것뿐이다.

그러나 이것만 가지고도 그가 추사의 어릴 적 스승이라는 것 및 그 시기가 추사 15세 때(김정희는 정조 10년생) 정유가 제4차 연행을 한 전후라는 것을 알 수 있다. 정유는 환국한 지 불과 6개월여에 정배定配되고 있고, 방축향리放逐鄕里된 후 얼마 안 있어 서거한 것으로 생각되므로 두 사람의 인연은 짧은 시일이었다고 생각된다. 그러나 '잊을 수 없는 사람'은 반드시 오래 상종한 사람이 아닐 것이다

총민다감聰敏多感한 소년 추사는 4차연행에서 돌아온 직후의 정유를 만났던만큼 생생하고도 잊을 수 없는 많은 이야기를 듣고 그 영향을 받았을 것이다. 순조 9년(1809) 추사(24세 때)는 동지사행의 부사인 아버지 이판 김노경金魯敬을 따라 연경에 가 있거니와 그 때에 사귄 명사들은 모두 지난날 정유의 친구들이었다. 특히 추사의 생애를 통하여 깊은 영향을 준 옹방강翁方綱·완원阮元은 정유의 지기이니 금석학의 대가인 옹담계翁覃溪(그 때 77세)는 정유의 제자인 청년 추사를 보고 '경술문장 해동제일經術文章 海東第一'이라고 칭찬하였거니와 그 때 그는 9년 전 자기 집에서 정유와 더불어 환담하던 지난날의 가회운사嘉會韻事가 회상되어 이미 고인이 된 해동의 준수俊秀 박정유에 대한 추억이 새로웠을 것이다. 추사는 정유와 가장 인연이 깊었던 저 이조원李調元의 종제從弟 이정원李鼎元(호 墨莊)과도 교유를 맺었다.

정유의 가족관계에 대해서는 그 누이가 협기俠氣있는 총명한 여성이었다는 것, 그의 자당慈堂이 가난 속에서 헌신적으로 아들 초정을 위하여 힘썼다는 것 및 그 자녀에 대해서 다소 알 수 있을 뿐 당시의 관습 속에서 그 부인에 대한 언급은 일언반구도 없다. 정유에게는 5남매가 있었는데 그 장녀에 대해선 '망녀윤씨부묘지명亡女尹氏婦墓誌銘'[57] 속에서 절절한 부성애를 보이고 있다. 아들은 삼형제 장염長稔·장늠長

庾·장암長庵이 있었는데, 유득공의 아들과의 세교世交가 있었다는 것, 그리고 순조 때 그의 계자季子 장암이 혜풍의 아들 본예本藝·본학本學 형제와 더불어 검서관으로 있었다는 것을 알 수 있다.

12. 박제가와 사귄 연경의 명사들

가장 인연이 깊었던 기윤紀昀은 예부상서, 『사고전서四庫全書』 편찬의 책임자요, 청조 일대를 통한 대학자로서 문예가 매우 뛰어나고 청렴결백하였을 뿐 아니라 절검하여58) 상하의 경중敬重을 한 몸에 모으고 있던 거성巨星이었다. 정유는 유득공과 기상서紀尙書를 찾았던바, 그는 극진히 예대禮待하고 그들의 담화는 시간가는 줄을 몰랐다. 수일 후 이 대가는 몸소 조선관으로 두 검서檢書를 찾아왔던 것이니 기윤이 얼마나 그들에게 경도傾倒하였는가를 짐작케 한다.59)

연로한 기윤은 정유의 시재詩才와 인물이 퍽 마음에 들었는지 귀국 후에도 해마다 문안의 서신을 보냈으며 가색加色한 견지絹地에 대자大字로 시를 보내기도 하였다.60) 이것은 정조가 친히 정유를 불러 수교手交하였다고 한다. 순조 원년 2월 박제가와 유득공이 다시 연경에 갔는데, 먼저 노상서老尙書를 만나고자 도착 익일에 기윤을 찾았을 때 그는 78세의 고령으로서 아직 안력眼力은 정정히 독서생활을 계속하고

---

57) 『정유고략』 권2.
58) 『정종실록』 권42, 19년 윤2월 갑진, 書狀官 沈興永別單.
59) 유득공, 『병세집』.
60) 貞詩 5, "偶然相見卽相親 別後忽忽又幾春 倒屐常迎天下士 吟詩最憶海東人 關河兩地無書札 名姓頻年間使臣 可有新篇懷我示 老大雙鬢漸如銀."

있었다. 노대가老大家는 만리타향에서 온, 이 해동의 귀한 손님인 준수
俊秀들과 재회할 수 있었음을 충심으로 기뻐하였으며, 그들과의 정담
情談은 누누이 그칠 줄 몰랐다. 돌아와 얼마 안되어 제가는 종성에 정
배되었거니와 그 소식을 사신에게서 들었는지 기윤은 멀리 시를 보
내어 그의 안부를 근심하고 있는 것이다.[61] 기윤상서로부터 이와 같
은 온정을 받은 사람은 오직 정유뿐이다.

기타 정유와 교유한 이로 팽원서彭元瑞·옹방강翁方綱·완원阮元·강덕
량江德量·철보鐵保·나빙羅聘·손성연孫星衍·웅방수熊方受 등 모두 청사에
이름을 빛낸 명사들이었다. 옹방강은 경학經學 및 금석金石의 대가로
후의 김추사와의 학연은 정유가 닦아놓은 것이었다. 완원은 이 때는
아직 이십대의 청년으로 명문출신의 조숙한 수재였으니 후에 크게
문병文柄을 잡은 일대의 거장으로 대성하였으며 추사의 스승이었다.
팽원서는 교감학校勘學의 대가, 공덕량은 금석문에 밝았으며 골동의
수장가였다. 손성연은 인품이 청수淸秀한 경학의 대가이며, 나빙은 화
가이며 정유에게 묵매墨梅와 초상을 그려주기도 하였다.[62]

철보는 만주귀족이며 동생 옥보와 더불어 시명詩名이 있으며, 정
유와는 막역한 사이로 귀국 후에는 사행을 대할 때마다 정유의 문안
을 하고 있었다. 철보·옥보 외에도 만주·몽고·회회·안남 귀족들
과 넓은 지교知交를 맺었다. 그는 청나라 황제의 부마인 풍신도위豊神
都尉 은덕殷德과도 교분이 있었다.[63]

---

61) "爲問朴而後 行縱近若何 舊遊憶文酒 遠道阻風波 悵望情無極 傳聞信恐譌 陸機才
   似海 無乃患才多."
62) 나빙이 정유의 초상을 그린 것은 그의 시 "相對三千里外人 欣逢佳士寫來眞 愛君丰
   韻將何比 知是梅花化作身"을 보아 알 수 있다. 이 진귀한 보물은 후지쓰카가 소장하
   는바 되었는데, 지금 그 소식을 알 수 없다(「李朝の學人と乾隆文化」, 321쪽 참조).
63) 貞詩 卷3 懷人詩.

그 자신 화가인 정유는 같은 취미의 완안장군完顔將軍 괴륜魁倫과도
사귀었다.64) 회회回回 왕자와의 교분도 세모歲暮마다 회상되는 그리운
추억이었다.65) 안남이부상서安南吏部尙書 반휘익潘輝益·공부상서工部尙書
무휘진武輝瑨과도 시교詩交가 있었으며, 박식한 몽고귀족 박명博明과도 친
교가 있었다.

박제가의 식견과 시서화에 걸친 재학才學은 한 복욱馥郁한 문화적 분
위기 속에서 찬란한 개화의 기회를 얻었다. 순조 원년에 그가 연행했
을 때 새로 사귄 진전陳鱣·황비열黃丕烈·오성란吳省蘭에 대해서 언급
하면, 진전은 명저『논어고훈論語古訓』의 저자, 황비열은 교감학校勘學의
대가, 오성란은『예해주진藝海珠塵』의 편집자다. 정유와 이덕무는 진전
은 유리창 서사에서 만난 것이 연이 되어 친분을 맺었는데, 진전이
정유에게『논어고훈』을 기증하자 제가는 자기가 쓴『정유고략』을 내
놓으면서 서문을 청하였다. 그 때 정유와 친교가 있는 이정원도 진전
에게 권하므로 그는 기꺼이 서문을 쓰고 그의 친구 오성란에게 부탁
하여 총서『예해주진藝海珠塵』속에 넣어 간각刊刻하여 줄 것을 청하고
스스로 교정의 노고를 하였다. 정유의 저서로서 출간된 것은 이것뿐
이다.

황비열도 유리창의 서사書肆 오류거五柳居에서 정유와 이덕무를 만
나 해외군자와 학연을 맺게 된 것을 기뻐하며 별리別離할 때에는 장시
長詩를 보냈다. 쟁쟁한 학자·문인들이 정유를 에워싸고 형제와 같이
사귀고, 그 경애의 정은 귀국 후에도 계속되었으니 건가간乾嘉間을 통
하여 연경에서 조선 박정유 선생의 명성은 다른 어떠한 조선 고관명
사보다도 높았던 것이며 누구보다도 많은 지우를 가졌다.

---

64) 貞詩 卷3 懷人詩.
65) 貞詩 卷3 懷人詩.

정유가 연경에서 이와 같은 지우를 얻게 된 것은 그의 시서화에 걸친 천재 및 탁월한 견식에 의함이니 그의 시재는 일찍이 격찬을 들었고, 연경 시단에 널리 소개되었다. 그가 서도書道의 달인이었음은 진전의 서序에도 적힌 바 있지만, 앞서 손성연의 청으로 그의 당액唐額 문학당問學堂 삼자를 크게 써하여 주었던바 그 글씨는 대단한 평판을 일으켰다 한다. 정유는 또 화필에도 능하였다. 청나라 진문술陳文述의 화림평영畵林評詠에도 '공서선화工書善畵'라고 있는데 정유의 그림에 대해서는 조선에서는 거의 알려지지 않았던 모양이다.[66]

지금 박제가의 그림으로 남아 있는 것(알려진 것)은 『조선고적도보朝鮮古蹟圖譜』 제14권에 수록된 연평초령의모도延平髫齡依母圖 등인데 여기 대해서는 그 소유자인 후지쓰카가 그의 논문에서 상론하고 있다. 즉 그 화면은 정성공鄭成功[67]의 어릴 때의 모습과 그 어머니를 그린 것으로 양화洋畵의 묘법描法도 보이며 채색은 아름다웠다. 이 그림은 그 후 연경에 들어가 정유의 지기知己 완원의 아들 복福이 입수하였다가 귀향하였을 때 역시 명유인 초순焦循에게 보이며 찬을 받았는데 그는 제가의 화재畵才를 절찬하고 있는 것이다.

그의 견식, 그의 재간才幹, 이러한 인물은 중국에서도 보기 어려운데 진한황원지지辰韓荒遠之地에서 온 해객海客이 그러함은 더욱 그들의 심금을 울렸을 것이며, 또한 한 번 헤어지면 재회를 기약하기 어려운 만리해객萬里海客이길래 연경 선비들과 해객의 문주간징축文酒間徵逐은 더욱 시취와 감개에 가득 찬 심교心交였을 것이다. 그러나 또 한 가지 주의할 것은 당시의 연경학풍이 한학漢學 전성시대로 실사구시의 박학撲學이 일세를 풍미하여 성리학은 보잘것없었고, 정주程朱를 논하는

---

66) 藤塚鄰, 「日鮮淸に亘する文化交流の一考察」, 177쪽.
67) 저명한 명나라 말기의 의병장. 대만에 거하여 남중 각지를 전전.

것을 학도의 수치로 알던[68] 시대에 주자학 일색의 조선에서 간 사람들이 그들과 의기투합되었다는 사실이다.

박제가와 친교가 있었던 반정균도 절강성 초흥紹興 사람으로 양명陽明과 동향이며 양명학자로 그가 홍대용과 형제의 연을 맺은 것도 홍대용이 양명학에 대한 깊은 이해가 있었던 것이 큰 도움이 되었을 것은 명약한 사실이다. 정유와 친교를 맺은 사람들 중에는 절강인이 많았다. 그들 중에는 사상적·지연적으로 양명에 영향을 받은 사람이 있었음은 홍대용과의 필담에서도 알 수 있는데, 정유가 양명학에 얼마만한 이해가 있었는지는 그 문집을 통하여 알기 어려우며 오히려 궁경지사窮經之思는 그의 정배 후에 새로이 일어난 심사임을 말하고 있는 점으로 보아[69] 그를 양명학도 내지는 그 이해자로 볼 근거는 없다. 그러나 『북학의』 병오소회에서 보는 바와 같은 그의 간절한 경제지지經濟之志는 허식대언虛飾大言을 일삼는 북벌론적인 시속時俗 정주程朱의 무리와 소양霄壤의 차가 있다 할 것이니, 그러한 반주자학적인 공통적 공감을 그들의 교유의 기반 배경으로서 간과하여서는 안될 것이다.

13. 맺음말

서얼로서 태어난 박제가는 조년早年에 부친을 잃고 가난과 불우 속에서 성장하였으나 우정에 있어서는 가장 청복했으니 십대에 이미 이덕무·박지원 등과 심교를 맺고 동지동학으로써 일야 절차탁마하

---

68) 藤塚鄰, 「金秋史の入燕と翁阮二經師」, 『東方文化史叢考』, 235쪽 및 『담헌서』 부록 湛軒先生遺事.
69) 貞4 答金大雅正喜 附.

였다.

그의 시재의 조숙은 이미 20세 이전에 시고詩稿『초정집』을 엮음에 이르렀고, 이른바 사가시四家詩로 아정이덕무・혜풍유득공・강산이서구와 더불어 젊어서 시명詩名을 연경에 날렸다. 그러나 그의 본령은 일곤日困하는 민생을 광구匡救하고자 하는 경세의 뜻에 있었으니 연암・아정・혜풍・초정 등은 일단이 되어 부국의 길로써 북학을 연구하여 이미 연행 이전 초정의 심안에는 중국의 풍물제도가 역력하리만치 조예가 깊었었다.

제1차 연행에서 돌아온 후 저술한『북학의』는 오랜 연찬研鑽을 실견실답實見實踏으로써 세련 완성시킨 것으로 언언우국言言憂國의 지성至誠과 서리犀利한 안광의 가득 찬 절세의 명저다. 29세 때 쓴 이 저서는 20년 후 왕에게 진소할 때에도 실질적으로 거의 수정의 필요가 없었으며, 오늘에 이르도록 불후의 정채精彩를 발하고 있는 것이다.

서얼로서 입신의 길이 막혀 있었던 초정은 규장각이 설치됨에 따라 초대 검서관으로 임명되어 비록 유품말직流品末職이나 정조와 친자親炙할 수 있었으며, 석학준수碩學俊秀인 각신과 사귀며 내각의 비서秘書를 종관할 수 있는 기회를 얻어 편서編書와 교서校書 등으로 이 곳에서 책과 벗하여 세월을 보냈었다. 그는 전후 4차 연행하여 황금기 청조문화를 대표하는 예부상서 기윤 등 많은 명류名流들과 가장 교유가 넓었었다. 시서화에 걸쳐 능달하고 또 고매한 견식을 가진 그의 인물은 본국에서보다도 연경에서 높이 평가되어 조선 박정유 선생의 영명令名은 어떠한 조선 고관보다도 연경에서 드높았으니 그들 사이에 시취詩趣와 정의情義에 넘치는 우정은 가장 아름다운 국제적 장면이었다.

그의 북학론・경세책 등은 정조 10년 왕께 올린 병오소회에 웅변되듯이 고루한 반청멸호反淸蔑胡 사상이 아직도 시대조류를 이루고 천주교를 사갈시蛇蝎視하는 시속時俗에 도저히 용납되기 어려운 탁월하게 선각적인 것으로 그 경륜은 오늘의 안목으로 보면 구구句句 놀라운 선각적 구국책이지만 당시에는 시속은 물론 보다 온건한 개량책을 주장하는 북학파 학우 사이에서도 과도한 '당벽唐癖'으로서 지탄되던 것으로(그의 사상을 연암과 비교하여 볼 때 더욱 그의 사상사상의 위치가 뚜렷해진다) 박제가는 북학파 내부의 최진보파라 할 만하였다. 그러므로 그의 고독은 심각하였고 그의 최대의 이해자인 정조의 훙거薨去와 더불어 그에 대한 박해는 불가피한 형세였었다. 순조 원년 그는 남인시파 몰락의 여파를 입어 사소한 일로 그를 필사必死의 지地로 몰려는 벽파의 추궁을 간신히 면하여 약 3년 동안 함경도 종성부에 유배되었고 방면된 후의 동정은 분명치 않다.

제2부
박제가의 실학사상

제3장

박제가의 개혁사상[*]

18세기 후반기에 들어서면서부터 우리나라 실학사상은 더 한층 발전하여 그 사상체계는 새로운 조류로서 북학론이 대두하게 되었다. 그것을 선창한 학자는 홍대용이었으나 북학론의 대표적인 주장자는 박제가였다.

북학론은 그에게서 비로소 이론적으로 체계화되었고 더욱 심화되었다. 그의 특출한 사상적 및 과학적 공적도 여기에 있다.

박제가는 실학사상의 거장들인 연암 박지원의 가장 사랑하는 제자였으며 정약용의 친근한 선배의 한 사람이었다. 이들 사이에 맺어진 긴밀한 연계는 실학사상의 가일층 발전에 있어서 특별한 의의를 가진다.

1. 그의 실학사상의 발전

박제가는 1750년(영조 26년)에 서울에서 박평朴坪의 서자로서 태어

---

* 김광진, 북한학자.
 원전 : 김광진 · 김광순 · 변낙주, 『한국경제사상사』, 이성과 현실, 1989, 295~311쪽.

났다. 그는 초정楚亭・정유貞蕤・위항도인葦杭道人 등의 여러 가지 별호를 가지고 있었다.

그는 불합리한 가부장적 가족제도의 악습으로 하여 일생 동안 노비와 같이 무권리한 신분적 억압을 받고 있었으므로 일생을 통하여 그는 불행한 처지에 놓여 있었다. 『홍길동』의 저자인 허균許筠의 경우와 마찬가지로 들씌워진 사회적 천대와 멸시에 대하여 항상 불만을 품고 있었기 때문에 양반제도와 계급적 모순에 대하여 예리한 비판의 눈초리를 돌리고 있었으며, 그는 자유와 평등을 주장하는 동시에 학대받고 빈곤한 농민들과 서민을 동정하는 입장에 서게 되었다.

그리고 박제가의 사상발전에서 특수한 영향을 준 것은 그 당시의 우리나라의 국내─국제적 정세였다. 국내적으로는 심각한 사회─경제적 모순에 허덕이는 낡은 봉건제도와 가부장적 제도가 유지・보존되고 있었으며, 국제적으로는 유럽 자본주의 문명이 가져오기 시작한 새로운 지식과 기술이 큰 영향력으로 작용하고 있었던 그것이다.

이러한 정세를 명확히 포착한 그는 국제적 위치에서 조국이 직면하게 될 위험성을 깨닫게 되었다. 이러한 정세로부터 그는 국내의 봉건적 모순에 대한 비판자로, 동시에 선진국가를 따라잡기 위한 사회─경제적 개혁의 사상가로 출현하게 되었던 것이다.

박제가는 21~22세경부터 연암 박지원의 문인門人으로 들어가 학문을 배우기 시작하였는바, 이것은 그에게서 새로운 사회사상에 접할 수 있는 유리한 기회로 되었다.

박제가는 그 당시 이미 문명文名을 세상에 떨치고 있던 연암의 지도를 받아 유학을 비판적 견지에서 섭취하게 되었으며, 정치와 경제・문학과 예술 등 각 방면에 걸쳐 광범한 선진적 지식을 습득하게 되었다. 이리하여 박제가는 20대에 이미 선진적 실학사상가로서의 입장을 확고히 가지게 되었다.

그는 당시 날로 격화되어 가던 농민들의 반反봉건적 투쟁 속에서 자기의 진보적인 세계관을 길러가면서 부패하고 무능한 양반통치배들의 갖은 악덕과 유학자들의 비굴한 사대주의와 그들의 위선과 탐욕을 자기의 문학작품을 통하여 신랄히 비판 폭로하였다.

그는 악착한 봉건적 질곡으로 인하여 극도의 빈궁과 억압에 시달리고 있던 인민대중을 언제나 뜨거운 동정으로 대하였고, 낙후한 상태에 있던 농업과 수공업을 발전시켜 나라의 경제적 발전을 도모하고 인민들이 행복하게 살 수 있는 길을 적극 탐구하였다.

그리하여 그는 자기의 뛰어난 재능과 지식을 기울여, 현실생활에서 제기되는 복잡한 문제들을 해결하기 위한 과학사상활동을 전개하였다. 그는 23세 때에 『초정집楚亭集』이란 자기의 문집을 내놓으리만큼 이미 성숙된 문필가로 출현하였다.

박제가는 전후 세 번이나 북경에 가는 사신의 수원으로 참가하여, 중국에서 발전한 새로운 문화와 사회·경제·기술의 모든 방면을 상세히 관찰하고 또한 중국에 수입되고 있던 유럽의 기술적 진보도 알게 되었다.

이리하여 그는 중국에서 달성한 우수한 선진문화와 기술적 발전을 우리나라에 도입하여 인민생활을 향상시키고 부강한 조국을 재건하려는 커다란 이념을 가지게 되었다. 그는 이용후생에 유리한 것이라면 무엇이든지, 또 어떠한 나라에서든지 배워야 한다는 굳은 신념을 가지게 되었다.

그는 또한 중국에서 저명한 학자·문인들과 자주 접촉하여 견문을 넓혔을 뿐 아니라 우리나라의 문화를 중국에 소개함으로써 상호 이해를 두텁게 하였다. 그 당시 박제가의 시작품들[1]과 서화는 중국

문단에도 소개되어 일부 문인들 사이에서 높은 찬양을 받았다.

박제가는 서양의 자연 및 기술과학의 연구와 도입에도 적지 않은 노력을 경주하였는바, 그는 자기의 친우인 정약용과 같이 이 방면을 깊이 개척하고 있었다. 일례로, 그는 1799년경부터 정약용과 함께 종두술種痘術을 실험하면서 공동연구사업을 진행하여 우리나라 의학발전사에 커다란 자취를 남겨놓았다.

그는 일시 영평 현령永平縣令의 벼슬을 한 때도 있었으나 그의 진보적 사상관점은 반동적 통치배들에 의하여 탄압을 받게 되었다. 그는 1801년 보수당파들의 재집권과 관련하여 그 해 봄에 경원慶源으로 유형을 당하게 되었다. 바로 이 때에 다산은 유명한 신유사옥辛酉邪獄 사건에 연좌하여 장기長鬐로 유배가게 되었는데, 이 두 사람의 정치적 연계를 밝힐 만한 자료는 아직 없으나 그들의 사상적 공통성과 친분 관계로 보아 박제가의 유배는 다산과의 연좌로도 추측할 수 있다.

박제가는 수년 후에 귀양살이에서 풀리어 돌아오기는 하였으나 그의 생활은 극도로 빈궁하였고 외롭고 불우한 가운데 1805년에, 연암이 서거한 뒤를 이어 곧 병들어 일어나지 못하였다.

2. 북학론北學論

박제가의 저서로서 후세에 남은 것은 『정유고략貞蕤稿略』이라는 문

---

1) 박제가는 자기의 시와 더불어 이덕무 · 유득공 · 이서구 등과 합작한 시집 『韓客巾衍』을 중국에 소개하였다. 이로부터 박제가를 포함한 四詩家의 명칭이 후세에까지 알려지게 되었다.

집과 『북학의』 내외편뿐이다. 그 중 그의 선진적 사상은 『북학의』에 집중적으로 표시되어 있다. 『북학의』는 저자가 북경에서 돌아온 1788년 가을에 썼다. 1798년 이 저서는 농서農書를 요구하는 국왕 교서敎書의 답안으로서 제출되어 박연암의 『과농소초課農小抄』와 정약용의 『응지론농정소應旨論農政疏』와 함께 높은 평가를 받았다.

이 시기에 박제가 등이 주장한 북학론은 북방나라에서 배우자는 주장이었다. 즉 중국에서 발전한 선진적 문물제도와 아울러 그 곳에로 들어오고 있던 기술적 진보까지도 연구하고 섭취하여 인민의 복리 향상과 나라의 부강발전을 촉진시키기 위한 지향을 반영한 것이다.

왜 이러한 주장이 이 시기에 강력히 제기되었는가 하면 그것은 우선, 대내-대외적인 복잡한 제모순과 그 해결을 절실히 요구하는 기운이 그 때에 대두하고 있었기 때문이다.

대외적으로 볼 때에 중국에서 여진족女眞族의 침략으로 명明나라가 망하고 청淸나라가 건립된 이후부터는 그와 조선정부와의 관계가 일변하였다. 종래의 사대주의적인 존명의리尊明義理는 명나라가 망한 뒤에도 계속 명나라를 위하여 원수를 갚겠다는 것으로서 조선 통치계급의 국시國是로 되어 있었다. 따라서 청나라와의 사이에는 의례적인 국교가 있었을 뿐이고 일체의 교통이 금지되고 완강한 쇄국鎖國정책이 지속되어 왔던 것이다.

그는 사문난적斯文亂賊의 비난을 받을 것을 각오하면서도 봉건지배계급의 비굴한 사대주의적인 존명尊明사상과 대의명분론을 반대배격하였다.

그는 결코 여진족에 의한 병자호란의 국치를 망각한 것도 아니요, 명나라에 대한 사대주의를 청나라에 대한 사대주의로 대치한 것도 아니다. 드디어 그러한 외국의 침략을 다시는 받지 않으며 비굴한 사

대주의를 청산하기 위해서는 우선 나라의 부강발전을 도모하여야 하
며 그 현실적 대책으로서 중국에서 발전한 생산력을 따라잡아야 한
다는 것을 주장하였던 것이다.

이러한 애국주의적인 지향은 그가 『북학의』에서 전개한 전체 사상
에 관통되어 있다.

참으로 인민들에게 이로운 것이라면 비록 그 법이 원수로부터 나왔다 하
더라도 성인들도 취하였거늘 하물며 중국의 문화에 이르러서는 두 말할
필요조차 없을 것이다.

지금의 청국은 본래 오랑캐다. 오랑캐로서 중국의 유리한 것을 알았
기 때문에 침략하여 점령까지 하였다. 그런데 우리나라는 그 약탈자가
오랑캐라 하여 그 약탈당한 것이 중국의 것인 것을 알지 못하고 스스로
고집만 하다가 발전하지 못하였으니, 그것은 이미 지난 과거 사실이 명확
히 증명하여 주고 있다.… 그런데 지금 중국의 법제를 가져다가 배울 만
한 것이 있다고 말한다면 왁짜 들고일어나서 비웃는다. 필부匹夫라도 그
원수를 갚으려고 할 때에는 그 원수가 예리한 칼을 차고 있으면 빼앗으려
하거늘 하물며 당당한 왕국으로서 춘추春秋의 대의大義를 천하에 펴려고
하면서도 오히려 중국의 단 한 가지의 법을 배우지 않으며 중국의 선비
한 사람과도 교제치 않음으로써 우리나라 인민들이 악전고투하나 아무런
소득이 없으며 빈곤과 기아에서 자포자기하며 수다한 이익을 버려두고
실천함이 없으니 나의 생각에는 중국의 이적夷狄을 물리치기는커녕 우리
나라의 이적의 기풍조차도 전부는 개변하지 못할 것이라고 본다.

그러므로 지금 사람들이 만일 이적을 물리치려 할진대 이적이 누구
인지를 알아야 하며 중국을 존중하려면 그 나라의 법제를 모조리 실천
하는 것이 훨씬 더 존중하는 것이라는 것을 알아야 한다.

만일 저 망한 명나라를 위하여 원수를 갚고 치욕을 씻으려면 힘써
배우기를 20년이나 한 후에 같이 논의하여도 늦지 않을 것이다.[2]

여기서 박제가는 허위적이며 무근거한 존명사대를 공염불같이 떠벌리고 있는 통치계급의 비굴한 태도와 우민화정책을 배격하면서 중국에서 발전한 선진적 기술과 문물을 허심하게 배움으로써 나라의 부강 발전과 인민의 복리향상을 도모하는 것이 급선무라는 것을 주장하였다.

그는 낙후한 생산력이 농민들의 고통과 불행을 더 한층 가혹하게 하며 국가의 번영을 가로막고 있는 근본적 요인이라는 것을 깊이 인식하고 있었다.

그가 중국에서 배우자는 것은 농사를 짓는 방법, 누에를 치는 방법, 목축과 과수법을 발전시키기 위하여 영농법과 농구를 개선하고 수리水利사업과 교통수단과 수공업의 기술을 발전시킴에 있어서 우리보다 우수한 것들을 연구하고 섭취하자는 것이다.

이 방면에 깊이 관심을 돌린 것은 그 당시의 조건하에서는 거대한 진보적 의의를 가진 애국주의 사상의 표현이었다.

박제가는 국가의 번영과 인민생활의 향상을 위한 어떠한 대책도 취하지 않고 있는 통치계급을 신랄히 비판하면서 다음과 같이 쓰고 있다.

> 지금 민생은 날로 곤궁하고 재정은 날로 궁핍한데, 사대부士大夫로서 어찌 수수방관袖手傍觀하면서 이것을 구원하려 하지 않는가? 또 옛것만 따르면서 홀로 잘 먹고 안연히 모르는 체 하겠는가?[3]

박제가는 중국을 여행하면서 조국이 처한 형편과 오늘에 받고 있

---

2) 『北學議』進北學議, 尊周論.
3) 『北學議』序.

는 모든 폐해의 원인을 더욱 절실히 알게 되어 중국에서 배울 것을
주장하였다. 그러나 그는 자주적 입장에서 중국의 문물을 우리나라
현실에 부합하게 배울 것을 강조하였던 것이다. 그는

> 중국 풍속에서 우리나라에서 통용되어 일상생활에 편리한 것은 기록하
> 는 동시에 그렇게 하여 이로운 것과 그렇게 하지 않음으로써 해로운 것
> 을 첨부하여4)

자기의 저서를 비판적 안목으로 서술하였다. 그에게 배우는 것은 그
자체에 목적이 있는 것은 아니었다. 그것은 조국의 부강발전과 인민
의 복리향상을 보장하는 수단이었다.

그는 조선시대의 국력의 침체와 산업의 쇠퇴, 인민생활의 혹심한
영락의 근본원인을 분석하면서 다음과 같이 논술하고 있다.

> 이렇게 그 의식衣食이 넉넉하지 못하며 재화가 통하지 못하게 된 원인은
> 학문이 과거제도 때문에 발달하지 못하고 기풍이 문벌에 속박되어 견문
> 이 넓어질 수 없으며 재주와 지식이 열릴 수 없게 되었기 때문이다. 이
> 와 같으므로 인문은 어두워지며 제도는 무너지며 백성은 날마다 늘어가
> 되 나라는 날마다 가난해진다. 그렇기 때문에 서전書傳에 쓰기를 정덕正
> 德은 오직 이용후생에 있다고 하였으며 대학전大學傳에는 재화를 생산하
> 는 데 큰 원칙이 있으니 일을 하는 자는 생산속도를 빠르게 해야 한다고
> 말하였다. 빨리 일한다는 것은 의식을 넉넉하게 한다는 것을 의미하는
> 것이다.
> 그러므로 오늘에 있어서의 계책은 먼저 농업의 종류와 양잠·방직부
> 터 모두 다 개량한 후라야만 중국을 따라갈 수 있는 것이다.5)

---

4) 『北學議』序.
5) 『北學議』進北學議, 農蠶總論.

이상 박제가의 논술에서 그가 그 시대의 사회-경제적 낙후성의
요인을 크게 두 가지 측면에서 분석하고 있는 것을 볼 수 있다. 즉 하
나는 사회-정치적 측면에서 봉건제도의 제약성과 그 질곡을 들고 있
으며, 다른 한 개 측면으로서는 생산도구와 기술의 낙후성을 지적하고
있다. 이 두 가지 측면의 상호연관 속에서 그는 창발적인 사회-경제
적 개혁사상을 전개하고 있다.

3. 신분제도에 대한 비판과 태유론汰儒論

박제가는 우선, 정당하게도 이미 낡아빠진 봉건적 제약이 그 시
대의 생산력 발전을 저해하는 중요한 질곡으로 되어 있다는 것을 논
증하고 그를 개혁할 것을 제기하였다.

그는 생산기술과 상품유통의 발전에 깊은 관심을 돌리면서, 그
당시 수십만 명이나 되는 양반 지주계급이 아무 일도 하지 않고 농민
만을 착취하고 있는 사실을 신랄히 비판하고 있다.

> 높은 지위에 있는 사람들은 이미 귀하고 부유하여 제자신이 농사일을
> 하지 않으며 심한 자는 왕왕 콩과 보리도 분별하지 못한다.[6]

그렇기 때문에 아무런 생산기술도 발전할 수 없으며 나라는 쇠퇴
하고 백성은 빈곤하게 되었다고 말하면서 그는 우리나라 양반제도의
유해성을 다음과 같이 서술하고 있다.

---

6) 『北學議』 外篇, 附李喜經農器圖序.

중국 사람은 가난하면 장사를 하니 진실로 현명한 일이다. 장사를 하여
도 그의 인격이나 명망과 절개가 조금도 손상함이 없이 그대로 유지된
다. 그처럼 하는 풍속이 청나라 때에 생긴 것이 아니라 명나라·송나라
때부터 벌써 있었던 것이다.

그런데 우리나라의 풍속은 빈 예절숭상과 체면만 꺼리고 두려워하
는 일이 많아서 사대부들은 놀고 먹을지언정 일은 하지 않는다. 벼슬을
못하고 낙향하여도 농사를 지을 줄 아는 사람은 거의 없다.[7]

그의 견해에 의하면 생산의 발전과 상품유통에 대하여서는 아무
런 관심도 돌리지 않고 오직 농민에 대한 야수적 수탈만을 일삼고 있
는 소위 선비들과 양반통치배들은 나라의 경제적 발전의 길에 놓여
있는 기본적인 장애물이었다.

그러므로 그는 대담하게 태유론汰儒論(선비를 도태하자는 주장)을 제창
하여 나섰다. 그에 의하면 놀고 먹는 소위 선비가 백 년 전부터 이미
전국 인구수의 절반을 차지하고 있으며, 과거 보는 마당에는 10만 명
의 선비의 무리가 모여든다는 것이다. 그는 이러한 기생적인 선비들
을 농업생산에 돌릴 것을 주장하였는바, 여기서 우리는 그의 만민개
로萬民皆勞 사상을 찾아볼 수 있다.

동시에 그는 과거제도와 문벌제도를 불합리한 것으로 반대하였으
며, 평범한 근로 대중 속에서 우수한 인재를 선발하여 국가사업에 등
용할 것을 역설하였다. 그는

현재 조정에서 이미 문벌을 표준으로 사람을 쓰고 있으니 그 이외의 사
람들은 모두 나서부터 천한 사람으로 될 수밖에 없다. 그러나 산골짜기
에 사는 가난하고 미천한 사람들과 벽촌에서 살고 있는 보잘것없는 인

---

7) 『北學議』 內篇, 商賈.

민들 가운데서 오히려 한평생 결백한 생활을 하면서 사람들을 힘써 가
르쳐 주며 겁나는 일에 꺾이지 않고 바라는 것을 앞세워 가면서 열성적
으로 일하는 사람이 있으니 이러한 사람들의 착한 활동이야말로 진실로
훌륭한 것이다.[8]

라고 말하면서

한 가지 재주나 한 가지 기술이 있는 사람이라도 반드시 추천하여… 신분
은 미천하나 훌륭한 포부를 가진 인재들을 모두 다 조정에 등용할 것[9]

을 강조하였다.

이와 같이 그는 봉건적 신분제도를 반대하면서 민주주의적 견해
를 피력하고 있으며, 사회발전에서의 인민대중의 역할에 대한 정당
한 인식을 가지고 있었다.

그러나 그의 사상은 아직 봉건적 외피를 벗어나지는 못하였다.
그는 봉건군주제를 인정하고 있었으며, 봉건제도의 전복을 요구하는
철저한 혁명적 사상에까지는 도달하지 못하고 있었다.

4. 생산과 기술발전에 관한 견해

토지문제에 관한 박제가의 사상도 역시 불철저한 것이었다. 『북
학의』에 담긴 사상만 가지고 보더라도 그는 빈곤한 농민들에 대한 뜨

---

8) 『北學議』 外篇, 科學論二.
9) 『北學議』 外篇, 科學論二.

거운 동정을 표시하고 있었음에도 불구하고 봉건사회의 주요모순이 집중되어 있는 토지문제에 대해서는 자기의 견해를 구체적으로 서술하지 않고 있다. 이것은 그의 계급적 제약성을 반영한 것이라고 인정할 수 있다.

그는 토지문제보다도 오히려 사회생산력을 발전시키는 데 깊은 관심을 표시하고 있다. 박제가에게 가장 긴급하고 중대한 것은 조국의 융성 발전을 위하여 사회생산력의 낙후성을 시급히 퇴치하는 문제였다.

이를 위하여 그는 중국을 여행하면서, 우리가 도입해야 할 생산-기술적 문제와 노동도구를 낱낱이 관찰하고 세심하게 기록하여, 우리나라의 기술발전에 기여하려고 하였다.

그는 농업생산의 발전을 중요시하면서, 노동생산 능률이 낮고 구태의연한 우리나라 영농법과 농기구들의 낙후성을 구체적으로 지적하고 선진적인 과학과 기술이 가지는 중요한 의의를 강조하였다. 또한 그는 농업뿐만 아니라 수공업기술의 개선, 임산업과 목축업의 발전에도 깊은 관심을 돌리고 있었으며, 특히 상업·무역과 교통운수의 발전을 적극적으로 촉진시킬 것을 역설하였다.

지금 우리나라는 지방이 수천 리에 백성이 적은 숫자는 아니며 자기 나라에서 생산되는 물자가 없는 것도 아니지마는 산과 물에서 나오는 예비를 모두 동원하여 산출시키지 못하고 있으며 경제정책이 모두 다 잘 수립되어 있지 않고 있기 때문에[10] 나라가 빈곤하게 되었다

는 것을 지적하면서 부국강병과 인민생활의 향상을 위하여서는 모든

10) 『北學議』內篇, 市井.

가능성을 다 이용해야 된다는 것을 주장하였다.

박제가는 생산과 소비의 상호관계를 옳게 분석하고 있는바, 생산이 발전되면 소비가 증대되며, 인민생활이 향상되면 생산은 무궁무진하게 발전된다는 것을 일정하게 이해하고 있었다. 그는 생산과 소비에 관한 자기의 이론을 다음과 같이 정식화하고 있다.

> 사용할 바를 알지 못하면 그것을 생산할 줄 모르게 되며, 생산할 바를 알지 못하면 백성은 날마다 더 궁핍하게 된다. 재물이란 것은 비유해서 말하면 우물과 같다. 물을 자주 길면 물이 불어 나오고 긷지 않으면 우물물이 마르게 되는 법이다.11)

여기서 보는 바와 같이 그는 생산과 소비의 복잡한 관계를 충분히 이해하였다고 말할 수는 없으나, 단순한 형태로나마 이 문제를 이론적으로 제기하였으며 특히 소비에 대한 생산의 결정적 역할을 정당하게 이해하고 있는 점은 탁월한 것이다.

그는 국가의 번영도 인민들의 복리증진도 생산과 생산력의 발전에 달려 있다는 것을 여러 번 강조하고 있으며,『북학의』에서는 기술의 발달을 열렬히 주장하고 생산의 정체성과 쇠퇴를 비난하고 있다. 그는 언제든지 중점을 소비보다 생산에 두고 있었던 것이다.

그는 나라의 생산력 발전을 촉진시키는 대책으로서 세 가지의 중요한 모멘트를 열거하고 있다. 즉 첫째로, 노동기간의 단축을 위한 노동도구의 개선, 둘째로, 자연자원의 합리적 이용 셋째로, 노력의 동원과 사회적 분업의 발전이 그것이다.

그런데 우리나라는 도구가 좋지 못하여 남들이 하루에 하는 일을 우리

---

11)『北學議』內篇, 市井.

는 한두 달씩이나 걸려서 하니 이것은 시기를 잃는 것이요, 농사하는 법
이 서툴러서 비용은 많이 들이고도 수입은 적으니 이것은 땅의 자원을
낭비하는 것이요, 상업이 발전하지 못하여 놀고 먹는 자가 늘어가니 이
것은 노력을 잃는 것이다. 그런데 이 세 가지를 다 잃게 되는 것은 중국
을 배우지 않는 데 잘못이 있다.12)

박제가의 북학론은 중국의 발전한 영농법과 우리보다 기술적으로
우수한 노동도구를 섭취하며 무역과 교통을 본받자는 것이었다. 그
리고 그는 서양에서 달성한 자연과학의 성과도 배울 것을 역설하고
있다.

그는 토지이용률을 제고하는 새로운 경작법을 도입할 것에 대한
문제를 위시하여 관개시설을 복구 발전시키기 위한 대책, 거름을 내
는 법, 목축을 개선할 것에 대한 문제, 양잠과 과수재배법 등을 상세
히 서술하면서 우리나라 실정에 맞게 선진기술을 섭취할 것을 제기
하고 있다. 그뿐 아니라 그는 수레·배·성·벽돌·기와·문방구·
사기그릇·삿자리·주택·도로 등 인민생활의 모든 분야에서 우리가
발전시켜야 할 기술적 개조문제를 구체적으로 논술하고 있다.

그는 또한 우리나라에서 아직 사용하지 않고 있는 농기구들과 수
공업 도구들인 풍선颺扇(낟알을 까부는 도구)·돌공이石杵(쌀을 찧은 도구)·
수차水車·표종瓢種(씨를 뿌리는 도구)·입서立鋤(김매는 도구)·우파耰耙(밭을
고르게 하는 도구)·녹독碌碡(파종기)·잠박蠶箔(누에치는 그릇)·잠망蠶網(누에
를 덮는 그물)·소차繅車(실 뽑는 도구)·직기織機·교차攪車(솜 트는 도구) 등과
관개수리사업에 필요한 각종 기술적 설비 등을 열거하고 그 우수한
효능을 소개하였다. 그 일례로 그는 교차를 사용할 것에 대하여 말하

---

12) 『北學議』 進北學議, 財賦論.

면서, 우리나라에서는 한 사람이 하루에 4근의 솜을 타는데, 중국에
서는 하루에 80근씩을 뽑는다는 것을 들고 있으며, 그리고 서양의 용
미차龍尾車는 보통의 수차水車보다 10배나 더 많은 물을 퍼 넘길 수 있
는 효능이 있다고 것을 소개하고 있다.

> 그는 무릇 이상에서 지적한 수십 가지의 기구를 한 사람씩 붙어서 사용
> 하면 그 이익이 십 배나 될 것이며, 전국적으로 사용한다면 그 이익이
> 백 배나 될 것이며, 십 년을 쓰면, 그 이익은 이루 다 헤아릴 수 없을
> 정도로 많아질 것

이라고 하면서, 그럼에도 불구하고 당시 우리나라에서는

> 이런 점에 착안한 사람에게는 힘이 없고 힘을 가진 사람은 적절한 시기
> 를 얻지 못하고 있으며… 당국자로서는 마침내 이것을 실천에 옮기는
> 자가 없으며 이리하여 백성들은 농사와 양잠의 이익이 없음을 알고 농
> 촌을 버리고 떠나게 된다.13)

고 개탄하고 있다.

박제가는 『북학의』에서 전면적으로 과학과 기술의 도입에 관한
문제를 취급하면서, 조선 통치배들의 무위무책으로 인하여 우리나라
의 생산력의 발전이 정체상태에 빠졌으며 결국 국력의 약화를 가져
왔다는 것을 지적하고 있다. 그리하여 그는 한편으로는 기성의 봉건
제도의 모순을 폭로 비판하면서, 다른 한편으로는 새 기술도입에 관
한 자기의 적극적 의견을 제시하고 있다.

그는 국내에서 포부와 재질이 우수한 여러 사람을 선발하여 북경

---

13) 『北學議』 外篇, 農蠶總論.

에 가는 사신의 대열에 끼여 보내게 하고 그들로 하여금 일정한 기간 모든 기술을 배우면서 새 도구 등을 사들여 전국에 보급시키게 하면 10년 이내에 중국의 기술 전부를 습득하고 따라 앞설 수 있다는 확신을 표명하였다. 이를 위하여 국가에서는 전문적인 기관을 설치할 것을 제의하고 있는바, 이것은 정약용이 제기한 이용감利用監14)과 같은 기능을 수행하는 제도를 염두에 두고 있었을 것이다.

5. 통상론

박제가는 국내상업과 교통운수의 발전에 깊은 관심을 돌리고 있었으며, 특히 외국무역의 발전을 적극적으로 주장하였다. 그는 낙후한 생산력과 함께 불편한 교통과 상품유통의 결여는 인민들의 불행과 고통을 더 한층 증대시키는 원인으로 되고 있을 뿐만 아니라 나라의 경제적 번영을 저해하는 조건으로 된다는 것을 절실히 깨닫고 있었다.

무능하고 고루한 양반계급이 상업을 천시하고 외국무역을 억제함으로써 국내시장의 형성과 상품생산의 발전을 가로막고 있던 침체한 상태를 타개하기 위하여 선진적 실학사상가들이 이 방면에 심각한 관심을 돌린 것은 결코 우연한 일이 아니다. 그 중에서도 박제가는 상품유통과 교통운수의 발전에 커다란 장애물로 되고 있던 봉건통치배들을 반대하는 투쟁에서도 가장 적극적이었다. 그는 다음과 같이 썼다.

---

14) 정약용은『경세유표』에서 새 기술을 연구 도입하고 새로운 도구를 제작하여 전국에 보급시키는 중앙기관으로서 이용감이라는 관리기구를 설치할 것을 제기하였다.

우리나라 사람들은 중국의 시장들이 왕성한 것을 처음 보고는 말하기를
전혀 비속한 이익末利만을 숭상한다고 비방한다. 이 말은 하나만 알고
둘은 모르는 말이다.15)

그는 당시 우리나라에서는 상품이 전국적으로 유통되지 못하고
교통수단이 불편하여 생산물은 그 산지의 좁은 범위 내에서 소비되
고 있으므로 인민들의 생활은 윤택하지 못하고 나라는 가난해질 수
밖에 없다는 것을 지적하면서 다음과 같은 사실을 들고 있다.

영동嶺東은 꿀이 나되 소금이 없고, 관서關西는 철이 나되 감귤柑橘이 없
으며, 북도北道는 삼麻은 잘 되나 면포가 귀하며, 산골에서는 팥이 싸고
바닷가에서는 창지젓이 많고, 영남의 옛절古刹에서는 좋은 종이가 나며,
청산靑山·보은報恩은 대추밭이 많고 강화江華는 한강 어구에 있어서 감
柿이 많다. 인민들이 실상 그것들을 융통하여 풍족히 쓰려 하지 않으려
는 것은 아니나 힘이 미치지 못하여 그렇게 하지 못하는 것이다.16)

박제가는 인민생활의 향상과 나라의 경제발전을 위하여서는 농업
과 수공업생산을 기술적으로 개선할 뿐만 아니라 각 생산부문을 교
환으로 연결시키는 상업을 발전시키고 기타 모든 가능성을 모조리
이용할 것을 역설하면서 다음과 같이 쓰고 있다. 그는 계속하여

반드시 원방과 물화를 상통한 후에라야만 물자가 풍부해질 것이며, 제반
일용품이 생길 것이다. 그런데 대개 수레 백 대의 적재량이 배 한 척만
못하며 수레로 육지를 천리 가는 것이 배로 만리 가는 것만큼도 편리하
지 못하다. 그러므로 장사하는 사람은 반드시 수로를 제일로 친다.17)

---

15) 『北學議』 內篇, 市井.
16) 『北學議』 內篇, 車.

박제가는 수레를 널리 이용하여 국내상업을 발전시키는 동시에 견고하고 편리한 선박을 건조하여 해외 여러 나라와의 무역에 적극 진출할 것을 역설하고 있다.

그는 고려시대에 송나라와의 무역이 빈번하여 남송으로부터 오는 상선이 7일 만이면 예성강禮成江에 도착하였다는 사실을 상기시키면서, 조선시대에 들어와서부터는 한 척의 배도 왕래하지 않게 되었으므로 물질적으로나 문화적으로 막대한 손실을 보고 있다고 지적하였다.

그리고 일본이 아직 중국과의 교통이 트지 못하고 있을 때에는 우리나라를 통하여 중국의 실絲을 무역하였으므로 우리나라 사람들은 중간이익을 얻고 있었으나 일본은 그 후 직접 중국과 장사를 광범위하고 있을 뿐만 아니라 30여 개의 외국과 통상을 하여 급속한 발전을 가져왔다는 사실을 전하고 있다.

그는 계속하여

이제 다른 여러 나라들과 통상하고 싶으나 왜놈은 교활하여 항상 이웃 나라를 엿보고 있으며, 안남安南·유구流球·대만臺灣 등은 또한 길이 멀고 험악하여 통상할 수 없으므로 오직 중국하고만 할 수 있다.18)

고 말하면서 금후 국력이 점차 확장되고 인민생활이 안정됨에 따라 여러 나라와의 무역을 순차적으로 확장할 것을 주장하였다.

박제가는 정당하게도 통상의 의의를 나라의 경제적 발전에만 국한하여 보지 않았다. 그는 다음과 같이 썼다.

---

17) 『北學議』外篇, 通江南浙江商舶議.
18) 『北學議』外篇, 通江南浙江商舶議.

이렇게 되면 그 기술을 배우고 그 풍속을 관찰하게 되어 우리나라 사람들로 하여금 견문을 넓혀 천하가 크다는 것과 우물안 개구리로서의 수치를 알게 한다면 사회의 발전을 위하여서도 유익할 것이니 또한 어찌 유독히 교역에서 얻는 이익에만 그칠 수 있을 것인가?[19]

이상과 같이 박제가는 조선통치계급에 의하여 강압되고 있던 우민화愚民化 정책과 소극적인 쇄국정책과 보수주의적 질곡을 타개하고 새로운 정세에 적응하게 나라의 생산력과 상품유통을 발전시켜 국력을 배양하는 것을 긴급한 임무로 제기하였다.

이러한 사상은 물론 그 당시 극도로 고루하고 비속화한 봉건지배계급에 대한 반항을 표시한 것이며, 또한 그 때 이미 대두하고 있던 국내상업자본의 이익과 그 요구를 반영한 것이다. 이것은 그 시대의 역사적 조건하에서는 진보적인 사상이었다.

동시에 우리는 인민의 복리향상과 조국의 번영을 염원하는 열렬한 애국주의 사상가로서의 박제가의 면모가 약동하고 있는 것을 여기서 또한 찾아볼 수 있다.

전술한 바와 같이 그의 사상에는 아직도 계급적 제약성과 봉건적 외피를 벗어던지지 못한 결함도 적지 않게 있다는 것을 부정할 수 없다. 그러나 박제가는 당대의 가장 예리한 비판적 정신의 소유자, 민감한 선각자로서, 멀리 유럽자본주의의 침략적 마수가 가까워졌음을 희미하게나마 감촉하고 있었다. 그의 『북학의』는 물론 이러한 정세에 대응한 정책적 의견으로써 쓴 것은 아니라 할지라도 적어도 동양 사회에 국한한 범위에서라도 우리나라가 처한 그 당시의 봉건적 낙후성을 분석하고 현실적 요구와 그 전진을 위한 방향을 천명한 점에

---

19) 『北學議』 外篇, 通江南浙江商舶議.

있어서 중요한 고전적 가치가 있는 역사적 문헌이다.

그의 사상은 개항론開港論과 내수외학內修外學을 들고 나온 19세기 후반기의 진보적 사상발전에 귀중한 유산으로 계승되었다.

제4장
박제가의 실학사상*

1. 머리말

　박제가는 밀양인 승지 박평의 서자로 태어나 주로 정조 때에 활동하였다. 그가 살던 시대는 임진왜란과 병자호란의 전란 속에서 백성은 도탄에 빠지고, 위정자들은 예송禮訟·복명반청復明反淸 등 명분론에 치우쳐 있었다. 이른바 실학자들은 도탄에 빠진 백성들을 구제하기 위해서 주자학과 명분론적 반청론을 재검토하지 않을 수 없었고, 또 청의 선진적인 문물제도를 배우지 않고서는 나라를 구할 수 없을 것이라 생각하게 되었다.

　이런 시대상황 속에서 그는 박지원·이덕무·유득공 등과 어울리며 조선의 백성을 구제할 방법을 찾고 있었다. 그러나 서출이라는 신분적 한계는 중용重用의 길을 앗아가 실의의 나날을 보낼 수밖에 없게 하였다. 그런 그에게 삶의 전기가 된 것은 연경행이었다. 그는 1778

---

* 나우권, 고려대학교 한국사상연구회 연구원.
　원전 : 한국사상연구회 편, 『실학의 철학』, 예문서원, 1996, 318~334쪽.

년(정조 2) 사은사 채제공의 수원隨員으로 별뢰관別賚官이 되어 연경에 가는 것을 시작으로 전후 네 차례에 걸쳐 중국을 다녀왔다. 중국의 학자들과 만나면서 청의 문물·제도 등을 자세히 살피는 가운데, 선진 문물을 받아들이지 못하여 조선이 낙후하였음을 자각하였다.

첫번째 연행에서 돌아온 29세 때(1778) 『북학의』를 저술하는데, 이를 통하여 홍대용과 박지원 등의 학풍을 계승하여 북학론을 정립시켰다. 박제가는 "지금 사람은 바로 이 '호胡'자 하나로 중국을 말살하려 한다"[1]고 하여 당시 선비들의 고루함과 편벽됨을 지적하였다. 그래서 그는 중국 문물의 우수성을 적극 배움으로써 조선의 풍속을 바꾸어야 한다고 하여 북학의 당위성을 밝혔다. 또 이용후생론의 기술적 방법을 제시하여 민생문제를 해결하려 하였다.

그는 북학이라는 용어를 『맹자』 등문공상에 진량陳良이 '북학어중국北學於中國'하였다는 구절로부터 이끌어내어 그 의미가 중국의 선진 문물을 배우는 것임을 밝혔다. 또 최치원(857?, 호 고운孤雲)과 조헌(1544~1592, 호 중봉重峰)이 중국의 선진문물을 본받아 개혁을 시도하였던 사실을 들어 북학의 연원을 제시하기도 하였다. 그는 자신의 과제를 중국의 풍속으로 우리나라에 실행할 만하고 일용에 편리한 것을 제시하고, 이러한 중국 문물과 제도를 실행할 때의 이로움과 실행하지 않을 때의 폐단을 밝히는 것이라 하였다.[2]

이 글에서는 박제가의 북학과 실학사상을 철학적인 면에서 검토하고자 한다.[3] 이용후생의 구체적인 방도로 북학을 주장한 것이라는

---

1) 朴齊家, 『北學議』, 北學辨 二.
2) 朴齊家, 『北學議』, 自序.
3) 이 글은 시론적 성격이라는 한계를 지니고 있다. 박제가의 문집 속에서 학문관·자연관·경제관에 대한 분명한 입장을 찾기란 매우 어렵다. 그러나 변화된 시대상황에서 그가 찾고자 하는 시대의 구제책은 조선 성리학의 한계를 극복하기 위한

기존의 연구는 박제가 사상을 전체적으로 조망하는 데 부족하기 때문이다. 규장각 검사관까지 지낸 학자가 이기理氣나 성명性命 등 성리학적 논변이 없다는 사실 자체가 실학에 대한 나름의 의지의 표명이라 할 수 있다. 구체적으로는 전통적『대학』해석에 이견을 제시하고 자기 나름의 경학관을 세웠다는 사실에서 박세당 이래 지속되어 온 조선 실학의 반주자학적 성격을 볼 수 있으며, 게다가 과학기술에 대한 동경, 적극적인 응용 등은 기존 성리학적 도덕천道德天 개념의 변화를 짐작케 하는 대목이기도 하다. 그의 경세관에서는 북학파다운 성격이 더욱 뚜렷이 나타난다. 그는 절용·절검보다 사치가 국부를 증진시킨다는 용사론用奢論을 주장하기까지 한다. 이에 따라 아래에서는『대학』주석 등에서 보이는 실학으로서의 학문관, 인간에 의해 이용되는 대상으로서의 자연관, 생산된 재화를 유통시켜 부의 증진을 꾀해야 한다는 경제관, 이 세 가지 틀로 이용후생을 표방하는 박제가의 사상을 살펴보겠다.

2. 학문관

박제가는 이용후생을 정치의 기본이며 도덕의 근본이라고 보았다. "대개 이용하고 후생하는 것에 하나라도 빠진 것이 있으면 위로 정덕正德을 해치게 된다"[4]고 한 데서도 알 수 있듯이, 그의 주된 관심사

노력의 일단으로 매우 중요하다고 할 수 있다. 그래서 필자는 그의 사상을 18세기 실학의 전반적인 흐름 위에서 시론적으로나마 개괄해 보고자 하였다.
4) 朴齊家,『北學議』, 自序.

는 어떻게 하면 백성을 이롭고 넉넉하게 하는가 하는 데 있었다. 이
용후생할 수 있는 학문, 이것이 박제가가 이해한 실학이었다.

따라서 그에게서 주자학적 공리공담은 학문 자체로도 쓸모없고,
더욱이 이용후생에는 아무런 도움도 주지 못하는 것으로 비판되었
다. 그는 주자학의 공리공담과 비실천성을 비판하여 "우리나라 사람
들은 공담을 잘하지 못하는 사람은 없으나 실천이 부족하다"[5]고 하
였다. 그러면 이러한 비판정신이 구체적으로 『대학』 해석에서 어떻
게 나타나는가?

1) 『대학』 주석의 반주자학적 해석

박제가는 주희 자신이 가장 심혈을 기울였다는 『대학』의 주석에
대해서 비판을 가하고 있다.[6] 주희는 『대학』을 경經 1장과 전傳 10장
으로 나누어 전 10장을 경 1장에 대한 해설로 파악하고, 전에 격물치
지에 대한 해설이 빠졌다고 하여 스스로 '격물치지'장을 지어 삽입하
였다. 이 장을 중심으로 한 격물치지설은 이후 유학에서 중요한 시비
의 대상이 되었으며, 특히 왕수인은 고본古本『대학』을 기본으로 하여
주희의 격물치지설을 비판하였다. 박제가가 왕수인의 학설에서 영향
을 받았는지는 확실하지 않지만,[7] 그는 고본『대학』의 설이 옳다고

---

5) 朴齊家, 『北學議』, 兵論.
6) 박제가는 金正喜(1786~1856)의 스승인데, 김정희와 나눈 문답 가운데 『대학』에 대
   하여 답한 내용이 答金大雅正喜書에 남아 있다.
7) 『대학』경문의 '親民'의 '親'을 박제가가 '新'이라고 하는 것으로 보아서는 왕수인의
   설을 따라 고본을 중시하는 것 같지는 않다(『정유각전집』 하, 答金大雅正喜書. 이
   광호, 박제가의 양허설, 『한국실학사상논문선집』 16 보유편, 342쪽에서 재인용). 왕
   수인과 북학파의 사상적 교류를 언급한 저작으로는 유명종의 『성리학과 양명학』
   (연세대 출판부, 1994)이 있다.

여기고 있다.

> 경經의 글은 지극히 명백하며, 그 차례에도 곡진한 뜻이 있으니, 결코 후
> 세 주소가注疏家의 범례에 따라 증자의 글을 논하면 안된다.[8]

이는 경에 착간이 있다는 정이程頤와 주희의 설에 반대하는 구절
이다. 구체적으로는 격물치지장을 부정하는 것이다.

주희의 격물치지설은 개별 사물에 대한 궁리窮理라는 방식으로 활
연관통豁然貫通을 통해 나의 인식 능력이 최대화된, "사물의 겉과 속,
정밀하고 거친 것에 대하여 인식하지 않음이 없고, 내 마음의 온전한
체全體와 대용大用이 밝아지지 않음이 없는"[9] 경지를 목표로 한다. 이
경지는 사물에 대한 개별지식뿐 아니라, 인간의 도리와 이치까지 관
련된 도덕을 포함한 리理를 깨닫는 경지다. 사물의 근본이치를 알고
내 마음의 체용體用도 밝게 된 경지를 전제로, 성의誠意·정심正心·수
신修身을 차례로 익혀 나가고자 하는 것이 원래 주희의 해석이었다.
주희에게서 물物은 곧 천하의 만물天下萬物이다. 그에 반해 박제가는 물
을 만물이 아니라 『대학』 안에 있는 물, 즉 의意·심心·신身·가家·
국國·천하天下를 가리키는 것으로 보고 있다.

> 격물格物의 물이 천하만물의 물이라면 경經에서 "먼저 그 물을 격해야 한
> 다"고 말하고, 또 "물이란 어떠한 물이다"라고 말해야 한다. 그런데 지금
> 다만 지知라고 말하고 물이라고 말한 것은 "아마도 지知는 이 물物에 즉
> 卽함이요," 이미 분명히 "물에는 본말이 있다"·"먼저 하고 나중 할 바를
> 안다"고 말하였기 때문일 것이다. 단지 대서특필한 것이 아니라면, 물이 ·
> 외적인 물이 아님을 알 수 있으니 다시 말할 필요가 없다.[10]

---

8) 朴齊家, 『貞蕤閣全集』, 答金大雅正喜書.
9) 朱熹, 『大學章句』 傳 5장.

물을 경문에 나오는 내용으로 파악하는 입장은 주희의 설을 부정
하는 것이지만, 그렇다고 '뜻이 있는 곳'이 물이라고 하는 왕수인의
물에 대한 해설[11]하고도 명백히 다름을 알 수 있다. '격물'의 '물'이 천하
만물의 '물'이 아니라 경문 가운데 있는 '물'을 가리킨다[12]고 하는 것
은 '격물치지'가 '성의誠意' 이하의 일을 떠나 독자적으로 성립하는 일
이 아니라는 주장이다.

그가 격물치지에 관해서 이런 언급을 하는 것은 '궁리'를 버리고
하지 말라는 뜻이 아니다. 다만 '성의' 장 앞에 따로 한 장을 만드는
것이 증자의 생각과 다르기 때문이다.[13] 격물치지의 사변에만 매달
리는 성리학자들의 공소함을 성의로써 해소하려 한 것이다.

박제가는 팔조목뿐만 아니라 삼강령에 대해서도 주희와 시각이
다르다. 그는 어떠한 행동이 지선至善이냐 아니냐의 기준은 성의의 여
부에 따라 결정될 문제로 보았기 때문에, 따로 지선에 대한 별도의
인식이론을 필요로 하지 않는다.

---

10) 朴齊家, 『貞蕤閣全集』, 答金大雅正喜書. 주희는 격물을 『大學章句』 경 1장에서
"格至也, 物猶事也, 事物之理, 欲其極處無不到也"라고 하여 사물의 이치를 끝까지
캐물어서 이른다는 뜻으로 해석했다.

11) 王守仁, 『王文成公全書』, 동양문화사, 영인본, 1976, 권26, 續編一, 大學問, "物者
事也, 凡意之所發, 必有其事, 意所在之事謂之物, 格者正也, 正其不正, 以歸於正之
謂也." 왕수인의 '격물'은 마음의 부정을 제거하여 그 본래의 바름正으로 돌아가는
것이다. 意가 있는 곳에서 부정을 제거하려는 것이므로 그에게서 誠意가 무엇보다
중요한 의미를 지닌다.

12) 박세당은 『思辨錄』, 大學下에서 "物者如下文, 曰天下, 曰國, 曰家, 曰身, 曰心, 曰
意, 曰知, 曰物, 是也, 事者如其曰平, 曰治, 曰齊, 曰修, 曰正, 曰誠, 曰致, 曰格, 是
也"라고 하였다. 박세당의 경우 物이란 天下·國·家·身·心·意·知·物이며, 事
는 平·治·齊·修·正·誠·致·格이다. 이런 점에서 박세당과 박제가의 대학관
이 유사함을 발견할 수 있다.

13) 朴齊家, 『貞蕤閣全集』, 答金大雅正喜書.

신독愼獨을 행하는 자는 지선에 이를 수 있다. 그러므로 (『대학』 원문에서) 시를 인용하여 옳은 이유는 지선이 있는 곳을 가리키기 때문이다. 수기치인修己治人이 모두 지선을 궁극점으로 삼는 것이라면 지선이 명명덕明明德, 신민新民보다 앞에 있어야 하는 것은 당연하다. (그러나) 명명덕, 신민 이후에 지어지선止於至善을 말하니 바로 이른바 지선에 머물러 옮기지 말아야 한다는 것이다.14)

박제가에게게서는 성의를 벗어나, 성의 이전에 지선의 소재를 알기 위한 공부는 따로 필요하지 않다. 명명덕과 신민을 정성껏 행하는 것이 곧 지선이기 때문이다. 그러므로 성의야말로 학자가 가장 먼저 노력해야 하는 일이 되고 성의가 보장될 때 치국治國과 평천하平天下가 이루어지며, 성의가 어그러지면 모든 일이 거짓이 되고 마는 것이다. 그래서 그는 성의 이전에 지선을 추구하는 것은 계란을 보고 새벽에 울기를 요구하거나 탄알을 보고 고기 구워 먹을 일을 생각하는 것처럼 쓸데없는 생각이며 시의에 맞지 않는 생각이라고 한다. 실제 일에 응해 성의에 바탕하여 실천하는 것을 그는 학문의 바른 길로 생각하였다.15) 격물의 물物을 성의 이하의 물로 바꾼 것, 지선을 가리켜 뜻을 정성스럽게 하는 것이라고 파악한 데서 알 수 있듯이, 그는 사변적 형이상학에 대한 관심을 버리고 성의에 기반한 이용후생적 실학에 전념하게 되었다.

2) 박 학

또 하나 그의 실학적 특색은 '박학'16)이라 이름할 수 있겠다. 벽

---

14) 朴齊家, 『貞蕤閣全集』, 答金大雅正喜書.
15) 이광호, 「박제가의 양허설」, 344쪽 참조.

돌·수레 만드는 법 등의 세세한 것까지 자세히 거론하는 것에서 미루어 알 수 있는 바이기도 하지만, 구체적으로 박제가에게서 박학이 어떤 모습으로 나타나는지 살펴보겠다.

천하의 서적을 가져오면 세속에 얽매인 선비들의 편벽되고 고루한 견해는 공격하지 않아도 스스로 깨우쳐질 것입니다.[17]

당시 선비들의 고루한 견해를 깨우치기 위해서 많은 독서를 필요로 한다는 언급이다. 그가 필요로 한 독서의 내용은 북학변에 나온다.

이제 육농기陸隴其·이광지李光地의 성명학姓名學과 고정림顧亭林의 존주론尊周論과 주죽타朱竹陀의 박학博學과 왕어양王漁洋과 위숙자魏叔子의 시문을 알지 못하면서 단연코 도학道學과 문장文章이 볼 만하지 못하다 하며 아울러 천하의 공론을 믿지 않으니, 나는 지금 사람들이 무엇을 믿고 그러는지 모르겠다. 무릇 기록된 서적이 많고 이치가 무궁한 관계로 중국의 서적을 읽지 않는 자는 스스로 한계를 긋는 것이며….[18]

시학詩學에 대한 논의에서 '박극군서博極群書'라는 박학을 의미하는 말이 드러나기도 한다.

---

16) 여기서의 '박학'이란 백과전서파(이수광·유형원·이익 등)의 흐름에서 크게 벗어나지 않는다. 굳이 차이점을 찾자면 백과전서파의 경우 지식의 수집에 기인하여 사상의 개방성을 강조한 것이라면, 박제가는 이용후생의 한 방법으로서 제시했다는 정도다.

17) 朴齊家, 『北學議』, 丙午所懷.

18) 북학의 당위성을 주장하는 글이지만, 상기 여러 학자들의 학문성과를 받아들여야 한다고 하는 측면에서 '박학'이라고 이름할 수 있겠다. 중국 학자들의 우수성을 말하여 박학의 필요성을 간접적으로 드러내는 시詩도 있다. "금석학 연구에는 정삼 옹방강이 유명하고/ 그림에 뛰어나기로는 양봉 나빙을 손꼽네./ 결백함을 말할진댄 비부 손정연이오/ 방대하고 화려한 것 북강 홍량길의 시문일세."(김병민, 연경잡절에 반영된 초정 박제가의 문화의식에서 재인용).

우리나라의 시는 송·금·원·명을 배운 사람이 최고이고, 당을 배운 사람은 그 다음, 두보를 배운 사람이 최하다. 배우는 바가 올라갈수록 그 재주는 점점 내려간다. 두보를 배운 사람은 두보가 있다는 것만 알 뿐 그 외는 보지도 않고 먼저 경멸하여 그 術술이 더욱 졸렬해지기 때문이다. 당을 배우는 폐단도 마찬가지다. 그러나 좀 나은 사람은 두보 이외에도 왕발王勃·맹호연孟浩然·위응물韋應物·유종원柳宗元 등 수십 사람의 이름이나마 마음에 두고 있으므로 나을 것을 기대하지 않아도 저절로 나아진다. 송·금·원·명을 배운 사람이라면 그 지식이 이보다 나은 것이다. 하물며 '박극군서博極群書'로써 축적하여 성정性情의 참됨을 나타내는 경지에 이르러서랴.19)

이는 비록 시학론에서 보이는 문예사조론적 서술이기는 하지만, 학문적 방법론으로서의 '박학'을 말한 것으로 파악할 수도 있겠다.

3. 자연관

성리학자들의 자연관은 주어진 그대로의, 이른바 소여所與로서의 자연을 바탕으로 이루어진 것이다. 그리하여 이들은 이와 같이 주어진 자연 속에서 인간이 어떻게 살 것인가 하는 인생관 또는 인간을 어떻게 규제할 것인가 하는 통치규범의 문제에 관심을 가졌다. 그러나 박제가의 경우, 순응할 수밖에 없는 이러한 주어진 자연보다는, 개발 대상으로서의 자연을 의미하고 있다. 물론 박제가에게서 아직 자연에 대한 어떤 독자적인 철학적 원리가 구비되어 나타나는 것은 아니다. 그러나 적어도 그는 자연이 인간사회에서 효용적인

---

19) 朴齊家, 『北學議』, 北學辨 二.

것이라는 사고방식에 의하여 "재부를 잘 다스리는 자는 위로는 하
늘을 잃지 않고, 아래로는 땅을 잃지 않으며, 가운데로는 사람을 잃
지 않는다"[20]라고 논하고 있다. 또 자연을 개발하는 것에 관해서는
"물에 즉해서 기술을 창안해내며, 일을 만나서 기구를 제작한다"[21]
라고 한다.

이와 같은 자연관의 변화는 그의 이용후생적인 학문론과 밀접한
연관성을 가진다고 할 수 있는데, 그는 생산과 유통의 관점에서 거
車·선船·벽甓·와瓦·도로道路·교량橋梁·분糞·지리地利·수전水田·
수리水利·농기農器 등에서 자연의 효율적인 이용을 역설하고 있다. 예를
들면 거車와 관련해서는 "수레는 하늘에서 나오고 땅에서 움직인다.
만물을 싣는데 이보다 이로운 것은 없다"고 한다. 자연의 합리적 이
용에 의한 부의 증진을 적극 도모하는 것이다.

주자학적 틀을 벗어난 오행관을 보여준다는 것도 주목할 만한 점
이다. 오행을 일상생활에서 사용하는 다섯 가지 물질로 파악하기 때
문이다.

기자가 말한 홍범洪範에 '오행골진五行汩陳'이라는 말이 있다. 오행이라
는 것은 백성들이 이용하여 생활하는 것으로서 날마다 사용함에 빠뜨릴
수 없는 것이다.[22]

따라서 박제가는 오행을 만물의 생성원리로 파악하는 것이 아니
라, 실생활에서 이용해야 할 물성物性으로 파악하고 있다.[23] 오행을 필

---

20) 朴齊家, 『北學議』, 財賦論.
21) 朴趾源, 『燕巖集』, 北學議 序.
22) 朴齊家, 『北學議』, 五行汩陳之義.
23) 이러한 박제가의 사상은 홍대용으로부터 시작되는 북학파의 자연관을 계승·발

수적인 생활용품으로 인식하는 이 점이야말로 박제가의 학문정신이 얼마나 실제적이고 실용적이며 실증적인가를 보여준다 하겠다. 여기서 오행으로서의 기氣에 치중하는 그의 경향은 고식적인 이기설理氣說의 한계를 넘어서는 '주기主器의 경향'이라고 할 수 있다.[24]

그에게서 이용후생의 자연관이 나타난 것은 "우리나라에 농기구가 없는 것은 예나 지금이나 남이나 북이나 모두가 꼭 같다. 쟁기와 보습을 사용해서 흙을 갈고 나면 더 이상 사용할 농기구가 없다"[25]는 현실 때문이다. 자연에 맞서 현실을 살아가야 하는 인간에게 자연을 이용할 공구가 너무 없고, 그 결과 삶을 유지하기조차 어렵기 때문이다.

그래서 그는 성인관에서 성인이란 도구를 잘 제작하고 이용하는 사람들이라 규정하는 내용이 보인다.

순임금이 있는 곳에서는 마을을 이루고 도시를 이루었다 한다. 성덕에 의해 이처럼 빠르게 이루어진 것만은 아니다. 밭 갈고 거두고, 질그릇 굽고, 고기 잡는 지혜가 반드시 백성들로 하여금 기꺼이 따르게 해서 물이 높은 데서 낮은 데로 흘러가는 것과 같게 한 것이다.[26]

박제가의 자연관이 이론적으로 획기적인 변화를 가져 왔다고 말하기는 어렵다. 그러나 후생적 목적에 입각한 자연의 합리적인 이용에 착안한 것에 그 특색이 있다고 하겠다.[27]

전시킨 것이며, 기본적으로는 박지원의 오행설을 전승한 것이다.
24) 윤사순, 『한국유학사상론』, 열음사, 1986, 167쪽 참조.
25) 朴齊家, 『北學議』, 農器六則.
26) 朴齊家, 『北學議』, 農器六則.
27) 우리는 그 동안 이러한 변화를 서구 문명 속에서 발견되는 근대적 자연관의 맹아라는 정도로 생각해 왔다. 그러나 많은 실학자들이 원시 유학으로의 복귀를 꾀했던 것에서 볼 수 있는 것처럼 동양사상의 재발견이라는 측면에서도 이해할 수 있다. 『荀子』는 객관적 법칙을 가진 自然天觀을 가지고 있다. 객관적 대상으로서의

4. 경제관

박제가 실학의 특색은 이용후생학파라는 명칭에서 잘 나타나듯이, 정치·경제에서의 민民 전체·국가 또는 사회의 이익을 추구하는 데 있다. 이와 같은 학문관은 관중管仲의 '옷·밥이 풍족해야 예절을 안 다衣食足而知禮節'라는 사고방식과 궤를 같이하는 것이다. 물론 이것은 실학만의 특성이라기보다 오히려 공맹으로부터 전해 오는 선진 유학의 본래 모습이라고 해야 옳다. 그럼에도 이전 유학자들에 비해 실학자들의 두드러진 특징 가운데 하나가, 수기修己보다 안인安人·치인治人에 치중한다는 점이다.

그러면 박제가는 어떤 경제사상을 전개하고 있는가?

1) 용사론用奢論28)

전통유가의 경제윤리는 '마음을 수양하는 데는 욕망을 적게 하는

자연은 인간의 이용에 의해 제 기능이 완성된다고 보고 있다. "만물을 발생하는 것은 하늘(자연)이지만, 이것을 성장·완성시키는 것은 인간 자신이다. 세상을 풍부하게 만드는 것은 사람이 하는 것이지, 하늘에 의해 결정되는 것이 아님을 말한다. 만약 사람을 떠나 쓸데없이 하늘만 사모한다면 아무리 노심초사하더라도 오히려 아무 이득이 없을 것이다." 순자의 경우 자연을 극복하고 사물을 이용해서 인간의 영역을 확장하려 한다.

28) 농본주의적 경제체제와 연관되어 유가·도가·묵가·법가 등 대부분의 동양사상 속에서 검약을 중요한 가치로 파악하였다. 그러나 생산력이 발전함에 따라 소비를 중시하는 흐름이 나타나게 되었는데, 그 대표적인 것이 『管子』侈靡편이다. 박제가의 경우 절검을 비판하고 소비와 상업을 촉진시키고자 하였다. '용사론'이라는 표현은 김용덕 교수의 견해를 따른 것이다.

것보다 좋은 것은 없다"[29]·"나라를 부유하게 하는 방법은 비용을 절약하여 국민의 생활을 넉넉하게 하고, 남는 재물을 잘 쌓아두는 것이다"[30]라는 구절에서 잘 나타나듯이, 욕망을 억제하여 생활을 검소하게 하고 도덕적인 생활을 얼마나 잘 영위하느냐 하는 것이었다. 말하자면 전통유가에서는 인간의 도덕생활이 경제생활보다 더 높은 가치를 갖는 것이다. 물론 "백성들이 살아가는 방식을 볼 때, 일정한 생업을 가진 사람은 일정한 도덕관념과 행위규범 즉 항심을 가질 수 있지만, 반대로 일정한 생업이 없는 사람은 항심을 가질 수 없다"[31]고 하여 경제생활 자체를 무시하고 있지는 않지만, 백성의 일정한 생업이 안정되면 학교를 설립하여 도덕교육을 시행하여야 한다는 주장이 더욱 중요하게 강조되고 있다.

그러나 박제가의 경우는 전통유가에의 이 같은 관점을 역전시킨다. 그는 오히려 이렇게 말한다.

지금 의론하는 자들 중에서 사치가 날로 심해진다고 말하지 않는 사람이 없습니다. 그러나 이는 근본을 알지 못한 것입니다. 다른 나라는 진실로 사치로 망했지만, 우리나라는 반드시 검소로써 쇠퇴하고 있습니다.[32]

즉 경제정책에서의 검약·절용주의가 오히려 국가의 빈곤을 초래하였다고 한다. 그 까닭은 "사용하는 방법을 모르면 만드는 방법을 모르게 되고, 만드는 방법을 모르면 백성이 날로 궁핍해진다. 저 재

---

29) 『孟子』, 盡心下.
30) 『荀子』, 富國.
31) 『孟子』, 騰文公上.
32) 朴齊家, 『北學議』, 丙午所懷.

화는 우물에 비유할 수 있다. 퍼내면 가득 차고, 사용하지 않으면 말
라 버리기"33) 때문이다. 무늬 난 비단옷을 입지 않으니 비단 짜는 기
계가 없어지고 직공이 사라지며, 성악聲樂을 숭상하지 않으니 오음五
音과 육률六律이 화합하지 못한다. 그리하여 백성의 삶은 이지러져 물
새는 배를 타고 더러운 말을 타며 찌그러진 그릇에 밥을 먹고 먼지
나는 집에서 살아간다. 그 결과로 공장工匠·목축·도야陶冶의 일이 끊
어지게 되었다는 것이다. 그러기에 상업을 발전시켜 소비를 촉진시
켜야 한다는 주장이 나온다. 이는 근대의 경제사상과 유사한 견해로
매우 주목할 만한 것이다.

2) 상업의 중시

박제가는 백성의 비참한 생활상을 보면서, 이를 개선하려면 무엇
보다 과거를 위한 학문에만 매달리는 선비부터 없애야 한다고 말한다.

> 신은 무릇 수륙교통을 통해 판매하고 무역하는 일을 모두 사족士族에게
> 허락하여 호적에 올릴 것을 청합니다.34)

그는 그와 같이 건의하고 있다. 사민관四民觀 자체를 부정하는 것
은 아니지만, 겉치레만 차리는 선비이기보다는 상업에 종사하는 것
이 낫다는 생각이다.35) 그에게서는 상업이 더 이상 말단의 위치에 있

---

33) 朴齊家, 『北學議』, 市井.
34) 朴齊家, 『北學議』, 丙午所懷.
35) 이러한 사고가 박제가에게서 나타난 것은 중국 견문이 넓고 상공업에 대한 이해
   의 폭이 넓었기 때문이다. 중국에서 16세기 이후의 상업발전은 유가로 하여금 상
   인의 사회적 지위를 재평가하지 않을 수 없게 하였다. 歸有光(1507~1571)은 『震天

지 않다.

중국이 부유한 이유는 물자가 풍부하기 때문이기도 하지만, 더 중요한 이유는 상업이 발달했기 때문이다. 중국과 조선의 상가를 비교해 보면, "지금 종로 십자로에 상가가 이어 있는데 채 일 리里도 되지 못한다. 중국의 마을을 지나면 가게가 계속 이어서 몇 리나 된다. 또 수출입이 번성한 것과 품목의 다양함은 우리나라 전체를 더해도 미치지 못한다"고 그는 말한다. 그러나 이 원인이 한 가게가 한 나라보다 부유해서가 아니라, 유통됨과 유통되지 않음의 차이 때문이라고 그는 분석한다.

그래서 박제가는 상업을 진흥시켜 도시와 지방, 지방과 지방 사이의 물자교류를 원활하게 하고, 소비를 장려함으로써 생산을 왕성하게 하며, 아울러 기술을 발전시키고자 하였다.

우리나라 사람들은 중국인들의 시장이 번성한 것을 처음 보고는 오로지 상리商利만을 숭상한다고 한다. 이것은 하나만 알고 둘은 모르는 것이다. 그러나 상인은 사민의 하나요, 상업으로써 사·농·공 삼자의 유무를 유통시키는 것이니 그 수가 3/10이 되지 않으면 안된다. 사람들이 쌀밥을 먹고 비단옷을 입는다면 그 나머지는 모두 쓸모없는 것으로 여긴다. 그러나 쓸모없는 것으로서 유용한 것을 소통시키지 못한다면, 이른바 유용은

先生集』13권에서 "新安 程居는 젊어서 吳나라의 객상이 되었는데, 오의 사대부는 모두 그와 더불어 노닐기를 좋아하였다.… 옛날에는 사민의 직업을 달리하였다. 후세에 이르러 선비와 농부, 상인은 늘 서로 뒤섞였다.… 程氏는 어찌 이른바 선비이면서 상인인 자가 아니겠는가?"라고 말하고, 沈堯도 "옛날에는 사민이 나뉘었으나 후세에는 사민이 나뉘지 않았다"고 하여 두 계층간의 이동이 발생하였을을 보여 준다(余英時, 『중국근세종교 윤리와 상인정신』, 정인재 옮김, 대한교과서주식회사, 1993, 175~185쪽 참조). 이러한 중국의 변화를 목격한 박제가는 조선의 선비가 광대짓만 하는 것을 보고 그 개선책을 밝힌 것이다. 이것이 양반을 부정하고 사민평등을 주장하는 데까지 이어지지는 못했지만, 사민적 직업관에서 벗어난 진보된 신분관으로서 사민평등을 향한 과도기적 주장이라고 볼 수 있다.

치우치고 막혀서 유통되지 않고 일방통행이 되어 고갈되기 쉽다.36)

이는 하나를 들어 셋에 통하는 것이기 때문에 만약 이 하나가 없다면 결국 셋도 막혀 제 역할을 할 수 없게 된다는 것이다. 그래서 그는 수레 · 배 · 도로의 정비, 시장의 확대 등을 제안한다. 상업이 발달하지 못한 18세기 조선은 "영동에서 꿀이 생산되나 소금이 없고, 관서에는 철이 생산되나 감귤이 없으며, 북도에는 삼은 잘 되어도 면포는 귀하다. 산골에는 붉은 팥이 흔하고 해변에는 창란젓과 메기가 많은," 물자는 있어도 유통이 안되는 상황이다. 백성들이 서로 도와서 충분히 사용하고자 하지 않는바 아니나, 돌아볼 힘이 미치지 못하는 것이다.

그러나 그는 "용사用奢를 10년 만 행한다면 나라의 세금은 줄어들고, 백관의 녹봉은 늘며, 초가집과 거적문은 붉은 누樓와 채색된 집으로 될 것이고, 걷고 건너기를 두려워하는 자는 가벼운 수레와 힘센 말을 탈 것이며, 지난 날 화和하지 못한 것은 상서롭게 되고, 지난 날 속고 폐단된 것은 얼음이 풀리듯 시원하게 될 것"37)이라 전망한다.

나아가 국내교역뿐 아니라 적극적인 대외진출로 해외통상을 펼쳐야 한다고 주장한다. 그는 우리나라는 국토가 좁고 백성이 가난하기 때문에 밭가는 데 부지런하고 어진 이를 등용하며 공업을 일으켜 나라의 이익을 다한다 하더라도 나라를 다스리기에 부족하다고 보았다. 그러므로 가난을 구제하기 위해서는 먼 지방과 통상하는 길뿐이라고 한 것이다.

박제가는 먼저 중국과 교역하는 것을 예로 들어 그 효용을 살펴보았다.

---

36) 朴齊家, 『北學議』, 市井.
37) 朴齊家, 『北學議』, 丙午所懷.

등주登州와 내주萊州의 배로 장연長淵에 정박하고, 금부金復·해개海蓋의 물
건을 선천宣川에서 교역하며, 장강長江·절강浙江·천주泉州·장주漳州 지역
의 재화를 은진·여산 사이에 모이도록 합니다. 그렇게 하면 영남 지방
의 면과 호남 지방의 모시와 서북 지방의 실과 삼베는 비단과 담요와 교
환될 것이고, 대살竹箭·백추白硾·낭미狼尾·복어鰒魚·곤포昆布 등의 산물
은 금·은·서시犀兕·병갑兵甲·약재로 교환할 수 있을 것입니다. 또 배·
수레·궁실·기물의 이로움을 배울 수 있으며…

삼면이 바다로 둘러싸인 이점을 이용하여 해상무역으로 강소·절
강과 교역하고, 그런 다음 차츰 안남·유구·대만 등 다른 나라도 넓
혀 나가자는 것이다.[38] 교역 대상을 일부러 중국에 한정시키는 것이
아니라, 현재 국력이 약해서 중국하고만 교역하자는 것일 뿐이다. 국
력이 점점 강해지고 백성의 생업이 안정되면 당연히 차례로 통상할
것이라고 한다. 이러한 박제가의 주장은 쇄국시대에 이미 개국통상
을 주장한 놀라운 탁견이었다. 이것은 실학자들의 개국론을 거쳐 개
화파 사상가들의 개화사상에까지 영향을 주게 된다.

5. 맺음말

박제가의 북학론은 청조문화를 주로 이용후생적 측면에서 수용하
여 조선의 낙후를 극복하고자 하는 데 그 초점이 있었다. 그러나 유
교사회의 전통적 정치사상은 수기를 통해 치인, 즉 수신·제가·치

---

38) 朴齊家, 『北學議』, 通江南浙江商舶議.

국·평천하에 이른다는 것이었다. 주희 이후로 특히 수기修己의 측면
이 강조되었다. 수기는 성의정심誠意正心을 근간으로 하기 때문에 사회
적 개혁론은 약할 수밖에 없었다. 17~18세기 조선 후기의 주자학은
특히 정덕을 중시했기 때문에, 북학파들은 이에 대해 비판하면서 현
실적으로 이상 사회의 구현은 이용→후생→정덕의 순서로 이루어져
야 한다고 주장하였다.[39) 이러한 주장을 합리화하기 위해서 이용후
생적 문물제도를 수용해야 하는데 그것은 현실적으로 청나라 문물을
배우는 것으로 요약되었다.

　박제가가 이해한 실학의 구체적 내용은 상업·무역·화폐유통·
농업기술·수공업·교통운수·국방 등의 문제였다. 그는 이 문제들
이 모두 이용후생에 필요한 것으로 선차적으로 해결하여야 할 학문
대상이라고 보았다. 이용후생을 강조한 홍대용과 박지원도 이러한
의식을 공유하고 있었다. 홍대용은 "흉년과 기아로 인하여 백성들이
토지에서 흩어진 지 오래되었지만, 토지를 나누어주고 생활을 돌봐
주는 정책을 실시하지 않으면서 법도와 예의에 관한 교양부터 앞세
운다면 이 졸렬한 조치를 누가 비웃지 않겠는가?"[40)라 하였고 박지원
도 "이용을 이룬 다음에 후생할 수 있고, 후생을 이룬 다음에 정덕을
이룰 수 있다"[41)고 하여 후생에 역점을 두었다.

　박제가는 이용후생 속에서만 정덕의 실현이 가능하다고 하였다.
그는 성리학, 즉 정주학의 이론보다 오히려 유교적 사회질서 확립의
근거가 되는 선진 유학의 사상을 받아들였다. 선진유학은 교화에 앞서
양민養民을, 항심恒心에 앞서 항산恒産을 더욱 중요시하기 때문이었다.

---

39) 손승철, 「북학의의 존주론에 대한 성격분석」, 『강원대학교논문집』 제17집, 1982.
40) 洪大容, 『湛軒書』, 內集 권3, 鄕約序.
41) 朴趾源, 『燕巖集』 권1, 洪範羽翼序.

그는 당시 사회의 문제를 진단하면서 이용후생의 측면에서 이의 개혁을 주장했다. 다른 실학자들과 달리 그 시대의 제도개혁 측면보다는 오히려 자연의 합리적 이용과 이로 인한 농업생산의 증가 및 농업기술의 개량에 치중하였다. 더 나아가 중상주의적 입장에 입각하여 어떻게 하면 가난을 구제하여 나라를 부강시킬 수 있는가를 고민하였다.

이런 특성으로 해서 그의 실학을 성리학과 연계시켜 직접 논하기에는 미흡한 점이 있다. 그렇다고 해서 그에게 유교적 교양이 없다는 것이 아니다. 이미 이 시대에는 성리학의 공리공담이 그렇게 중요한 관심사가 되지 못했다. 어떻게 하면 급격하게 변화해 가는 청의 문물을 받아들이느냐 하는 것이 지식인들의 중심과제였다. 그래서 그는 성리학의 사변을 벗어나 원시유학의 성의, 박학을 중시하고, 이를 다시 이용후생으로 이끌어내었다. 바로 이 점에 박제가 실학의 방법론적 특색이 있다고 하겠다.

1. 머리말

주지하는 바와 같이 북학파란 청조문명을 배우는 것이 경제생활 개량의 첩경이라는 것을 주장한 정조대를 중심으로 하는 일파의 학자를 말한다. 이 당연한 주장이 당시에는 시대풍조에 정면 대립되는 혁신적 주장이었던 것이다. 그것은 아직도 숭명반청사상이 일세를 풍미하고 있었기 때문이다. 숭명반청사상이란 왜란시의 명에 대한 감은, 호란관계도 있었겠지만 근본적으로는 존왕양이의 주자학의 이념에서 오는 것이며 이것이 사회유지의 하나의 원리가 되어 노론의 정치권력과 결부되어 사상통제의 도구로서 더욱 이 사상은 강조되었던 것이다.

그러나 발전되어 가는 호조의 문화와 실력은 연행사신 중의 식자

* 김용덕, 전 중앙대학교 교수, 작고
  원전 : 『사학연구』제10호, 1961, 299~324쪽;『조선후기사상사연구』, 을유문화사, 1977, 141~190쪽.

의 눈을 뜨게 하여 그들은 맹목적인 반청멸호사상反淸蔑胡思想을 비판하게 되고 이어 숭청사상을 품게 된다. 이러한 주자학적 사상통제 · 반청사상의 동요야말로 북학파의 요람이었다. 즉 반청사상을 극복하는 곳에 그 이전의 북학론자와 북학파를 구별하는 계기가 있는 것이다. 이리하여 그들은 청조문명이 곧 중화문명이라는 명분을 내세워 북학을 주장하게 된다. 그들 북학파 중의 가장 진보적이며 혁신적인 사상가가 정유 박제가다.

박제가는 서얼이었으며 어려서 부친을 잃고 가난 속에서 성장하였으나 십대에 이미 이덕무 · 박지원 등과 심교心交를 맺는 청복淸福을 가졌었다. 그의 시재의 조달은 십대에 첫 시집을 엮게 하였으며, 사가시집四家詩人의 하나로서 젊어서 문명을 연경에 날렸다. 그러나 그의 본영은 문학보다 경세의 뜻에 있었으니 그를 연암(박지원) · 아정(이덕무) · 혜풍(유득공) · 초정(박제가) 등은 일단이 되어 일야 북학을 탁마하였다.

29세에 그는 연행의 첫 기회를 갖거니와 그 이전에 이미 중국의 풍물제도는 심안에 역력했으며 연행은 다년간의 연찬硏鑽을 실견실답實見實踏으로써 완성시키는 기회였다. 귀국 후에 저술한 『북학의』는 서리犀利한 안광眼光에 가득 찬 절세의 명저다.

규장각이 설치되어 그는 초대 검서관으로서 비록 유품말직이나 정조와 친자할 수 있는 기회를 갖게 되고 일대의 영준英俊들과 사귀며 내각의 편서編書 · 교서校書 등에 참여하면서 세월을 보낸다.

그는 전후 4차 연행하여 황금기 건륭문화를 대표하는 청나라의 석학 명류들과 가장 교유가 넓었었다. 그의 식견, 시 · 서 · 화에 걸친 천재는, 예부상서 기윤紀昀을 비롯한 청조인사들에게 높이 인정되어 그의 명성은 본국에서보다도 연경에서 더 높았으며 그들 사이에 정의情義와 시취詩趣에 넘치는 우정은 가장 아름다운 국제적 장면이었다.

그러나 그의 탁월한 경세책은 도리어 심각한 선각자의 고충을 그
에게 줄 뿐이었다. 그의 대담한 혁신책은 시속時俗은 물론이요, 보다
온건한 주장을 하는 북학파 학우 사이에서도 과도한 당벽唐病으로서
비난되었다. 그러므로 그의 보호자인 정조의 승하와 더불어 그에 대
한 박해는 불가피한 형세였다. 순조 원년 남인시파 몰락의 파동 속에
서 그도 3년 동안 함경도에 유배되었다가 불우한 가운데 세상을 떠
났던 것이다.

2. 용차 · 용벽론用車 · 用甓論

북학의 정신과 목적은 단적으로 말하면 구빈에 있었다. 나라를 덮
는 형용形容할 수 없는 가난을 구하는 길은 무엇인가. 우선 그 가난의
원인은 무엇인가, 그것은 각 지방의 생산물의 교류운수가 운반수단
의 결핍으로 거의 마비되어 주위의 자연적 풍요에도 불구하고 사회
적 빈곤이 보편화되어 있기 때문이었다.

영남의 어린이는 새우젓을 모르고 관동에서는 노爐를 담가 장醬 대용으
로 하고 서북인은 감과 감귤을 구별 못하며 바닷가에서는 미꾸리를 기
름으로 쓸 만큼 흔한데 서울에서는 비싸며, 육진의 마포, 관서의 명주,
서남의 저지, 해서의 철, 내포의 어염이 모두 민생일용에 없어서는 안될
것이며 청산 · 보은 지방의 대추, 황주 · 봉산 지방의 배, 홍양 · 남해 지방
의 귤, 임천 · 한산 지방의 모시, 관동의 꿀이 모두 민생일용에 필수품이
다. 그러나 저기서는 흔한데 여기서는 귀하고, 이름은 들어봤으나 볼 수
없었던 것은 모두 운반하기가 어려운 탓이다. 사람들이 나라 안에서 나

는 것을 이용 못하는 것이 이 모양이니 우리의 가난은 한마디로 말하면
차가 없기 때문이다.[1]

라고 연암은 생생하게 당시의 정황을 전하고 그 가난은 '수레가 없기
때문'이라 하였다.

박제가도 이와 꼭 같은 실정을 전하고 다시 중국과 비교하여 "중
국에서는 귀한 물건도 많은데 우리나라에서는 천한 것도 적으니 이
는 무슨 이유인가, 요동천리에 산 하나 없으나 장성長城과 같이 거재巨
材를 쌓은 것을 볼 수 있다. 이는 모두 장백산중으로부터 압록강으로
뗏목을 지어내려 보낸 것이다. 우리나라는 1백여 리 밖에는 송백松柏
이 울창하나 시정市井에서는 건축이나 관곽棺槨에 쓰는 재목얻기가 어
려우니 그 원인은 모두 기용器用이 불편한 데서 오는 것이다"[2]라고 운
반수단의 결핍에서 오는 풍요 속의 빈곤을 명시하고 있다. 그러나 우
차牛車는 일찍부터 이 땅에서 사용되었으며 18세기 말 당시에도 지방
에 따라 부분적으로 사용되고 있었다. 고구려 고분인 쌍영총의 벽화
에는 우차가 보인다. 고려시대 우차의 사용은 송나라 사신이 목도한
바 있는데, 산길이 대부분이어서 중국에 비하여 차제車制 및 그 보급
은 매우 다르며 또 비실용적임을 지적하고 있다.[3]

정조당시에 차가 사용되고 있는 실정에 대해서는 홍양호洪良浩의 서
술이 가장 자세한데, 차제車制가 조둔粗鈍한 대로 안동·의성·장연·신
천·함흥 등 평야에서는 용차되고 있음을 알려주고 있다. 홍양호는
그 상소에서 용차는 교역교환의 활발화, 공부貢賦 수송의 편리, 역전驛
傳의 효율화 등으로 부국강병의 원동력이 된다고 하면서, 용차의 이利

---

1) 『熱河日記』, 車制.
2) 『北學議』內篇, 木材.
3) 『高麗圖經』卷15 車; 牛車.

가 막대하다고 주장하였다.[4]

북학론자들은 일치하여 용차를 주장하였다. 그러나 반향실효反響實效
는 별로 보잘것없었으니 거기에는 대체로 세 가지 이유가 있었다. 첫째는
도로의 엄험嚴險이다. 우리나라는 산다야협山多野狹하여 용차에 불편하다
는 것이고, 둘째는 우마의 선소鮮少, 셋째, 차제車制가 둔하여 쓸모가 없다
는 것이다. 이리하여 치도治道·목축법牧畜法과 더불어 차제를 중국에서
배우자는 주장이 제기된다. 당시의 차제의 실제를 살펴보자.

예전에 준천사濬川司[5]에서 인부 두 사람이면 들 수 있는 돌을 동거[6]에
싣고, 큰 소 한 마리를 멍에를 씌워서 한 사람이 끄는 것을 보았다. 그
런데 바퀴가 작아서 자주 도랑에 빠졌다. 그러면 다른 사람이 갖고 있던
막대기를 바퀴 밑에 집어넣고 들어올리면서 한나절을 떠들썩하는 것이
었다. 이런 경우엔 수레 한 대와 소 한 마리가 추가로 사용되는 셈이다.
이러니 당연히 요즘 사람들이, "수레를 써도 이로울 것이 없다"라고 말
하는 것이다.[7]

심지어 차제가 둔중하여 공차로 가도 벌써 소가 피곤을 느낄 정
도이며,[8] 차제가 어찌나 조둔한 지 차는 있으나마나 한 비실용적인
것이었다. 이리하여 이미 중국에서 각종 차량의 보급을 목도한 바 있
는 그들은 각 군문에서 솜씨가 교묘한 사람을 골라서 연행사절에 따
라가서 차제를 배우되,[9] 중국의 오랜 경험을 살려 그대로 한 치의 어

---

4) 『正宗實錄』 卷16 7年 7月 丁未 洪良浩上疏.
5) 서울 안에 있는 개천을 치우는 일과 사방 산을 수호하는 일을 관장하던 관청으로
   1760년(영조 36)에 설치되었다. 태종 때 만든 청계천이 홍수 때마다 범람하고, 평
   소에도 악취가 심하여 준설하는 데 많은 노력을 기울였다.(편저자)
6) 크기가 주발만한 살 없는 나무바퀴를 네 모퉁이에 단 수레.(편저자)
7) 『北學議』 內篇, 車.
8) 『北學議』 內篇, 車.

굿남도 없이 모방하는 것이 효과적이라고 주장하였다.[10]

운송수단으로서는 수레보다 배船가 훨씬 위력을 발휘한다. 박제
가는 대저 백 대에 싣는 양이 배 한 척에 싣는 것에 미치지 못하고,
육로로 천 리를 가는 것이 뱃길로 만 리를 가는 것보다 편리하지 못
하다고[11] 하면서 선제船制를 중국에서 배워 견치堅緻한 배를 만들어 조
운과 교역, 그리고 수로통상에 사용할 것을 주장하였는데 당시의 우
리 조선기술이란 왜란 때에 비하여 오히려 후퇴한 것이었다.

우리나라는 이미 수레를 이용하는 이로움을 잃었고, 또 배도 충분히 이
용하지 못하고 있다. 화물선이나 나룻배를 막론하고 틈새로 새어드는
물로 항상 가득하다. 배에 탄 사람들은 종아리를 걷고 냇물을 건너는 꼴
이어서, 그 물을 퍼내느라 날마다 한 사람의 힘이 허비된다. 곡식을 실
을 때마다 반드시 나무를 엮어서 바닥에 깔지만 밑에 있는 곡식이 썩고
젖을까 근심스럽다. 또 지붕을 씌우고 그 아래를 광으로 만드는 법이 없
어서, 사람과 물건 모두 뱃전 높이만큼만 태우고 실어야 한다. 곡식은
짚으로 싸서 새끼로 묶었으니 한 섬이 두 섬만큼의 부피를 차지한다. 혹
뜸篷이 있는 배도 있으나 너무 짧아서 비가 오면 배는 물 받는 그릇이
되고 만다. 또 배를 대는 언덕에는 다리를 놓지 않아서 벌거벗은 사람
한 떼가 물로 들어가서 삯짐을 지며, 심지어 작은 나룻배도 사람을 업어
올려야 한다.[12]

이와 같이 우리의 선제는 한심하여 많이 싣지도 못하고 먼 항해
도 못하는 데 비하면 중국의 것은 월등히 견치하여 많이 적재할 수
있으니 이를 배울 것을 역설하고 있다.

---

9) 『正宗實錄』卷16 7년 7월 丁未 備邊司啓言
10) 『北學議』內篇, 車.
11) 『北學議』外篇, 通江南浙江船舶議.
12) 『北學議』進北學議, 船四則.

다음 용벽用甓은 용차와 아울러 박제가가 가장 주력한 점이다. 일찍이 우리나라의 주택은 '벌집·개미집蜂房蟻穴'[13]이라 표현되었거니와 정조 당시의 일반 민거民居도 그와 비슷한 것이었다.

우리나라는 천 호나 되는 고을에도 반듯하고 살 만한 집이 한 채도 없다. 잘 다듬지 않은 재목을 고르게 정지도 안한 땅 위에 세운다. 재목을 새끼줄로 대충 묶고는 기울어졌는지 바르게 섰는지도 살피지 않는다.…(중략) 방구들은 불거지기도 하고 움푹 들어가기도 하여 앉을 때나 누울 때나 몸이 한 쪽으로 기운다. 또한 불을 지피면 연기가 방안에 가득하여 숨이 막힌다.[14]

이렇게 주택은 그 편리성·외양·지구성持久性 모두 엉망이었는데 이렇게 된 원인은 벽돌을 쓰지 않기 때문이다. 용벽의 이利는 막대한 것이니 성곽으로서는 견고한 벽성甓城이 되며 기타 궁실·창고·장벽牆甓·계정階庭에 사용하면 대하大廈를 세운다 하더라도 재목·정철釘鐵 등이 절약되어 비용이 적고 또 완전하며 밖으론 도적의 염려가 없고 옆으로 연소延燒의 우憂가 없으며 또 후습朽濕의 염려가 없으니 그 이로움은 수레와 대등하되 그 비용은 지미至微한 것이다. 즉 그 원료는 흙과 섶이라 이는 실로 무진장으로 천하가 다 이를 이용하는데 오직 우리만 이용 못하니 큰 실책이라고 하였다.[15]

용벽의 이로움은 이항복 이래 역설되었으나 그것이 보급되지 못한 이유는 역시 제작기술이 졸렬하여 비용에 비해 얻는 것이 적은 탓이었다. 그러므로 박제가는 조벽기술造甓技術과 제작과정에 대한 세밀

---

13) 『高麗圖經』卷3 民居.
14) 『北學議』內篇, 宮室.
15) 『北學議』內篇, 甓.

한 관찰을 하고, 자기 힘으로 전항甎坑을 만들어 몸소 벽돌 굽는 법을
연구한 일도 있었다. 중국에서 목도한 바를 소개하여

> 벽돌甎 한 가마 굽는 데는 네 사람이 나흘이면 된다. −큰 가마에서는 만
> 개를 만들 수 있다. 벽돌 백 개를 은 한 돈 두 푼으로 살 수 있다. 한
> 가마에 네 사람이 나흘 동안 일해서 벽돌 만 개를 만들면 은 열두 냥이
> 된다.16)

라고 그 이로움이 매우 큼과 벽돌 굽기의 용이함을 강조하고 있다.
그리하여 민간에 편리한 벽돌 굽는 법을 가르친 뒤, 관에서 후하게
사들이면 10년 안에 나라 안의 모든 건물은 벽돌로 지어질 것이다.
서양에서는 집을 만들 때 벽돌로 지어서 천 년 동안이나 보수하지 않
아도 된다고 하니, 집에 대한 비용이 상당히 절약될 것이다. 우리나라
에서는 장기적인 안목으로 일을 처리하는 것이 없고 그때그때 고식책
을 일삼으므로 모든 것이 조령모개로 일정치 않고 황폐되어 가는 것
이다. 가령 지금 벽돌로 담을 쌓으면 수백 년 동안 허물어지지 않아
나라에서는 또다시 담쌓는 일이 없을 터이니 벽돌을 쓰면 다른 것도
이와 같이 비용이 절약되며 모든 것이 바르게 된다고 역설하고 있다.

3. 풍수설 및 과거론

   박제가의 합리적 정신은 그의 풍수지리설에 대한 태도에도 잘 나

---

16) 『北學議』 內篇, 齊.

타나 있다. 우리 상하가 풍수지리설을 혹신酷信하여 '이미 백골이 된 부
모를 두고 자신의 길흉을 점치는 것은 그 마음이 고약하기 때문이
며,' 더구나 '남의 선산을 빼앗거나 남의 상여도 부수어 버림'17)은 예
사였으니 『대전회통』에 산송山訟에 관한 수많은 조례가 기재되어 있
음을 보아도 그 정도를 알 수 있는 것이다. 정유가 사숙하는 선조대
의 중봉 조헌도 명나라에서는 성조成祖 이하 역대의 황릉皇陵을 천수산
天壽山 하나에 장사지냈는데 그 산 하나에서 어떻게 일일이 원맥原脈에
합할 수 있으랴. 우리는 국장國葬 때마다 상지관相地官의 말에 좌우되
어 또는 천거발묘遷居發墓하여 소동을 일으키는데, 이는 마땅히 시정되
어야 한다"고 하고 "앞으로는 광릉光陵 부근에 그 수혈壽穴을 정하자"18)
고 주장하고 있거니와 제가는 그의 뜻을 이어 좀더 신랄하게 논하고
있다.

풍수설은 불교나 도교보다 더 만연하여 사대부들 사이에는 하나의 풍조
를 이루고 있다. 그래서 좋은 곳을 찾아 무덤을 옮기는 것을 효도로 알
고 산소만 열심히 돌보고 있다. 서민들도 그것을 따라 하고 있다. 소위
지관地官이란 자는 한 푼 없이도 여행할 수도 있는데 전라도가 가장 그
풍습이 심하여 십의 팔구는 소위 지관 노릇을 한다. 사주쟁이는 모든 일
을 사주팔자 탓이라 하고, 관상가는 관상 탓이라 한다. 무당들은 귀신
탓으로, 지관은 장지 탓으로 돌린다. 방술이라는 것이 모두 이와 다를
것이 없으니 과연 누구의 말을 따라야 하는가? 이로써 정당하지 못한 좌
도左道는19) 믿을 수 없다는 것을 알 수 있다. 학식이 있는 사람이 중요
한 지위를 맡으면 마땅히 그러한 풍수에 관한 잡서를 불사르고 풍수하
는 사람들을 금해야 한다. 또한 백성들이 인간의 길흉화복과 장례는 아

---

17) 『北學議』 外篇, 葬論.
18) 『重峰集』 卷4.
19) 유교의 가르침에 어긋나는 모든 이단 종교나 가르침.(편저자)

무 관계도 없다는 것을 분명히 알도록 하여야 할 것이다. 그런 뒤에 모든 주군州郡이 각각 산 하나씩을 골라 그 곳이 어느 씨족과 관계되는지를 밝히고, 그 일족이 한 곳에 묘지를 쓰도록 하면 사대부들 사이의 묘지 쟁탈전이 없어질 것이며, 부호들이 묘터를 넓게 차지하는 것도 쉽게 막을 수 있을 것이다.[20]

또 그는 수장水葬·화장火葬·조장鳥葬·현장縣葬을 하는 나라도 이 세상에 있는데, 그 곳에서도 역시 사람이 살고 있고 임금과 신하도 있으니,[21] 풍수를 믿지 못할 것은 더욱 명백하다고 하면서 지리설을 엄금할 것과 일종의 가족묘지설치론을 주장하고 풍수의 무징無徵함을 통론痛論하고 있다.

그의 과거론科擧論 역시 대담한 근본적 비판이었다. 과거는 이미 명색뿐 과거망국의 소리가 나올 만큼 극도로 부패하여 공술供述·대술代述·과장협책科場挾冊 등 천태만상의 협잡挾雜이 행해졌으며, 과거는 지배층이 자기 자제들을 관직에 앉히는 허울 좋은 형식이었고 가문과 권력과 금력으로 급락이 좌우되고 있었다. 과거제 최대의 폐해는 유식층遊食層의 확대생산과 당쟁을 격화시키는 점에 있다. 식년式年이면 대소과에 부시자赴試者 십여 만, 그들과 그 가족 친척들은 과거 공부를 한다는 구실로 모두 유식하여 토색을 생활방도로 하여 백성들을 괴롭히고 있는 것이다. 과거란 이미 집권층에게는 자기계층 재생산의 형식이고 양반층에게는 유식의 구실이었으니 권세 없는 가문 자제의 급제란 천의 하나, 만의 하나의 요행에 속하는 것이다. 그 합격률의 일례를 들면 영조 15년 3월 친림문무시親臨文武試에 부시赴試 유생은 1만 6천, 등과자登科者는 불과 10명이었다.[22] 그러나 빈번하고 무계

---

20) 『北學議』外篇, 葬論.
21) 『北學議』外篇, 葬論.

획한 취인取人으로 이미 10인이 공일관共一官하여도 오히려 벼슬자리
가 없었으니 유자격 등과자라도 문벌이 없으면 임용되지 못하니 관
직을 에워싼 당쟁은 불가피한 형세였다. 정유는 근본적으로 과거의
의의에 회의를 표시하였다.

> 한나라 때 선비는 경학에 뛰어났고, 당나라 때 선비는 시와 부를 잘 하
> 였다. 두 나라 선비의 재주가 달라서 그런 것이 아니라 시험치는 방법이
> 달랐기 때문이다. 그런즉 오늘날 소위 선비를 시험한다는 것이 무엇인
> 지 벌써 대개 짐작이 가는 것이다. 공령功令23)이라는 껍질만으로서 그
> 사람의 숨겨진 포부를 짐작하려 하고 천박하고 진부한 말로 예전의 훌
> 륭한 문장을 더럽히고 있다. 또 한순간의 잘잘못으로 평생의 진퇴를 결
> 정지으려 한다.24)

라고 논하고 다시 과거제의 유명무실 내지는 유해무익함을 논하여
과거의 목적이 사람을 뽑으려는 것에 있다면 앞서 실시한 과거 합격
자도 자리가 없어서 등용도 못하면서 또 과거를 보는 것이 무슨 이유
냐고 공박하고 있다.25)

그리하여 그는 과거의 폐해를 덜기 위하여 과거의 절차·내용·
수준을 엄격히 할 것을 주장하였다. 즉 문장門長으로 하여금 과거 볼
사람의 문장과 행실이 과거에 응시함에 족하다고 보증케 하며 또 지
방관으로 하여금 점검케 하고 서울에 와서 다시 엄격한 예비시험을
보게 하고 과거에 합격한 후에도 구두시험을 보게 하여 각 절차마다
실력이 월등히 떨어지는 자는 처벌토록 하면 응시 지망자가 줄어 태

---

22) 『英宗實錄』 卷49 15年 3月 乙丑.
23) 科文의 딴 명칭.(편저자)
24) 『北學議』 外篇, 附丁酉增廣試策.
25) 『北學議』 外篇, 科擧論.

유汰儒의 효과를 얻을 수 있다는 것이다.

4. 국방사상

박제가의 국방사상 또한 매우 특이한 바가 있다. 우선 그의 독특한 국방사상이 우러나오게 된 군사의 현실을 잠시 살펴보면, 그것은 과중한 군비부담으로 국가재정은 고갈되어 백관무록百官無綠의 상태로 인하여 백폐속출百弊續出하는 현황이었다.

왜란 후 세입은 불과 십여 만 석, 그것도 조운漕運의 무법無法으로 그 반은 썩어 못쓰게 되는 약소한 나라의 힘으로 오영五營을 연설連設하여 수만의 병을 기르니 백관무록이라는 상태에 이르러 관기官紀의 진작을 바랄 수 없게 되었으며, 군문하졸軍門下卒의 녹이 재상의 그것보다 많으니 고금천하에 이런 나라가 있으랴.[26]

이런 형편에서 군역의 폐해는 부담자인 농민들에게는 산다고 해도 뼈가 부러질 정도이고, 부자들은 재가군관在家軍官이니 별군관別軍官·계방가속契房假屬이니 해서 모두 피역避役하고 지금 군역에 응하는 백성은 모두 가난하고 무력하며 농토를 잃고 유리하는 무리들뿐이다. 그 위에 호적의 정리가 안되어 죽은 자도 있어 관가에서는 실지와 다른 문서를 가지고 이미 사망한 자로부터 징납하며 침탈은 그 집안으로부터 이웃 마을에 이르게 되어 열 집의 역을 한 집이 부담하고 열 사내의 역을 한 사내가 응한다는 형편으로[27] 족징族徵·인징隣徵의 폐는 호구를 일모日耗

---

26) 『與猶堂全書』 第5集 經世遺表 卷8.
27) 『正宗實錄』 卷44 20年 3月 孝陵參奉 柳尋春 上疏.

시키고 있으며, 정조대에 이르러 군역의 폐는 사회구성상으로 보아도 이미 광구匡救할 수 없는 정세였었다.

영천군榮川郡의 예를 들면, 약 3천283호 중 반족班族의 수가 격증하고 공사公私 노예가 많아 결국 5백 호의 양정良丁으로 2천783명의 군역을 부담하게 되니 백골황구에까지 징포하는 가열한 형상을 나타내었던 것이다.[28)]

실로 군비軍備야말로 백폐의 근원인데 그 훈련의 제도 자체가 쓸모없었음은 다음 글을 통해 알 수 있다. 향군鄕軍은 5년에 일차 상번上番[29)]하는데 서울에 머무르는 기간은 불과 이삭二朔으로 훈련기간이 짧아 사실상 유명무실한 것이고, 또 그 훈련 상황 자체가 어린아이 장난과 같음은 여러 목격자들의 일치한 소감이었으며, 헛되이 왕래하는 동안에 식량여비의 지출로 농사를 그만두고 생업을 버리는 민폐만 큰 것이었다.[30)]

여기 대해서 박제가는 근본적으로 있어야 할 군비의 태세를 다음과 같이 논하고 있다. 병비兵備와 생산력·기술은 표리일치를 이루니 수레를 쓰면 군대의 짐을 쉽게 나를 수 있고 벽돌을 사용해 집을 지으면 모든 집이 그대로 성곽이 되니, 백공의 기예와 축목하는 일이 직접적 병비가 아니나 그것이 성황을 이루면 자연히 군비가 된다. 이것이 근본이고 병기 훈련 등은 지엽이라는 넓은 시야 위에 선 독특한 군비관軍備觀을 피력하고 있다.[31)]

그는 군비 및 훈련의 실제가 유명무실하게 된 원인은 결국 고루한 독존의식으로 남의 장점을 배울 줄을 몰라 생산력은 낙후되고 기

---

28) 『正宗實錄』 卷34 16年 4月 壬子.
29) 지방의 군사를 차례로 서울의 군영으로 보내는 것.(편저자)
30) 『正宗實錄』 卷44 20年 3月 戊辰 訓練大將 李杜國上疏.
31) 『北學議』 外篇, 兵論.

술은 정체된 점에 있다고 하면서, 주물과 야금의 기술부족 우리의 칼
과 갑옷이 견실하지 못하며 벽돌이 없으므로 우리 성곽이 불완전하
고 우리 활은 비 올 때는 아교가 풀어져 쓸 수 없으며 적은 말과 수
레를 타고 오는데 우리는 걸으며 싸워야 되니 대항할 수 없으며 만사
가 모두 이러하니 유사시에 갑자기 백배의 비용을 쓴다 해도 무효할
것이라고 지적한다. 이는 모두 미리 준비하지 아니한 과오라는 지적
이며 새로운 각도에서 군비를 논하고 있다.[32]

그의 관찰은 무기 면에서부터 시작된다. 먼저 검과 창을 보면 그
훈련의 법이 불비해서 실제무기로서는 유명무실한 것이었다. 왜란시
의 실정을 보면, 왜군과 대전할 때 적이 돌격해 오면 아군은 비록 창
을 들고 칼을 차고 있다 하더라도 칼집에서 칼을 뽑기도 전에, 창으
로 싸움도 못해 보고 왜군의 칼에 쓰러졌으니 훈련부족으로 여지없
이 패하였으며[33] 그렇게 된 사정은 모두가 학습훈련법이 전해지지
않는 탓이었다. 오직 활과 살은 예부터 우리의 명산名産으로 이미 후
한서後漢書에 단궁檀弓・맥궁貊弓 등이 좋은 활로써 소개되고 있으며,
문무관으로부터 서민에 이르기까지 이에 익숙하여 우리 무기의 백미
라 할 만하였다. 활은 중국 및 일본 것보다 우수하며 그 사정射程은
중국 것의 3배 이상이나 된다.[34] 그러나 큰 단점은 활을 불에 잘못
쬐면 고장이 나고 비를 맞으면 아교가 풀어져 쓸 수가 없다는 점에
있었다. 그렇다고 적이 항상 맑은 날에만 쳐들어 올 것이라고 예상할
수는 없는 노릇이 아닌가?[35]

중국에서는 단철에 석탄을 써서 화력이 강하여 강철이 되어 그

---

32) 『武藝圖譜通志』 卷1.
33) 『武藝圖譜通志』 卷1.
34) 『北學議』, 內篇, 弓.
35) 『北學議』 內篇, 弓.

병기·농기의 견리堅利는 우리의 배나 되나 우리는 화력이 약하여 강
철을 단조鍛造하지 못하는 실정이었다.[36)]

박제가는 중국의 농기까지 무기 면에서 주도면밀하게 관찰하여

중국의 호미는 자루가 긴 서서 사용하는 호미로 그 규격이 일정하며 그
날이 예리하다. 또 집에서 기르는 말은 10마리 이상이니 유사시에는 따
로 군마가 필요치 않으며, 사람마다 그 말을 타고 그 호미를 들고 나오
면 아군은 이미 당할 길 없다.[37)]

라고 평시의 농구도 유사시의 병기가 되며 경운용耕耘用의 마축馬畜이
전시에는 군마가 될 수 있음을 보고 승패를 교량較量하고 있으며 일상
적인 현상 속에서 전마戰馬 훈련에 대한 정세한 관찰을 하고 있다.

중국에서는 조회 때마다 대궐에 모이는 관리는 모두 말을 밖에 놔두는
데 매두지도 않고 지키는 사람이 없어도 모든 말이 조용히 머리를 나란
히 하고 열 지어 있고 왔다갔다 움직이는 법이 없다. 조회가 끝나 주인
이 나와 각자의 말을 찾을 때는 떠들지도 않으며 자기 말이라고 다투는
법도 없이 조용히 잘 된다. 이와 같이 된 후에야 군사행동도 엄숙하고
질서있게 되는데 이는 훈련이 잘 되어 있기 때문이다. 어떤 사람은 말
다루는 것은 무사에게 요구되는 일이지 문신에게는 필요없다고 하나 이
는 그렇지가 않은 것이다. 사람에게는 문무가 있으되 말에는 문무가 없
는 것이며, 오늘의 문신의 말이 다른 날 무사의 말이 되는 것이다. 그러
므로 모든 사람이 말을 타는데 중국의 마술을 배워 익숙해지면 이는 번
거롭게 훈련을 따로 아니해도 만일에 대비하는 군비가 되는 것이다.[38)]

---

36) 『北學議』 內篇, 鐵.
37) 『北學議』 外篇, 兵論.
38) 『北學議』 內篇, 馬.

라고 일상의 생활과 군비와의 연계를 지적하고 있다.

또 성곽에 대해서는 그것이 상시 절대적인 방어역할을 하고 있음에 비추어 서리犀利한 관찰과 아울러 시정是正의 방책을 제시하고 있으니 우선 축성築城에 벽돌을 쓸 것을 역설하고 벽돌 성의 장점을 열거하고 있다. 즉 돌 하나가 벽돌 하나보다 단단할지 모르지만, 여러 개를 쌓았을 때는 벽돌이 돌보다 단단하다. 돌은 그 성질상 붙일 수 없지만 벽돌은 만 개라도 회로 붙이면 합쳐져서 한 덩어리가 될 수 있으며,[39] 또 돌은 사람이 다듬어야 하니 여기에 소비되는 노력이 절약되며 벽돌로 쌓은 성은 포화砲火를 맞아도, 석성모양 돌 하나만 빠져도 곧 무너지거나 또 이를 막을 수도 없는 상태에 이르지 않는다고 하였다.[40] 또 토성의 실제는 그 높이가 어린아이나 기르는 소도 넘을 만한 형편인데[41] 이는 토성의 지붕잇기가 어려워 낮아진 것이다.

민가의 백 걸음 정도 길이의 담도 해마다 그 위에 짚을 덮으려면 힘이 모자라는데, 하물며 오 리, 십 리나 되는 성곽이야 더욱 힘이 부쳐 자연히 폐기상태에 이르는 것이다. 그러니 성 근처에서 벽돌을 구어 벽돌 성을 쌓는 것이 좋은 방책이며 비용도 덜어진다는 것을 말하고, 다시 일반적으로 우리 성제의 결함에 논급하여 성 둘레가 너무 넓어 보통 십여 리나 되며 사십 리나 되는 것도 있어서 성안의 병사들과 남녀를 총동원하여도 그 반도 벌려 세우지 못할 것이니 어찌 이것을 성이라 할 것인가[42]라고 반문하며, 합리적으로 성의 규모를 축소할 것과 벽성을 만들어 내외 이중으로 방비할 것과 가능한 지점에

---

39) 『北學議』 內篇, 城.
40) 『北學議』 內篇, 城.
41) 『北學議』 內篇, 城.
42) 『北學議』 內篇, 城.

서는 성벽 밖에 참호輕濠를 만들어 성으로부터 발사하는 총과 활의 사
각死角을 줄여 적이 감히 가까이 오지 못하도록 할 것 등을 주장하고
있다. 성제城制에 관한 북학파 학자들의 용벽用甓 · 벽성甓城 등의 주장
은 정조 18년 화성 축성에서 일부 실현되어 북학론이 실지로 효험을
본 희귀한 예를 이루었다.[43]

이상에서 본 바와 같이 박제가는 국방의 요체는 형식적인 병력
수나 무비武備에 있는 것이 아니라 기술의 발달, 생산력의 증진, 사회
적 번영에 있다고 하였다. 이 사상은 그가 편찬한 『무예도보통지武藝
圖譜通志』 서문에 보다 상세하게 서술되어 있다.

모든 민생이 일용하는 도구와 일상생활이 군비와 표리를 이루는
것이니 춘추의 사냥은 말을 훈련시키는 것이고, 향음鄕飮의 예절은 사
격을 익히는 모임이 된다. 기타 투호投壺 · 축국蹴鞠의 놀이에도 모두 이
러한 뜻이 있으니 이 책을 편술함이 어찌 다만 무비 한 가지를 위한 일
뿐이랴. 이를 미루어 넓히면 농포農圃 · 방직紡織 · 궁실宮室 · 주차舟車 · 교
량橋梁 · 성보城堡 · 축목畜牧 · 도야陶冶 · 관복冠服 · 반우盤盂 · 민생일용지구
民生日用之具에서의 노력은 덜 들고 공은 배나 될 것이다. 어리석은 자를
가르치고 풍속을 이끌어 주례周禮의 유제遺制를 잇고 중화의 구제舊制를
따라 조정은 실정實政을 베풀고 백성은 실용의 업을 지키며 문신은 실용
의 서책을 만들고 군졸은 실용의 기술을 힘쓰고 상인은 실용의 화물을
유통시키고 공장工匠들이 각기 실용의 기器를 만들면 그것이 바로 그것이
국방의 근본이 된다는 현대의 생산전적生産戰的 · 보급전적補給戰的 · 총력
전적總力戰的 견해를 보이고 있는 것이다.

---

43) 『五洲衍文長箋散稿』 卷19, 燔甓辨證說.

5. 상업관

실학자들의 상업관도 대체로 중농을 위하여서는 억말抑末, 즉 상
업을 억제한다는 것이 공통된 견해인 것이다.

성호는 상업과 농업의 관계를 상대적으로 보고 용전用錢 이래 백
성들의 사리심射利心이 늘어 기농자棄農者가 많아 농업인구의 감축을
결과하였다고 보고, 절검節儉을 위하여서는 상업을 억제할 것, 나아가
서는 화폐유통의 금지, 즉 폐전론廢錢策까지 주장하고 있다.[44] 돈을 씀에
따라 순박한 풍습이 날로 사라져 사치만 느니 사치를 금하는 길은 돈
을 없애는 것이 제일이라고 하는 매우 보수적인 의견이었다.[45]

다산도 성호와는 차원을 달리하는 상업관을 가졌으나 '농본적인
절약론에서 화폐사용을 제한'[46]할 것을 주장하였고 이규경도 성호의
화폐론을 이어 대동한 견해를 가져, 행전行錢은 다만 비농층非農層인 탐
관 · 장수商賈 · 도적 등에만 편리하였지 농민에게는 유해할 뿐이라고
하였다.[47]

이상의 모든 의견은 실학자를 포함하여 상업과 화폐는 농민에 해
로우며 사치를 도울 뿐이라는 견해였다.

이에 대하여 정유의 의견은 매우 특이한 것이 있다.

오늘날 이런 말을 하는 사람이 있다. "요즘 백성들은 오로지 장사해서 이

---

44) 『星湖僿說』 卷4 下.
45) 韓㳓劤, 「星湖李瀷研究」, 『震檀學報』 제20호, 23쪽, 所引 文集 47 雜著 論錢貨.
46) 洪以燮, 『丁若鏞의 政治經濟思想研究』, 178쪽.
47) 『五洲衍文長箋散稿』 卷40 八路利病辨證說.

익을 낼 생각만 한다. 전부 몰아다가 남쪽 들판으로 보내는 것도 농사를 권장하는 한 방법이 될 것이다." 그러나 상인도 백성 가운데 하나이며 그 하나로 나머지 셋에 통하였은즉 10분의 3을 차지하여야 한다. 해안가 백성이 고기잡이를 농사 삼아 하는 것은 두메산골 사람이 나무하는 것을 농사 삼아 하는 것과 같은 이치이다. 만약 모든 백성들에게 농사만 짓고 살게 한다면 생업을 잃는 사람들이 늘어날 것이며 농업도 날이 갈수록 더욱 어려워질 것이다.[48]

라고 물자의 교류를 담당하는 상업이 없이는 민생의 곤핍은 더할 것이라고 상업에 대한 정당한 이해를 보이고 다시 다음과 같이 적고 있다.

우리나라 사람들은 중국시장이 크게 발달한 것을 보고서 "오로지 상업만을 숭상한다"고 한다. 그것은 하나만 알고 둘은 모르는 소리다.… 지금 나라에는 구슬 캐는 집이 없고, 시장에 산호 같은 보석이 없다. 또 금이나 은을 가지고 가게에 들어가도 떡조차 살 수 없는 형편이다. 이것이 정말 검소한 풍속 때문일까? 아니다. 이것은 물건을 이용하는 방법을 모르기 때문이다. 이용할 줄 모르니 생산할 줄 모르고, 생산할 줄 모르니 백성들이 나날이 궁핍해지는 것이다.[49]

라고 생산된 것이 소비되어야 재생산이 가능하니 소비야말로 생산을 유지 진흥시킨다고 매우 주목할 만한 근대 경제사상적인 견해를 보이고 다시 이 뜻을 부연하여 설명하였다.

우리나라도 사방 수천 리 땅에 백성도 적지 않으며 물자도 구비되어 있다. 그러나 산과 못에서 생산되는 물자도 다 이용하지 못한다. 경제의 이치를 잘 모르기 때문이다. 날마다 쓰는 것에 대해서는 제쳐두고 연구

---

48) 『北學議』進北學議, 末利.
49) 『北學議』內篇, 市井.

하지 않으면서, 중국의 가옥·수레·단청·비단 등 훌륭한 것을 보고는 "사치가 매우 심하다"고 말한다. 사실 중국은 사치하다가 망했다. 그렇지만 우리나라는 검소한 데도 쇠퇴하는 것은 무슨 까닭일까?… 재물이란 우물과 같다. 퍼내면 차게 마련이고 이용하지 않으면 말라 버린다. 그렇듯이 비단을 입지 않기 때문에 나라 안에 비단 짜는 사람이 없는 것이다. 따라서 부녀자가 베를 짜는 것을 볼 수 없게 되었다. 그릇이 찌그러져도 개의치 않으며, 정교한 기구를 애써 만들려 하지 않는다. 나라 안에 기술자나 질그릇 굽는 사람들이 없어져, 각종 기술이 전해지지 않는다. 심지어 농사도 방법을 몰라서 흉년이 자주 들고 장사도 물건을 팔 줄 몰라서 그 이익이 박하다. 이렇듯 사민이 모두 가난하니 서로가 도울 길이 없다. 조금 생산되는 보배도 나라 안에서는 이용하지 않아 외국으로 흘러 들어가 버리는 실정이다. 그러니 남들은 나날이 부강해지건만 우리는 점점 가난해지는 데 이것은 자연적인 추세다.[50]

이상에서 본 바와 같이 그는 소비를 활발히 하는 것이 생산을 자극하는 소이所以이며 절약절검에 주력할 것이 아니라, 생산과 유통을 활발히 하자는 매우 적극적인 주장으로 다른 실학자의 사상에서는 볼 수 없는 이색적이며 정채精彩있는 의견이다.

이러한 정유의 상업관은 17세기 이후 진전되어 온 사회경제적 변동과 관련 고찰하여 볼 때 더욱 그가 시대에 앞서서 사회경제의 발전 방향을 통찰하고 사회의 진운을 대변하고 있음을 알 수 있다.

본래 조선왕조의 상업정책은 억제적이었다. 정부의 필요에 부응하도록 마련된 서울의 시전市廛이 거의 유일한 상업기관이었고 약간의 행상활동이 지방의 물산교류를 맡았을 뿐이었다. 그러나 대동법 시행 이후 일어난 광범한 사회경제적 변동은 도시에 많은 사상인私商人들을 출현시켰으며 지방에서는 교통의 요지에 장시場市가 발달하였다.

---

50) 『北學議』 內篇.

17세기부터는 금난전권禁亂廛權을 확보하여 독점사업을 해오던 서
울의 시전상인 등은 더욱 도고都賈상업을 발전시켰다. 도고의 원 뜻은
도고都庫 즉 대동법 실시 이후 공물주인들이 물자를 적치해 두는 창고
의 뜻이었는데 점차 상인들의 도매기관 내지는 매점행위 자체를 가
리키는 용어가 되었다.[51] 상인들은 도고 행위를 통하여 자본축적을
발전시켜 나갔으며 국제무역에도 진출하여 대자본을 형성하게 되었
다. 중국과의 무역에 종사하는 개성·평양·안주·의주 상인과 일본
과 거래하는 동래·밀양에는 축재자가 많았다. 그러나 백만금에 이
르는 축재자는 역시 서울에 많았다. 서울의 대상大商 가운데는 역관 출
신이 많았으니 연암의 옥갑야화에 나오는 변갑부는 실재인물로서 숙
종 8년(1682) 일본통신사 일행의 수석 역관으로 갔던 변승업이 바로
그 사람이다.

행상의 집합소이며 시민의 일상적인 구매장인 이현·종루·칠패
등의 3대시는 날로 번창하여 갔다. 3대시에는 백공이 조업하고 있고
연경 실·북관마포·오곡·어물·과실 등이 산적되어 있어 상인과 시
민들이 북적거렸다.[52] 이미 서울 상가의 활기는 육의전으로부터 대중
의 소비생활과 직결된 신흥의 3대 시장으로 옮긴 느낌이 있었다.

지방에서도 장시망은 해마다 조밀해 갔으며 개시일수도 매월 6회
로 고정되어 있었고 강경·마산·원산·삼랑진·박천 등지의 장시는
유수한 상업도시로 발전하였다.

이 시기의 대상들은 자기자본으로서 투자하게 되었으니 일부 육
의전상인들도 많은 수공업자를 고용하여 견직물을 생산하고 경향의
부상富商들은 유기·자기·광산업 등에 투자하는 경향을 보였다.

---

51) 강만길, 「조선후기 상업자본의 형성」, 『한국사연구』 제1집, 81쪽.
52) 貞詩3.

정조 초년 무렵부터 개성상인들은 홍삼제조법을 발명하여 가공수
출함으로써 10배의 이익을 얻었으며 정조 12년(1788)에는 우통례右通禮
우정규는 은광개발금지책에 반대하여 은광개발을 부상대고富商大賈에
게 맡겨 그들의 자금으로 인부를 고용하여 채은케 하되 채굴된 은은
호조와 그 지방관에 납세케 하고 나머지는 물주가 차지하게 하면 공
사간에 이득이 많고 민폐가 없을 것이라 하여 대상들의 광산투자에
의 길을 열어주려고 하였다.53) 우정규의 건의는 곧 채납되지는 않았
지만 광산개발은 시대의 요청이고 종전과 같이 관부에서 농민부역으
로써 광산노동에 종사시키면 민폐가 크고 비능률적임을 면할 수 없
는지라 그의 건의는 점차 여론화하고 또 실천되어 갔다.

서울에서 나고 자란 박제가는 교유 중에 많은 시정상인들이 있었
으므로 그들의 사정에 정통하고 있었다. 정유의 상업론은 그들을 위
하여 대변하는 면이 있었으며 또 상업의 보다 대규모적이며 급속한
성장이 구빈의 요체라고 생각하는 선견에서 주장된 것이다.

정유의 이와 같은 시대의 진운을 북돋우며 상업발전을 위하여 봉
건적 제약을 개선하려는 의견은 실학자 가운데서도 매우 독특한 것
이다. 여기서 다른 실학자의 견해를 일별하여 보자.

성호는 나라의 흥망은 사치냐 절검이냐의 여부에 달렸으니 사치
하면 교만하게 되고 교만하게 되면 낭비하게 되어 백성이 도탄에 빠
지니 망할 수밖에 없다 하고,54) 다시 군주는 솔선하여 절검을 시범할
것이며 사치한 자는 벌하고 검소한 자는 상을 주자고 엄격한 절검론
을 주장하였으며,55) 홍대용은 국가의 근심은 사치 이상의 것이 없으

53) 『備邊司謄錄』173冊 正祖 12年 8月 18日條.
54) 『星湖僿說』卷3下, 興亡係奢儉條.
55) 『星湖僿說』卷3下, 慕效富貴條.

니 모든 주택기용住宅器用에 실용을 위주로 할 것이며 왕실로부터 시
범할 것이니 비빈妃嬪이 금수錦繡로 지은 옷을 입지 아니하면 사서士庶
의 부녀는 감히 금백錦帛으로 지은 옷을 입지 못하리라56)는 등 모두
절검금사節儉禁奢 일색인 것이다. 연암도 만년에는 상당히 상업에 대
해서 보수적인 생각을 품게 된 모양이다. 그는 소위 무본억말務本抑末,
농사에 힘쓰고 상업을 억제한다는 의의를 좀더 심각하게 항창자亢倉子
의 설을 인용하면서 논급하고 있다. 사람들이 농사를 버리고 상업에
종사하면 호지다사好智多詐하게 되어 법령을 어기게 되며 여러 계교計
巧가 생기게 되니, 임금이 백성을 다스림에 먼저 농사에 힘쓴 것은 다
만 생산을 위한 것뿐만 아니라 그 뜻을 바르게 함에 있었다. 사람이
농사지으면 질박 순진해진다. 질박하면 다스리기 쉽고 변경邊境은 평
안하여 질서는 확립되며 순진하면 사리를 좇는 마음이 적으니 공법公
法이 잘 준행遵行된다는 것이다.57) 즉 농사에 힘쓴다는 것은 백성들의
지견知見을 순박하게 하여 제치본방制治保邦의 본이 된다는 것이다. 질
서의 안정을 위하여서는 민심의 동복童僕이 필요하였으며 민심을 순
박하게 하는 데 농사는 제일이라는 것이다.58)

상업은 민심을 호지다사好智多詐하게 만든다 하니 이러한 정치관·상
업관 밑에서는 당연히 억말책抑末策이 나오게 된다.

이와 같은 억말책과 금사일색禁奢一色인 조류 속에서 절검보다도

---

56) 『湛軒書』 券4, 林下經綸.
57) 『燕岩集』 卷10, 課農小抄, 諸家總論 10章.
58) 주지하는 바와 같이 농업 특히 水田稻作은 물 문제만 해결되면 별로 큰 문제가
  없는 단순 재생산에 알맞은 "주민이 된 모든 시대에 속한 모든 인간에게 불변의
  생활양식을 요구하는" 농법으로서 그 고립적인 촌락생활의 목가적인 외모에도 불
  구하고 그것은 사람의 정신을 가장 좁은 시야 속에 구속하고 인간을 미신과 관습
  의 노예로 만들어 모든 역사적 창조를 위한 활기를 질식시키는 동양적 전제의 확
  고한 기반을 형성하는 것이었다.

생산과 유통을 장려하는 것이 부국유민富國裕民의 길이요, 상업은 농공과 상제상보相濟相補의 관계에 있는 것이지 결코 본말本末 관계에 있지는 않다는 정유의 주장은 매우 독특하다고 할 것이다. 그는 농사를 해치는 것은 상업이 아니라 과잉상태에 있는 유식 양반들이니 그들의 생활수단으로서의 토색을 발본하기 위하여서는 그들에게 생활방편을 세워주어야 한다고 국가적 장려 아래 그들을 상업에 종사시킬 것을 제안하고 있다.

> 놀고 먹는 자는 나라의 큰 좀입니다. 놀고 먹는 자가 나날이 늘어가는 것은 사족士族들이 날로 번성하고 있기 때문입니다. 이러한 무리들이 나라 안에 널리 퍼져 있어서 법률 한 조목으로 이들 모두를 얽어맬 수는 없습니다. 반드시 이에 대처할 방법을 마련해야 사람들이 헛된 말을 하지 않게 되고 국법도 잘 시행될 것입니다. 그러므로 수륙을 왕래하며 판매와 무역하는 일은 죄다 사족들에게 허가해 문서에 등록시키시기를 청하옵니다. 밑천을 마련해 빌려주고 가게를 설치해 주어서 좋은 성과를 올리는 자에게는 높은 벼슬에 발탁해야 합니다. 그래서 날마다 이익을 추구하게 한다면, 놀고 먹는 자들이 점차 줄어들고 즐거이 직업에 종사하는 마음이 생겨날 것입니다. 호강한 권세에 의지하려는 심보도 사라지게 될 것입니다. 이 또한 풍속을 변화시키는 데에 하나의 도움이 될 것입니다.[59]

신분제를 타파하고 국민 모두가 일할 것을 부르짖는 반봉건적 사상은 정유 이전에 담헌 홍대용에 의하여 가장 통렬하게 주장된 바 있었다.

우리나라에서는 본래 명분을 존중하여 양반이라면 비록 굶는 한이 있더

---

59) 『北學議』, 丙午所懷.

라도 팔을 끼고 앉아 손수 일하는 법이 없다. 혹 스스로 밭에 나가 농사
일을 하면 흉보고 비웃으며 종과 같이 대하니 놀고 먹는 자는 많고 생산
하는 자는 적어지게 마련이다. 나라의 재용財用이 어찌 궁해지지 않으며
백성이 어찌 가난해지니 않으랴. 그러니 마땅히 엄중한 법을 세워 누구
든 놀고 먹는 무리는 관에서 법에 비추어 처형하고 재학才學이 있으면
농상의 자제라 하더라도 정부의 요직을 맡길 것이며 재학이 열등한 자
는 비록 고관의 자제라 하더라도 역부가 되게 하여 이렇듯 적재를 적소
에 두어 위아래 힘을 모아 각기 그 직분을 다하고 그 성적에 따라 공정
하게 상벌을 내려야 한다.60)

담헌은 신랄하게 양반타파론을 주장하였으되 양반을 상업에 종사
시키자는 말은 없었는데 정유는 국가의 시책으로 양반을 상업에 종
사시킬 것을 역설하고 있으니 놀라운 식견이라 하겠다. 그는 다시 시
야와 영역을 넓혀 구빈부국책으로 국내상업뿐 아니라 해외무역도 주
장하였다. 즉 구빈의 길은 중국과 해로교역하는 데 있으니 사신을 보
내어 일본·안남·서양의 예를 따라 물길로 통상할 것을 청하여 연해
민沿海民을 관령管領하여 중국에 가고 또 중국의 선박으로 하여금 우리
나라에 와서 교역하게 하면 우리의 면綿·모시·마포麻布·해산물 등과
금단錦緞·모직물毛織物·약재·무구武具 등을 교환할 수 있는 직접적
인 교역의 이익 외에 중국의 여러 기용제도器用制度를 배울 수 있으며
천하의 도서를 수입하여 지견知見을 넓혀 구유속사拘儒俗士의 고체固滯
된 식견을 깨뜨릴 수 있다고 하였다. 그는 중국뿐 아니라 우리 국력
의 정비강화를 기다려 널리 해외 여러 나라와도 통상할 것을 주장하
였으니 쇄국의 시대에 있어서 개국통상을 부르짖는 놀라운 선각적
식견이라 하겠다.61) 이러한 해외통상론은 박제가 이전에 토정 이지함에

---

60) 『湛軒書』 卷4, 林下經綸.

의하여 창도된 바 있었다. 박제가도 토정 이지함은 다른 나라의 상선
여러 척과 통상하여 전라도의 가난을 구제하고자 한 것[62]에 대해 그
식견에 탄복하고 있는데 토정의 주장은 반계에 의해서도 지지되었
다. 정유의 해외통상론은 토정의 창의적인 견해를 더욱 발전시킨 것
이며 북학파의 사상적 원류의 일단을 밝히는 것이라 하겠다.

6. 농업관

박제가는 상공업뿐만 아니라 농업에도 깊은 관심을 기울였으며
농업에 대한 그의 식견은 농업에 조예 깊은 친우인 이희경에서 얻은
것이 많았다. 농공상의 이치를 겸하지 않고서는 실학이라 할 수 없
다[63]는 사명감에서 그는 일찍부터 농기구·비료·파종·구전區田·농
우·농지개량·구황救荒·잠사·목축 등 농업의 모든 분야에 걸쳐 그
개선을 뜻하고 실용의 학문에 힘썼던 것이다. 연암은 농사의 근본은
부지런히 김매는 데 있으나 그 요령은 역시 수공水功·토의土宜·농기
구에 있었으며 그 가운데서도 물대는 것이 제일이라고 보았는데[64]
박제가는 농기구를 가장 중시한 듯하다.

무릇 농구와 물대기와 거름하는 법이 맞지 않으면 농사라고 할 수

61) 『北學議』外篇, 通江南浙江商舶議. 정유는 『北學議』內篇, 船에서도 토정의 말을
    인용하면서 '그 견식이 월등하게 원대함을 알겠다'라고 극찬하고 있다. 『北學議』에
    서 동일 인물을 두 번씩이나 든 것은 토정뿐이니 그가 얼마나 토정의 해외통상론
    에 경도하였는가를 알 수 있다.
62) 『北學議』外篇, 通江南浙江商舶議.
63) 『課農小抄』諸家總論.
64) 『課農小抄』卷首.

없다고 하였으며,[65] 쟁기와 보습의 넓이와 치수가 정해진 연후에야 밭이랑이 제대로 이루어지고 김매는 데 힘이 덜 든다고, 농구규격의 합리적인 통일이 이루어져야 제대로 농사지을 수 있다고 말하고 있다.

농기구의 편리에 이르러서는 우리는 매우 몽매하여 태고 때와 다름없는 상태로 한 마디로 쓸 만한 농기구는 없다시피 한 현상이었다. 상류층은 대대로 고관가문에서 나와 농사일을 모르며 심하면 콩과 보리를 분간하지 못하고 농민들은 또 일자무식으로 배운 바 없이 우둔하여 오직 힘들여 일할 뿐이다. 그러므로 파종이나 경운농구가 하나도 예부터 전해오는 방법이 없다. 중국에서 사용되는 여러 농구도 나라 안에는 없으며 우리의 상등전上等田이라 하더라도 중국 것에 비하면 황전荒田에 불과한 것이었다. 그러므로 생산은 적어 1년 내내 애써도 그 효과를 볼 수 없고 언제나 가난하고 굶주리는 형편이었다.

그리하여 박제가는 없어서는 안될 중국 농구 일곱 가지를 들어 그 효능을 설명하고 있다. 양선颺扇은 한 사람이 부쳐도 절구질한 곡식 만 석을 까불기가 어렵지 않고, 돌절구공은 만 석의 곡식도 쉽게 빻을 수 있으며, 수차는 마른 땅에 물을 대거나 땅에 고인 물을 퍼낼 수 있다. 호종瓠種이라는 바가지를 쓰면 씨 뿌릴 때 발뒤꿈치가 아프지 않으며, 서서도 김매기를 할 수 있는 긴 호미를 사용하여 허리를 구부리지 않아도 되며, 곰방메와 쇠스랑으로 흙덩어리를 깨고 고무래로 종자를 고르게 한다.[66]

지금 우리는 벼를 모아 키질할 때 몇 사람의 힘으로도 하루에 10여 석의 곡식밖에 못 까불되 오히려 일이 정밀하지 못하며, 또 둑 하나를 사이에 두고 한 쪽은 물이 많아 걱정이요 한 쪽은 물이 적어

---

65) 『北學議』 外篇, 農蠶總論.
66) 『北學議』 外篇, 農蠶總論.

걱정인데도 그 물을 양쪽이 서로 좋도록 이용 못하고 혹 바가지를 써서 그네 뛰듯이 하여 물푸기를 하고 있는데 그 모양이 너무 둔하다. 이런 것은 수차를 쓰면 쉽게 해결된다고 하고, 수차 가운데서도 가장 능률적인 서양식 용미차龍尾車가 좋다고 지적하고 있다. 용미차는 나선상螺旋狀의 애급식 흡상吸上 펌프인데 다른 수차에 비하여 물을 쉽게 퍼 올릴 수 있으므로 정유는 그의『북학의』에 이희경의 용미차설을 특별히 부록까지 하여 그 보급을 바랐던 것이다.

농기 가운데서도 긴 호미에 대해서는 북학파 학우들 사이에 가장 논란을 거듭하였다. 우리 보습의 넓이와 치수가 일정치 않아 따라서 논밭의 이랑과 고랑의 규모가 가지각색이다. 이랑이 넓으면 씨가 흩어지고 씨가 흩어지면 곡식의 줄이 고르지 않아 풀을 뽑을 때 힘이 10배나 더 든다. 그러므로 호미를 써서 꾸부리고 앉아서 뿌리를 보아가며 흙을 북돋우고 풀을 뽑으므로 장정 한 사람이 하루에 대여섯 이랑밖에 김을 매지 못한다. 그러므로 정유는 파종법부터 고쳐 보습으로 간 뒤에 반드시 작은 보습으로 금을 그어 고랑을 내어 고랑 속에다 싹을 심고 싹이 자라나면 긴 자루의 호미를 써서 김을 매면 그 능률이 10배·20배라고 역설하고 있다.

북학의를 진소할 때 다른 조목보다 거름糞에 대해서 자세하게 논하고 있는 것은 그가 농업에서 비료주기를 더욱 중시하게 된 표현이려니와 그의 용차론도 특히 비료와의 관련에서 주장된 것이었다. 박제가는 물질을 이용해 뚜렷한 효과를 볼 수 있는 것으로는 밭에 거름을 주는 것 만한 것이 없으니 장자가 말한 "썩어 냄새나는 것이 신기한 것이 된다"는 것은 바로 이것이라고 하면서 똥 두 말은 곡식 두 말의 거름이 되므로 중국에서는 거름을 매우 아껴 길에 흘리는 법이 없고 심지어 소나 말이 지나가면 장부가 삼태기를 들고 그 뒤를 쫓아

다니며 그 똥을 받는데, 서울 장안의 똥은 수레가 없으므로 실어낼 수 없어서 그것을 비료화 못하니 이는 백만 석의 곡식을 버리는 것과 같다고 말하고 있다.

편리한 농기가 영농개선에 필수적이므로 그는 진북학의소에서도 농기를 중국에서 도입하여 똑같이 만들어 널리 보급시킬 것을 역설하였거니와 또한 농업기술의 개량향상을 위하여 농사시험장 설치를 주장하였다.

증산의 길은 농지를 크게 차지하는 데 있는 것이 아니라 농업기술의 개선으로써 단위면적당 수확량을 늘리는 데 있다고 생각하는 그는 볍씨개량·토지개량·파종법·비료주기 등 모든 면에 걸쳐서 `중국에서 배우는 것이 지름길이라고 생각하였다. 중국의 모든 편리한 기구 활용 제도를 배워 한 사람이 이용하면 그 이익은 10배요 온 나라에서 이용하면 그 이익은 1백 배요 10년 동안 계속하면 그 이익은 헤아릴 수 없는 것이다. 다만 뜻있는 사람은 이를 시행할 힘이 없고 유력자는 관심이 적어 당국자는 끝내 이를 실행하지 못하며 농사의 이익이 박하여 농민들은 생산을 버리고 딴 것을 찾으니 우리의 쌀값이 오르고 옷감이 귀해지는 소이라고 백성들이 잘 살고 나라가 부강해지는 묘방을 명석하게 알면서도 이를 실천할 수 없는 처지를 한탄하고 있다.

7. 서학관

서세동점의 물결에 따라 서학(서구 자연과학·서양 사정·천주교의 범칭)이 우리나라에 유입됨에 따라 부국유민의 방도는 중국을 배우는 데 그치지 않고 새로이 서양에까지 그 시야가 확대되었다. 서구 과학기술의 우수성에 대한 인식은 실학자들의 하나의 전통이었다.

박제가는 유럽에서는 사람을 4등급으로 나누고, 그 가운데 1등급에 속하는 사람들이 의학과 도학을 배우는데 하나같이 정확한 의술을 펴고 사람이 죽는 것도 미리 안다고 말한다.[67] 또 서양에서는 벽돌로 집을 지어서 천 년 동안이나 보수하지 않아도 되니 집에 드는 비용이 상당히 절약된다고 말한다.[68] 이렇게 그는 서양인의 과학기술의 우수함을 흠모하고 이를 배우는 일단으로서 표류선이 연해에 들어와 정박하면 반드시 그 중에는 선장船匠과 기타 기술자가 있을 것이니 우리 교공巧工으로 하여금 그들의 기술을 다 배운 뒤에[69] 돌려보내자고 주장하였다.

그는 나아가 서양 선교사 초빙을 제안하였다. 즉 중국 흠천감欽天監에서 일하는 서양인들은 모두 기하학에 밝으며, 이용후생하는 방법에도 정통하다고[70] 하니 이들을 초빙하여 청년들로 하여금 그 천문역학·농상農桑·의약·조벽造甓·건축·채광採鑛·조선造船·무기 등 과학기술을 배우게 하면 수년 내에 막대한 성과가 있을 것이라고[71] 주장하고 있다. 박제가는 혹자는 이를 한나라 명제明帝가 사람을 서양에 보내어 불교를 구하게 한 것과 비교하여 반대할 것이지만, 그들의 종교가

---

67)『北學議』內篇, 藥.

68)『北學議』內篇, 甓.

69)『北學議』外篇, 船.

70)『北學議』外篇, 丙午所懷.

71) 서양 과학자를 초빙한다는 구상은 박제가보다 10년 후인 정조 20년 남인 신도들에 의하여 표명된 바 있었다. 즉 신도들은 포르투갈 국왕에게 사절과 의학·수학에 정통한 신부를 수행원으로 보내줄 것을 청원하며, 그렇게 하면 과학을 사랑하는 국왕은 천주교에 대한 인식을 새로이 하고 서구에서 온 대사에게 감사하며 종교의 자유를 승인할 것이라는 뜻을 북경주교에게 편지를 보냈다.(山口正之, 黃嗣永帛書의 硏究, Gouvea 주교의 著,『조선왕국에 있어서의 천주교의 확립』, 171쪽)

천당과 지옥을 독실하게 믿는 것은 불교와 다르지 않고 그들이 사용하는 기구는 삶을 윤택하게 한다는 점에서 불교와 다르다는 점에서 그들로부터 열 가지 기술을 배우고 포교하는 일 한 가지만 금한다면 계산상 득이 된다고 하면서, 단지 염려되는 것은 적절하게 대우하지 않으면 초빙해도 오지 않을까 걱정하고 있다.[72] 즉 천주교는 불교와 별차이없는 것이고[73] 그 과학기술은 불교에서 볼 수 없는 장점이니 적은 흠을 염려할 것이 아니라고 서사초빙西士招聘을 강조하고 있다. 천주교를 사갈시蛇蝎視하는 시대에 있어서 서사초빙을 주장한 것은 가장 그의 개명된 식견과 용감한 혁신정신을 보여주는 견해인 것이다.

8. 맺음말

박제가는 우리의 물산이 적은 것이 아니로되 운반수단이 없어서 풍요 속의 빈곤이란 현상을 나타내니 중국의 차제를 본떠서 비능률적인 조둔한 우리 차제를 개량하여 부국강병의 원동력이 되는 차를 보급시킬 것과 효과적인 제조법을 중국에서 배워 무진장한 흙과 나무를 원료로 벽돌을 만들면 적은 비용으로 견고한 창고 주택·성곽 등을 만들 수 있는 막대한 효용이 있다고 벽돌의 사용을 역설하고 있다. 풍수를 논하여서는 지금 사주팔자를 논하는 자는 천하의 일을 모두 팔자에 돌리며 관상을 하는 자는 천하의 일을 관상으로 돌리고 지

---

72) 『北學議』 外篇, 丙午所懷.
73) 서학이 불교와 대동하다는 이러한 박제가의 서학관은 재상 채제공에게서도 들을 수 있다.(『正宗實錄』 卷26, 12年 8月 壬辰條)

관은 풍수로 돌리니 사람은 과연 어느 설을 좇을 것인가, 이것만 보와도 풍수의 미신임을 알 것이라고 통박하고 과거에 대하여서는 부화한 공령문으로 사람을 시험하고 편시片時의 득실로 평생의 진퇴를 결정하는 것이 과연 인재를 등용하는 방법이냐고 근본적으로 비판을 하고 또 과거의 목적이 취인에 있다면 기등과자旣登科者를 자리가 없어서 등용도 못하면서 또 과거를 보는 것은 무슨 이유냐고 통렬히 비판하고 있다. 또 국방의 요령은 형식적인 병력수나 무비武備에 있는 것이 아니라 기술의 발달, 생산력의 증진, 사회적 번영에 있다고 갈파하여 현대의 생산전적·총력전적 견해를 보이고 있다.

또 실학자를 포괄하여 전통적인 억말절검론 일색의 시대에 상업의 효용을 정당히 평가하고 나아가 국가의 장려 아래 양반을 상업에 종사시킬 것과 해외통상론까지 주장하고 있으며 생산된 것이 소비되어야 재생산이 가능하니 절약 내핍에 치중할 것이 아니라 생산과 유통을 활발히 하자고 매우 적극적이며 이색적인, 근대 경제사상적인 견해를 보이고 있는 것이다. 그는 또 중국에서 농기구를 사들여 똑같이 만들어 보급시킬 것과 농사시험장을 두어 개량된 볍씨·비료 뿌리는 법·경작법을 가르쳐 전파시킬 것을 주장하였다.

다시 그의 개명적인 식견은 천주교를 사갈시하는 시대에 서학에 대하여도 이해있는 태도를 취하여 '서양을 배울' 것도 주장하고 과학기술에도 밝은 서양인 선교사를 초빙하여 우리의 과학기술 교육을 진흥시킬 것을 역설하고 있다.

이 모든 탁견은 ─그대로만 실시되었더라면 우리 역사의 모습을 크게 변모시켰을─ 결국 실현되지 못하였다. 그것은 그의 경륜의 실현 방도, 그의 위치가 당시로서는 정책수립자·전제군주에 대한 헌책에 그친다는 약한 입장에 있었고 따라서 위로부터의 개혁에 기대

할 수밖에 없었기 때문이다. 그 개혁이 이루어지지 못한 사정은 사회
는 이미 병들고 눈멀어 전체의 일각을 개혁하면 다른 부문과의 상호
관계의 조절이 어려워 결국 전체 구조의 동요붕괴를 초래하는 분규
의 원인이 되므로 위정자들은 시기상조 혹은 신중을 기한다는 상투
어를 내세워 문제를 회피한 데에 있다. 그의 좌절은 어쩔 수 없는 시
대적 제약에서 말미암은 것이었다.

비록 결실을 못 보았다손 치더라도 박제가와 그의 학우들의 주장
은 세계의 진운에 낙후된 채로 헛되이 교망驕妄과 무위無爲와 편견을
일삼는 당시에 참으로 바르게 현실을 파악하고 또 바르게 그 타개 시
정책을 세운 우리의 귀중한 사상적 유산인 것이다.

제6장
박제가의 사회신분관과
사회신분제도 개혁사상*

1. 머리말

사회신분제도는 전근대사회의 골간이 되는 제도이다. 전근대사회
는 사회신분제도를 중심으로 하여 구조화되었기 때문에, 전근대사회
로부터 근대사회로 이행하려면 반드시 사회신분제도를 개혁하거나
폐지하는 문제를 해결해야 하였다. 우리나라에서도 조선왕조 후기
실학자들은 근대사회를 지향한 여러 가지 개혁사상을 정립하여 전개
하면서, 자기 시대의 사회신분제도에 대한 개혁사상도 정립하여 전
개하였다. 박제가도 그러한 실학자 중의 하나였다.

사회학은 사회계층을 중요한 연구대상으로 포함하고 있으므로,
전근대사회의 사회계층인 사회신분제도도 당연히 사회학의 중요한
연구대상이 되어야 할 것임은 두말할 필요도 없는 일이다. 그리고 사

* 신용하, 서울대학교 명예교수, 한양대학교 석좌교수
원전 : 신용하, 『조선후기실학파의 사회사상연구』, 지식산업사, 1997, 366~401쪽(『김
채윤교수 회갑기념 논문집: 사회계층, 이론과 실제』, 1989).

회신분제도를 개혁하려고 한 조선왕조 후기 실학자들의 사회신분관
과 사회신분제도 개혁사상도 당연히 사회학의 연구대상이 되어야 할
것임은 물론이다. 우리나라 사회학 분야에서도 이 사실이 일찍이 인
식되어 유형원과 이익,[1] 정약용과 박지원 등[2]의 실학자들의 사회 신
분관에 대한 연구가 축적되어 오고 있다.

박제가는 1750년(영조 22년) 음력 11월 5일(양력 12월 3일) 서울에서
우부승지를 지낸 박평의 서자로 태어났다. 즉 '서울 양반의 서출'이었다.
본관은 밀양이었고, 자는 차수次修 · 수기修己 · 재선在先, 호는 초정楚亭 ·
정유貞蕤 · 위항도인葦抗道人이라 하였다 . 박제가가 11세 때에 부친이
별세했으므로, 그는 서울 양반의 서자라고 할지라도 소년기부터 홀어
머니 밑에서 매우 가난하게 자랐다. 그 위에 당시 적서嫡庶차별이 극심
했으므로, 박제가는 이미 소년기부터 사회신분제도의 여러 가지 문제
점들을 예리하게 관찰하고 체험하면서 성장하였다. 박제가는 어려서
부터 총명하고 시 · 서 · 화에 능했다. 그는 19세 때 연암 박지원의 문
하에서 실학을 공부하여 그의 제자가 되어 실학자로 성장하게 되었
다. 박제가는 담헌 홍대용도 자주 방문하여 그의 실학사상도 섭취했
다. 박제가는 이덕무 · 유득공 · 이서구 등과 교유하여 1766년에 합동으
로 시집인『건연집巾衍集』을 내었는데, 이것이 중국에 소개되어 '조선
의 시문 사대가'의 하나로 알려졌다. 박제가는 1778년(정조 2년) 사은사
채제공의 수행원으로 이덕무와 함께 청나라에 갔다가 그 곳의 여러

---

1) 金彩潤, ①「柳馨遠의 階層觀念에 관한 사회학적 고찰」,『公三 閔丙台博士 回甲紀
念論叢』, 1973; ②「李朝後期實學의 社會移動論 小考」,『曉崗崔文煥博士 追念論文
集』, 1977; ③「朝鮮後期 實學의 職業觀」,『한국사회학연구』, 제7집, 1984 참조.
2) 신용하, ①「茶山 丁若鏞의 身分觀」,『茶山思想의 綜合的 硏究』, 서울대 한국문화
연구소, 1982; ②「燕巖 朴趾源의 社會身分觀과 社會身分制度 改革思想」,『한국문
화』제10집, 1989; ③「茶山 丁若鏞의 社會身分制度 改革思想」,『茶山學의 探究』,
1990 참조.

가지 문물을 관찰하고 돌아와서 『북학의』를 저술하였다.

　박제가는 이듬해인 1779년 정조의 서얼허통절목庶孽許通節目(1877년 3월 반포)에 따른 서자출신 중 뛰어난 인재등용책에 인하여 정조의 특명으로 이덕무·유득공·서이수 등 세 사람의 서자출신 학자들과 함께 규장각 검서관에 임명되었다. 그는 1790년에 진하사의 수행원으로 다시 청나라에 다녀왔으며, 돌아오자마자 군기시정에 임명되어 동지사의 수행원으로 세번째 청나라에 다녀왔다. 그는 1792년에는 외직 부여현감에 임명되었다. 1794년에는 춘당대 무과별시에 장원급제하여 오위장에 임명되었으며, 1795년에는 영평현감으로 외직에 나갔다 그가 영평현감으로 있던 때인 1798년에 정조가 국내 유생들에게 농책을 지어 올리라는 명령을 발하자 박제가는 이에 응하여『북학의』내·외집편에서 농사와 관련이 있는 몇 항목을 뽑아내고 여기에 새로이 농사에 관련된 몇 항목을 지어 추가해서 응지진북학의소應旨進北學議疏를 왕에게 바치었다. 그는 1801년(순조 1)에 사은사의 수행원이 되어 네번째로 청나라에 다녀왔는데. 그 직후 신유사옥으로 함경도 경성으로 유배되었다가 1805년(1815년 설도 있음) 음력 4월 20일(양력 5월 18일) 55세를 일기로 별세하였다.

　박제가의 학문은 스승 박지원을 따라 실사구시의 학풍을 계승하였고, 그는 특히 이용후생을 무엇보다도 강조하였다. 그의 저서로는 『북학의』·『정유시고』·『정유집』등이 있는데, 그의 실학사상은 『북학의』에 수록되어 있다.

　『북학의』는 내편과 외편으로 나누어, 내편에서는 수레車·배船·성城·벽돌甓·기와瓦·옹기甕·대자리簟·철鐵… 등 생산도구의 기술혁신을 다루고, 외편에서는 과거제도·관료제도… 등 제도개혁을 다루었으며, 전체 논지는 주로 상업·해외무역·수공업·교통운수·화폐

유통·과거·국방… 등에 대하여 중국의 선진된 상태를 설명하고, '무릇 이용후생하는 것에 하나라도 빼놓는 것이 있으면 위로 정덕을 해롭게 한다'[3]는 입장에서 '이용후생'을 강조하여 우리나라도 대대적 개혁을 단행할 것을 주창한 논책으로 되어 있다. 그가 중국 안에서 본 선진기술에 심취하여 지나치게 중국의 모든 것을 찬미한 경우도 있으나, 그의 모든 논책은 당시 우리나라의 낙후한 이용후생 상태와 빈곤상태를 극복하려 한 애국적 입장에서 거론된 것이었다. 또한 박제가의 '북학론'은, 당시 위정자들과 유생들이 주자학의 공리공론空理空論과 허문虛文에 집착하면서, "진실로 민民에 이로우면 그 법이 비록 이夷로부터 나왔다 할지라도 성인聖人이 장차 취할 것이다. 하물며 본래부터의 중국의 법이야 말해 무엇하랴"[4]는 입장과 관점에서 주창된 것임을 주목할 필요가 있을 것이다.

박제가가 『북학의』에서 논의한 것은 주로 이용후생에 관한 것이 대부분이고, 사회신분제도의 개혁에 관한 것은 주로 양반·사대부의 과거제도를 중심으로 하여 매우 단편적인 것뿐이다. 그러나 박제가는 서자 출신으로서 당시의 사회신분제도의 모순과 문제를 누구보다도 잘 알고 있었으며, 사회신분제도에 대해서 매우 비판적 견해를 갖고 그 개혁을 주창한 것이 분명하다. 그러므로 여기서는 박제가의 이에 대한 단편적 논급들을 모아 정리해서 그의 사회신분관과 사회신분제도 개혁사상을 고찰하기로 한다.

---

3) 『北學議』序.
4) 『北學議』進北學議, 尊周論.

2. 박제가의 사회신분제도·문벌제도 비판

　박제가시대의 사회신분제도는 기본적으로 ① 양반(사족·사대부), ②
중인(기술관·서리·향리·서얼), ③ 양인(평민·상민), ④ 천인(노비·칠반천인
등)의 네 신분으로 구성되어 있었다.5) 이것을 '사·농·공·상'의 직업
의 위계적 서열과 맞추어보면, 이념형적으로 사는 양반과 대체로 일
치하였고, 농은 양인의 직업이었으며, 공과 상도 이론적으로는 양인
신분의 직업이었으나 직업 그 자체로서는 천시하여 공·상에 종사하
는 사람들을 신양역천층身良役賤層으로 간주했다. 천인은 매매가 가능
한 노비와 매매를 허용치 않고 신분만 천민인 승려·창우倡優·기생·
무격巫覡·점복占卜·피장皮匠·백정 등으로 구성되어 있었다. 기술자
는 따로 독립되어 있지 않고 관료로서 의학·천문·지리·수학 등에
종사하는 자는 기술관(중인)으로, 생산기술에 종사하는 기술자는 공장
工匠(身良役賤層) 안에 포함되어 있었다. 이 시대에는 노비 중에서 외거外
居노비는 처음에 자기 주인의 소작농이 되었다가 점차 다른 농토의
소작농으로도 되어 농업에 종사하는 경우도 다수 있었다.
　양반의 직업은 기본적으로 과거를 보아, 합격해서 관료가 되는 것
이었으나, 이 시기에는 관료의 정원은 한정되어 있는데, 양반·사족
의 숫자는 급속히 팽창하였으므로 관료가 되는 것은 양반 중에서도
세습적으로 권력을 독점한 벌열, 특정의 문벌에 한정된 경향이 있었
다. 이에 따라 양반신분제도와 함께 그 골간으로서의 문벌제도가 형

---

5) 丁若鏞, 『與猶堂全書』. 제1집, 제9권, 戶籍議 및 『목민심서』, 戶典六條, 戶籍 참조.

성되어 있었다.

박제가는 당시 우리나라의 사회신분과 문벌제도의 문제를 중시하여 '오늘날 조정에서 문벌을 보고 사람을 임용하니 여기에서 벗어난 자는 모두 태어난 후 천자賤者로 된다'6)고 신분제도와 문벌제도를 비판하였다. 박제가는 신분과 문벌이 세습되고 사회이동(특히 상승이동)이 거의 완전히 폐쇄되어 있기 때문에 고위양반관료의 자식이 언제나 고위양반관료가 되고 서민의 자식은 언제나 서민이 되어 그 폐해가 이루 다 말할 수 없이 크다고 지적하였다. 그는 우선 그 폐해의 하나로 고위양반은 실사實事를 전혀 하지도 않고 모르기 때문에 심하게 표현하면 콩과 보리도 구분하지 못하는 '숙맥'이 되는 반면에 서민은 눈을 뜨고도 글을 모르고 무식하게 되어 농사를 오직 근육의 힘으로만 짓는 형편이 되었다고 비판하였다.

> 이제 우리나라의 용인用人은 전적으로 문지門地(신분과 문벌─인용자)만을 따진다. 공경公卿의 아들은 공경이 되고 서민의 아들은 서민이 되어 그 법 밖에는 반걸음도 이동하지 못하는데, 그 유래는 이미 오래 되었다. 상층에 있는 사람은 이미 귀하고 부해서 농사일을 전혀 하지 않으며 심한 자는 가끔 숙菽(콩)과 맥麥(보리)도 분간하지 못한다. 서민은 또한 모두 눈을 뜨고도 글을 알지 못하고 가르침을 받은 바도 없으므로 어리석고 무식하여 오직 근력으로 일을 할 뿐이다.7)

박제가는 비생산적이고 위선적인 양반신분제도, 아버지를 아버지라고 부르지 조차 못하게 하는 서얼차별제도, 가혹하고 비인간적인 노비제도… 등 사회신분제도가 우리나라의 가장 기만적이고 악한 습

---

6) 『北學議』 外篇, 科擧論二 참조.
7) 『北學議』 外篇, 附李喜經農器圖序.

속이라고 증오감을 갖고 비판하였다.

아비를 아비라 부르지 못하는 자가 있으며, 형을 형이라고 부르지 못하
는 자가 있습니다. 같은 집안의 친척을 서로 노비로 삼는 자가 있으며,
머리가 누렇게 희고 등이 굽은 노인을 어린 아이의 아랫자리에 앉게 하
는 자가 있습니다. 할아비·아비의 항렬이건마는 절하지 아니하며, 손자
뻘·조카뻘 되는 자가 어른을 꾸지람하는 자도 있습니다. 이 버릇이 오
래되어 점점 교만하게 되면서 온 세상은 이夷이고, 자신의 행실은 예의
이며 소중화小中華라고 하는바, 이것은 습속을 기만하는 것입니다.[8]

박제가는 농민들의 사회적 지위는 물론이요, 상인들과 천인들의
열악하고 차별받는 사회적 지위에 대해서도 동정을 표시하면서 그
개선의 필요성을 역설하였다.[9]

그러나 사회신분제도 중에서 박제가가 가장 힘을 주어 비판한 것
은 양반신분·사대부층에 대한 것이었다. 박제가의 의하면 양반사대
부들은 거의 대부분이 고루하고 허문虛文, 과문科文이나 숭상하고[10]
배우며 농사 등 실사實事는 하나도 모를 뿐 아니라 백성을 사역해서
수취하는 것만 알 뿐이라는 것이었다.

(양반유생들은) 비단 특히 농사일을 하지 않을 뿐만 아니라 모두 농민을
역사役使하는 자들입니다. 등민等民(동등한 백성)으로서 한쪽은 부리고 한
쪽은 부림을 당하게 되니 자연히 강하고 약한 세력이 이미 이루어졌습
니다. 강약의 세가 이루어지니 농사일은 날로 가벼이 여기고 과거는 날
로 중하게 여기게 되었습니다.[11]

---

8) 『北學議』 外篇, 丙午所懷.
9) 『北學議』 進北學議, 車九則 참조.
10) 『北學議』 進北學議, 農蠶總論.

박제가는 이러한 양반신분제도·문벌제도의 폐해가 누적되어 마침내 백성과 나라의 빈곤을 결과하게 되었다고 지적하였다.[12] 박제가는 "우리나라에는 무용한 양반유생이 예전에는 없었는데 오늘날에는 많이 있고 유용한 수레는 옛날에는 있었는데 오늘날에는 없다. 이해利害의 상반됨이 이와 같이 극도에 이르렀으니 백성들의 초췌함도 족히 이상한 일이 아니다"[13]라고 개탄하였다. 박제가는 양반신분제도의 폐해의 누적에서 결과한 평민들의 극빈한 생활상태를 다음과 같이 묘사하고 왕에게도 보고하였다.

> 우리나라 소민小民의 생활은 모두 조석거리가 없는 정도다. 열 집이 사는 마을에서 하루 두 끼 먹는 집이 몇 집 안된다. 소위 비상시의 대비라는 것도 옥수수 몇 자루와 고추 수십 개가 거적지붕 밑의 그을음 속에 매달려 있을 뿐이다.… 우리나라 촌야주민村野住民은 1년에 무명옷 한 벌을 얻어 입기 힘들고, 남자나 여자나 일생 동안 침구를 구경하지 못한다. 고석藁席(짚자리)이 이불을 대신하고 그 속에서 자손을 양육한다. 아이들은 10세 전후까지는 겨울·여름 할 것 없이 벌거숭이로 다니며, 이 세상에 가죽신이나 버선이 있는 줄을 모른다.[14]

> 매번 보니 시골 백성이 화전을 일구고 땔감을 찍느라고 열 손가락이 모두 모질어지고, 그 옷은 10년 넘은 헤어진 무명옷이었습니다. 그 집은 몸을 굽혀야 들어갈 수 있는데 연기에 그을렸고 흙으로 바르지 않았으며, 먹는 것은 깨어진 주발에 밥을 담았고 소금도 치지 않은 나물이 반찬이었습니다. 부뚜막에는 기와 물동이가 있을 뿐이기로 그 까닭을 물어보니 쇠솥과 놋쇠 숟갈을 이정里正이 장리곡식을 먹은 대가로 수차례

---

11) 『北學議』進北學議, 應旨進北學議疏.
12) 『北學議』進北學議, 農蠶總論.
13) 『北學議』進北學議, 應旨進北學議疏.
14) 『北學議』進北學議, 農蠶總論.

빼앗아갔다는 것입니다. 또 요역徭役에 대하여 물어본즉 남의 노奴가 아니면 군보軍保로서 전錢 250~260을 바친다 하는데 국가경비가 여기서 오고 있었습니다. 이에 저는 마음이 슬퍼지고 뭉클해서 과부가 길쌈도 구제하지 못하는 것과 같은 탄식을 했는바, 오늘의 일로써 생각해 보면, 오늘날의 제도今之俗를 변개하지 않으면 하루아침도 살 수 없다는 것입니다. 이것은 다만 한 현만이 아니고 여러 읍이 모두 그러하며 온 나라가 모두 그러한 것입니다.15)

박제가는 이에 나라와 백성의 비참한 빈곤상태를 극복하기 위해서 이용후생의 방책과 함께 사회신분제도의 개혁을 절실한 당면과제로 주창하게 된 것이었다.

3. 양반신분제도의 폐단

박제가의 스승 박지원은 '양반'을 정의하여 "양반은 사족의 존칭이다"16)라고 하고, 또한 "양반이란 명칭이 많아서 독서하면 '사'라 하고, 벼슬하면 '대부'라 하고, 덕이 있으면 '군자'라 하는데, 무관은 서쪽에 서고, 문관은 동쪽에서 서게 되어 양반이라 하였다"17)고 설명하였다. 박제가도 스승 박지원의 개념과 동일한 양반의 개념을 가졌던 것으로 보인다. 박제가의 저서에서도 양반이 또한 사족·사대부·사·유儒 등으로 기록되어 나오고 있다.

---

15) 『北學議』 進北學議, 應旨進北學議疏.
16) 朴趾源, 『燕巖集』, 卷8, 傳, 兩班傳.
17) 『燕巖集』, 卷8, 傳, 兩班傳.

박제가는 당시 우리나라 양반신분을 매우 폐단이 많은 신분이라고 보았다. 박제가가 당시 우리나라의 양반신분제도의 폐단으로서 특히 강조하여 지적한 몇 가지를 들면 다음과 같이 정리할 수 있다.

첫째, 우리나라의 양반·사족은 유식자층遊食者層이어서, 놀고 먹을 줄만 알지 일할 줄을 모르는 신분층이라고 박제가는 그 폐단을 비판하였다. 그에 의하면, '사대부는 오히려 유식을 할지언정 일하는 바가 없는'18) 신분층인 것이다. 박제가는 양반신분이 공업이나 상업은 물론이요, 농업에도 종사하지 않고 놀고 먹기만 하는 유식자층으로 된 것이 가장 큰 폐단이라고 지적하고, '놀고 먹는 양반'을 '나라의 큰 좀벌레蠹'라고 혹독하게 비판하였다.

> 무릇 놀고 먹는 자는 나라의 큰 좀벌레蠹입니다. 놀고 먹는 자가 날로 증가하는 것은 사족이 날로 번성해지기 때문입니다. 이 무리가 거의 온 나라에 퍼져 있어서 한 줄 과환科宦만으로도 이들을 다 묶어낼 수 없는 것입니다.19)

둘째, 우리나라의 양반·사족은 독서를 한다고 하면서 유용한 실학·실사는 부하지 않고 무용한 허학·허문만 숭상하면서, 주자학의 공리공론만 좋아하고 다른 학문은 모두 이단이라고 배척하는 폐단이 있다고 박제가는 지적하였다. 그는 우리나라의 양반·사대부들이 "허문을 숭상하고 고기顧忌하는 것이 많아서"20) "공언空言은 잘해도 실효는 모자라며 가까운 계획에는 수고해도 대체大體에는 어둡다"21)고 폐

---

18) 『北學議』 內篇, 商賈 참조.
19) 『北學議』 外篇, 丙午所懷.
20) 『北學議』 內篇, 商賈.
21) 『北學議』 外篇, 兵論.

단을 지적하고 비판하였다. 나라와 백성이 극빈과 황폐에 빠져 있는
데도 실사를 탐구하여 이를 구제하려 하지 않고 "배웠다는 사대부들
이 이 같은 일을 심상하게 보아 넘기며 이것은 옛적부터 그래 왔다고
만 말하는 것"22)이 양반·사대부의 허학·허문이라고 그는 날카롭게
비판하였다. 박제가는 우리나라의 양반·사대부들이 주자학의 공리
공론에나 몰두하면서 다른 학설을 이단이라고 배척하고, 깊은 관심
은 실학이 아니라 풍수지리설 따위에 쏟는 허학의 폐단에 빠져 있다
고 개탄하였다.

> 우리나라는 사람마다 정자·주자의 학설을 말할 뿐이며, 나라 안에 이단
> 이 없으므로 사대부가 감히 가서 강서江西(陸象山의 고향, 陸象山의 별칭)·
> 여요餘姚(王陽明의 고향, 王陽明의 별칭)의 학설을 말하지 못한다. 어찌 그
> 도가 하나에서만 나올 것인가.23)

> 우리나라는 학문의 종통宗統을 정자·주자의 학설로 삼았기 때문에 증사
> 僧寺는 있어도 도관道觀은 없으며, 종통의 학문이 성하여 이단은 거의 없
> 다. 오직 풍수설이 불교와 노자의 학문보다 심하여 사대부들의 풍습을
> 이루었다. 개장改葬하는 것을 효도하고 하고 산소 꾸미는 것을 일로 삼
> 으니 서민도 이를 본받는다. 그리하여 허리에 자오침을 찬 자는 천릿길
> 을 나서도 길양식을 휴대하지 않는다.… 무릇 이미 백골이 된 어버이를
> 가지고 자기 운수의 복과 화를 점치고자 하니 그 마음이 이미 나쁜 것
> 이다.24)

셋째, 우리나라의 양반·사족은 공부가 진부한 과거시험 공부에 한

---

22)『北學議』進北學議, 應旨進北學議疏.
23)『北學議』外篇, 北學辨 一.
24)『北學議』外篇, 葬論.

정되어 있고 관직에만 모든 관심이 쏠려 있는 폐단이 있다고 박제가
는 비판하였다. 그는 과거시험 공부가 아무 쓸모없는 진부하고 상투
적인 문장을 외어 익히는 것임을 개탄하고, 우리나라의 양반·사대
부들이 "학문은 과거를 보기 위해서만 배운다"[25]고 비판했으며, "우리
나라의 사람들은 학문이라고 하면 과거를 벗어나지 못하였고, 눈은
자기의 강토를 넘지 못하였다"[26]고 한탄하면서, 이것만을 공부라고
자랑하니 처음부터 폐단이 생긴 것이라고 비판하였다.

집마다 가르치고 호戶마다 학습하는 것은 (과거시험을 위해) 모두 여기
저기서 주워 모아 꿰맨 진부한 말뿐이다. 이런 것을 공부라고 스스로 자
랑하며 스스로 천거하니, 이미 자기 입신의 초년부터 이런 형편이다.[27]

박제가는 양반·사족의 정력이 병려併儷라고 하는 과거문체의 쓸
모없는 공부에 다 소모되어 버리는 폐단을 개탄하면서,[28] 이것은 사
람의 재능을 "과거라는 울 안에 몰아넣고 그러한 풍기風氣로써 속박하
는 것이며, 이와 같이 하지 않으면 자기 자신을 용납할 것이 없고 자
손마저 보전할 수 없도록"[29] 하는 과거제도의 폐단과 직결된 것임을
지적하였다. 박제가는 양반·사족들에게 과거가 "벼슬하는 길이며 영
달이 있는 곳이니 물과 불 속에서 시험보인다 해도 물과 불 속으로
달려가지 않는 자가 거의 없을 것이다"[30]라고 지적하면서, 양반신분
의 이 폐단은 과거제도의 폐단과 직결된 것임을 강조하고 과거제도

---

25) 『北學議』進北學議, 農蠶總論.
26) 『北學議』內篇, 古董書畵.
27) 『北學議』外篇, 附丁酉增廣試士策.
28) 『北學議』外篇, 丙午所懷.
29) 『北學議』外篇, 北學辨一.
30) 『北學議』外篇, 附丁酉增廣試十策.

폐단의 개혁문제를 별도로 상세히 논의하였다.

넷째, 우리나라의 양반·사족은 과거에 합격하여 관료가 되는 경우에도 실사를 모르므로, 국가와 민생이 극도의 궁핍 속에 빠져 있어도 어떠한 개혁정책을 세워 시행할 줄을 모르며, 아랫사람에게 일을 맡기고 공리공론만 하는 폐단이 있다고 박제가는 비판하였다. 그는 양반관료들이 실사와 실정實政을 할 줄 모르기 때문에 "서리胥吏의 소견에 따라 일을 처리하며,"31) 아랫사람에게 모든 일을 맡기고 양반관료 자신은 체모만 지키려고 한다고 그 폐단을 지적하였다.

> (양반관료의) 지위가 높을수록 일을 살핌은 간략하게 하고 관아官衙에 있으면 일을 하속下屬에게 위임해 버리며, 서울 땅을 나서면 뭇 서리들에게 위임하여 좌우로 옹위하게 하면서 체모를 조금도 허술하게 할 수 없다고 하는바 이것은 사대부가 스스로 속는 것입니다.32)

박제가는 나라의 개혁에 뜻이 있는 사람은 직권이 없고, 직권을 가진 양반·사대부는 개혁에 뜻이 없음을 지적하여, "그러나 유지자有志者는 반드시 힘이 있지 않고, 유력자는 반드시 때가 맞지 않으며, 정사를 담당한 자들은 일을 들어 행하려 하는 자가 없다"33)고 비판하고, "이제 민생이 날로 곤해지고 재용財用이 날로 궁해지는데 사대부들은 장차 소매 속에 손만 넣고 이를 구원하지 않을 것인가?"34)라고 개탄하였다.

다섯째, 우리나라의 양반·사족은 과거에 합격하여 관료가 된 후

---

31) 『北學議』 外篇, 丙午所懷.
32) 『北學議』 外篇, 丙午所懷.
33) 『北學議』 進北學議, 農蠶總論.
34) 『北學議』, 北學議序.

에도 '문벌'만 따지고 관료의 임용과 승진을 문벌에 의거하는 폐단이
있다고 그는 지적하였다. 그는 우리나라의 양반관료들이 문벌과 당
파에 의거하여 직책을 임용하고 배정하는 폐단을 기회 있을 때마다
비판하였다.[35] 그는 당시 심지어 관직에 청직淸職과 탁직濁職이 있는
것에 대하여 본래 관직에 청탁淸濁이 있었던 것이 아니라 문벌이 성립
된 이후 문벌이 높은 사람끼리 관각館閣의 벼슬을 하려니까 문벌의 높
고 낮음을 따지는 폐단 때문에 관직에까지 청탁이 생겼다고 지적하
였다.[36]

여섯째, 우리나라의 양반·사족은 과거에 합격하여 관료가 된 후
에 큰 관직이든지 작은 관직이든지 모두 권세있는 자리를 탐하여 백
성을 수취해서 사리사욕을 채우는 폐단이 있다고 박제가는 지적하였
다. 그는 우리나라의 양반관료제가 주로 녹봉이 적거나 아예 없기 때
문에 이 폐단이 당연한 것으로 성행하게 되었다고 다음과 같이 비판
하였다.

그러므로 크고 작은 관직들은 모두 권세로써 먹을 것을 만든다. 그리하
여 권세가 있는 사람에게 기대기도 하고 탐내기도 한다. 권세가 있는 자
리면 소관小官이라도 부당하게 되는데 이는 재물을 받기 때문이다. 권세
가 없으면 비록 대신大臣이라도 오직 정록正祿·정봉正俸만을 바라볼 뿐
이다.

목사나 현감자리를 한 번 얻기만 하면 반드시 자손 여러 세대의 기업基
業을 만든 다음에 그만두려 한다. 탐욕하고 독직瀆職하는 풍습이 날로
성해지고 생민生民의 곤궁이 날로 깊어지는 것은 필연적인 일이다.[37]

---

35) 『北學議』外篇, 科擧論一.
36) 『北學議』外篇, 官論.
37) 『北學議』外篇, 祿制.

일곱째, 우리나라의 양반·사족은 과거에 합격하지 못하여 관료가 되지 못한 경우에도, 관직을 얻어 권세를 가진 친족에 기대거나 신분에 기대어 백성들에게 무단武斷하고 백성들을 수취하며 사역시키는 폐단이 있다고 박제가는 비판하였다. 그는 관직이 없는 경우 비굴하게 권세에 기대어 백성을 수취하면서 높은 갓에 넓은 소매가 달린 도포를 입고 어슬렁거리며 허황되니 큰소리만 하는 양반·사족을 신랄히 비판하고, 이의 도태를 위한 정책이 필요함을 역설하였다.38)

여덟째, 우리나라의 양반·사족은 여러 가지 부당한 특권을 행사하며, '군역까지 부담하지 않는 폐단이 있다고 박제가는 비판하였다. 그는 양반·사족의 군역면제의 특권을 부당한 것이라고 비판했으며, 양반·사족들이 서원을 세워 국법을 어기면서 각종 특권을 행사하는 서원의 폐단을 날카롭게 비판하였다.

> 서원에서 선현을 제사하는 것은 숭유崇儒하는 까닭인데 군정軍丁을 기피하고, 금령禁令을 어기면서 술을 빚어 의연하게 범죄하니 이것은 스스로 만든 폐단이 아닙니까?39)

아홉째, 우리나라의 양반·사족들을 과거에 합격하여 관료가 된 양반이나 관료가 되지 못한 양반이나 모두 사상과 행동이 '고루'하기 짝이 없는 폐단이 있다고 박제가는 지적하였다. 그는 양반·사족들이 우물 안 개구리가 되어 고법古法에만 의존하고 편안히 지내면서 고루하게 되어 나라와 백성이 극도의 곤궁 속에 있어도 진취적으로 경

---

38) 『北學議』 內篇, 商賈 및 外篇, 丙午所懷 참조.
39) 『北學議』 外篇, 丙午所懷.

장更張할 줄 모르는 것을 개탄하였다.[40) 그는 또한 견문이 강역 안에
국한되어 다른 나라의 훌륭한 제도와 기술을 하나라도 배워들여 이
용후생을 하려고 하지 않는 우리나라의 양반·사족의 고루성을 신랄
히 비판하였다.[41) 그는 양반 지배층이 고루하기 때문에 우리나라의
습속이 진흥하지 못하게 되었다고 다음과 같이 개탄하였다.

> 오호라, 이 사람들은 모두가 장차 이 도를 밝히고 이 백성을 다스릴 사
> 람들인데 그 고루함이 이와 같으니 오늘날의 우리 습속이 부진한 것은
> 당연한 일이다.[42)

열째, 우리나라의 쓸모없는 양반·사족의 숫자는 이제 인구의 절
반이 넘을 정도로 증가하여 그 폐단이 나라를 그르칠 단계에 왔다고
박제가는 비판하였다. 그는 이러한 폐단 많고 놀고 먹는 양반·사족
의 증가에 대한 대책을 수립하고 실행해야 할 단계에 도달했다고 다
음과 같이 강조하였다.

> 이러한 무리가 나라 인구의 반이 넘은 지가 백년이 되었습니다. 이제 날
> 로 과거만 중히 여기는 자를 도태하지 아니하고 한갓 날로 경시하는 농
> 사를 짓는 자들을 보고 너희들은 힘껏 일하지 않는가라고 말합니다. 그
> 러한즉 비록 조정이 날마다 천 장의 공문을 발송하고 현관縣官에 날마
> 다 만 마디의 말로 알리도록 해도 한 잔의 물로 한 수레 땔감의 불을 끌
> 수 없는 것과 같이 수고로움이 도움이 없을 것입니다.[43)

---

40) 『北學議』, 北學議序 및 進北學議, 農蠶總論 참조.
41) 『北學議』 外篇, 兵論 참조.
42) 『北學議』 外篇, 北學辨一.
43) 『北學議』 進北學議, 應旨進北學議疏.

박제가는 이러한 양반신분제도의 폐단을 고치는 대개혁을 단행해
야 나라와 백성들이 곤궁과 황폐를 구할 수 있다고 역설하였다.

4. 양반관료 충원제도로서의 과거제도의 폐단

박제가는 사회신분제도·양반신분제도·문벌제도의 폐단을 개혁
하기 위해서는 양반신분의 재생산기구의 하나인 과거제도를 개혁해
야 하고, 이를 위해서는 먼저 과거제도의 폐단을 알아야 한다고 강조
하였다. 박제가는 자기 시대의 과거제도가 폐단이 많은 제도로 되었
다고 지적하고, "과거는 인재를 뽑으려는 것인데, 인재를 뽑으면서 과
거 때문에 잘못되니 이것은 스스로 만든 폐단이 아닌가"[44]라고 개탄
하였다. 박제가가 과거제도의 폐단으로서 지적한 것을 들어보면 다
음과 같이 정리할 수 있다.

첫째, 박제가는 과거의 시험과목과 내용이 실정實政·실사·실용에
는 아무 쓸모가 없는 허문時體文章으로 되어 있어서 참으로 나라에 필
요한 인재를 뽑을 수 없는 것이라고 비판하였다. 그는 선비는 ① 도
덕을 닦고 학식이 높은 선비, ② 문학을 공부한 선비, ③ 기예를 익힌
선비의 세 종류로 구분하였다.[45] 그런데 그에 의하면 도덕과 학식이
높은 선비나 기예를 익힌 선비를 등용하는 시험과목은 없고 오직 문
학을 공부한 선비들 중에서 진부한 시류의 과거체 문장에 의하여 사
람을 시험하니 참으로 나라에 유용한 인재는 뽑히지 않고, 뽑힌 사람

---

44) 『北學議』 外篇, 丙午所懷.
45) 『北學議』 外篇, 附丁酉增廣試十策.

은 등용되는 날 공부한 것이 아무 쓸모가 없는 것으로 된다고 개탄하
였다.

과문科文에는 시詩·부賦·표表·책策이 있고, 그에 모두 포두鋪頭·포서鋪
敍·입제入題·회제回題·초항初項·재항再項·중두中頭·허두虛頭라고 칭
하는 격식이 있다. 또 소위 사서의四書疑·오경의五經義라는 것도 있다.
그런데 이들은 대개 진부하고 뇌동하는 것이 많아서 한 글자도 참다운
지식과 새로운 해석이 없다. 독서하는 자는 글자를 보면 운韻 달 것만
생각하고, 글귀를 보면 시험제목만 생각한다. 그 말은 사용해도 그 사실
은 알지 못하니, 이것으로써 사람을 뽑으면 참으로 소루한 것이다.[46]

공령功令(과거문의 별칭)이라는 껍질과 털로써 그 몸뚱이 속에 있는 포부
를 점치려 하고, 부화浮華한 상투어로써 천하의 문장을 속박하며, 잠깐의
득실로써 평생의 진퇴를 결정하는 것이다.[47]

지금 과거는 시체문장時體文章으로써 사람을 시험하는데, 그러한 문장으
로는 위로 관각館閣의 일에 충당할 수 없고, 자문諮問에 대비할 수 없으
며, 아래로는 사실을 기록하지도 못하고 성정性情을 펴지도 못한다.[48]

지금 우리나라에서는 과거를 보이는 중에 쓸모없는 사람임을 분명히 알
면서 뽑는데, 시체문장時體文章을 공부한 부류를 뽑는 것이 이것이다. 또
과거의 밖에 두어 쓸모있는 사람임을 분명히 알면서 쓰지 않는 것이 있
는데, 박학하고 기예 있는 부류가 이것이다.[49]

둘째, 박제가는 관직의 정원에 비해 과거 합격자를 10배가 넘도

46)『北學議』外篇, 科擧論一.
47)『北學議』外篇, 附丁酉增廣試士策.
48)『北學議』外篇, 科擧論一.
49)『北學議』外篇, 科擧論一.

록 너무 많이 뽑아서, 10분의 9를 유식遊食하게 만드는 폐단이 있다고
비판하였다.

이전의 과거에 합격한 사람도 다 수용하지 못했는데, 뒤에 보인 과거에
합격한 자가 무더기로 나온다. 3년마다 보이는 대비과大比科 외에도 반
시泮試 · 절일제節日製 · 경과慶科 · 별시別試 · 도과道科 등의 다수가 있어서 착
잡하다. 수십 년 동안 대소과에 합격한 인원이 국가관직의 정원보다 10
배나 된다. 10배나 되는 합격자를 모두 다 임용할 수는 결코 없으니, 10
분의 9는 헛되이 실시한 것이 분명한 것이다.[50]

셋째, 박제가는 고시관이 합격자를 '문벌'과 '당파' 위주로 뽑고 응
시자의 재능이나 답안의 우수함에 의거하지 않는 폐단을 비판하였
다.[51] 그에 의하면 어떤 고시관은 응시자의 봉한 이름을 미리 뜯어보
고 문벌에 따라 합격시키는 것을 예사로 하기도 하였다.[52] 따라서 문
벌이 높고 정권을 장악한 '당파'의 자손은 실력이 없어도 합격되고,
그렇지 않은 사람의 자손은 아무리 실력있고 우수해도 낙방하는 폐
단이 만연해 있다고 그는 비판하였다.

여기에다 또 문벌과 붕당에 따라 합격도 하고 낙방도 한다.[53]

어찌 문벌이다 붕당이다 하여 과거본 후에 막으며, 막힘이 없는 사람을
도리어 과거 앞에서 막는 것인가.[54]

---

50) 『北學議』 外篇, 科擧論一.
51) 『北學議』 外篇, 科擧論二. 참조.
52) 『北學議』 外篇, 科擧論二. 참조.
53) 『北學議』 外篇, 科擧論一.
54) 『北學議』 外篇, 科擧論一.

넷째, 박제가는 과거응시자의 제한을 두지 않기 때문에, 실력도 없는 자들이 과장에 들어가서 단지 응시하는 것만으로 양반 유생됨의 명예로 삼고, 행세하기 위해서 과장에 들어가 한번에 수만 명씩 응시하는 폐단을 비판하였다. 박제가는 "이제 대비과를 보더라도 소과小科에 응사하는 자가 10만이 넘는다"55)고 개탄하고, 이것이 과거제도를 문란케 하는 주요 요인이라고 지적하고 비판하였다.

보통의 향읍鄕邑의 과시課試에도 시권試券을 바치는 자가 천 명이 넘고 서울에서 보이는 대동과大同科에는 유생이 왕왕 수만 명에 이른다. 수만 명의 많은 답안을 반나절 안에 방榜을 붙이기도 하는데 고시를 주관하는 사람은 붓을 쥐기에도 피로하여 눈을 감고 낙제만 시킨다. 이런 때면 비록 한유韓愈가 고시관이 되고 소식蘇軾이 글을 지었다 할지라도 그렇게 짧은 시간에 그 글을 알아주기는 어려울 것이다. 오호라. 당당한 선비를 뽑는 것이 도리어 노름판의 제비뽑는 재수만도 못하니 사람을 뽑는 방법은 과연 믿을 만한 것이 못된다.56)

다섯째, 박제가는 과거 시험장을 개방된 정원·마당에서 실시하여 아무나 출입할 수 있도록 방임하는 폐단을 비판하였다. 박제가는 당시 과장이 개방되어 발생하는 폐단을 다음과 같이 묘사하였다.

무릇 4백 명이 응시한 것을 최성最盛이라 하였으니. 다른 것은 논할 것도 없고 오직 과장에 입장하는 한 가지만 하더라도 앞을 다투어 밟고 밟히는 폐단이 없었을 것이다. 지금은 그 백배나 많은 유생들이 물·불·짐 덩어리를 갖고 들어가는데, 힘센 무인도 들어가고, 심부름하는 노奴도 들어가고, 술 파는 장사치도 들어가니, 과장으로 쓰는 뜰이 어찌 좀

---

55) 『北學議』進北學議, 應旨進北學議疏.
56) 『北學議』外篇, 科擧論一.

지 않으며 과장이 어찌 난잡치 않겠는가. 심지어 몽둥이로 서로 치고 장대로 서로 찌르기도 한다. 길에서 욕질하며, 변소에까지 따라와 비력질한다. 이러므로 하루 과거를 보는 일이 사람의 머리털을 희게 하며 가끔 살상과 압사도 일어난다. 서로 받아들이고 읍하고 공손해야 할 장소에서 강도가 싸움하는 버릇을 행하니, 고인古人이 있으면 지금의 과장에는 반드시 들어가지 않을 것이다.57)

여섯째, 박제가는 과거시험에 부정이 성행하고 있는 폐단을 비판하였다. 박제가는 응시자의 "차서借書(남의 글씨를 빌리는 것)하고 대술代述(남의 것을 대신 지어주는 대리시험)하는"58) 부정이 공공연히 성행하고 있음을 개탄하였다. 또 시지試紙를 풀로 봉하고 시험관을 교대하는 것은 시험관의 부정을 막기 위한 것인데, 시험관이 "말경에는 반드시 그 봉한 것을 뜯어보고 문벌 높은 자를 합격시킨다"59)고 시험관의 부정의 성행을 개탄하였다.

일곱째, 박제가는 과거합격 연령이 너무 늦어서, 합격한 후에는 거의 쓸모없게 되는 연령의 사람이 너무 많은 폐단을 비판하였다.

더벅머리의 나이 때부터 공부해서 머리털이 희어졌을 때 비로소 합격은 했으나, 합격한 그 날부터 지금까지 공부한 것을 모두 버리게 되는바, 일생의 정력이 이미 소진해졌고 나라에도 쓸모가 없게 된 것이다.60)

박제가는 양반신분제도의 개혁을 위해서는 우선 먼저 과거제도의 이러한 폐단을 반드시 교정하여 크게 개혁해야 한다고 주장하였다.

57) 『北學議』外篇, 科學論一.
58) 『北學議』外篇, 科學論一.
59) 『北學議』外篇, 科學論二.
60) 『北學議』外篇, 科學論一.

5. 과거제도의 개혁

박제가는 양반신분제도·문벌제도의 폐단을 개혁하는 방법의 일환으로 과거제도의 개혁을 매우 긴급하고 중요한 과제라고 강조하였다. 박제가가 제시한 과거제도 개혁안은 다음과 같이 정리할 수 있다.

첫째, 과거의 시험과목과 내용을 실학으로 개혁하는 것이다. 박제가는 과거의 시험과목과 내용을 "덕행德行과 육예六藝(禮·樂·射·御·書·數)를 보여 뽑고,"61) 또한 반드시 "기예技藝(과학기술)를 익힌 선비"도 시험으로 뽑을 것을 주장하였다.62) 박제가는 예컨대 한나라 때 소금·철·치수에 대한 논책으로 인재를 뽑던 것과 같이 실학으로써 시험을 보여 인재를 뽑고, 또한 문장도 고문古文과 같이 창의성 있는 문장을 중시할 것을 제안하였다.

> 또 호령하기를 '한나라 때의 소금·철·치수에 대한 논책과 같이 능히 논책을 지을 수 있는 자는 남아 있고 그러한 논책을 지을 수 없는 자는 나갈 것이며, 무턱대고 응시하는 자는 문책하겠다'고 하면 나가는 자가 10분의 8, 9는 될 것이다.63)

둘째, 과거응시자의 숫자를 실력과 재능있는 자로 엄격히 제한하여 '태유汰儒(선비를 도태시키는 것)를 단행하는 개혁이다. 박제가는 이제 식년시의 대소과에 응시하는 자가 10만 명이 넘는 상태에 이르렀으

---

61) 『北學議』 外篇, 科擧論一.
62) 『北學議』 外篇, 附丁酉增廣試士策.
63) 『北學議』 外篇, 科擧論二.

므로 태유를 단행할 필요가 절박함을 강조하고,[64] 반드시 재능 있는 사람만 발탁하고 재능없는 사람을 처음부터 쫓아버리는 제도적 대책을 수립해야 함을 강조하였다.[65] 박제가는 이러한 '태유'의 제도적 방법으로서 과거응시자에게 ① 과거를 보기에 충분한 실력과 재능을 문행文行을 갖추었다는 사문師門의 장長의 추천장을 받고, ② 그 지방관이 일차 선발하여 서울로 보내도록 하며, ③ 서울에 들어오면 엄격히 대조하여 글을 강講해서 시험을 보이고, ④ 합격하면 면전에서 다시 과거시험을 보이는 4단계 절차를 거치게 할 것을 제안하였다.

> 태유를 하고자 하여 묻기를 어떻게 하면 선비들이 스스로 물러가게 할 것인가 한다. 내가 가로되, 과거를 보려는 선비의 사문師門의 장長으로 하여금 추천장을 써 그 선비의 문장과 행실이 과거에 응시하러 가기에 족하다는 보증을 하도록 한 연후에, 또 그 소재所在의 지방관으로 하여금 선별하여 보내게 한다. 응시자가 서울에 들어오면 또 엄격히 대조하여 글은 강講해서 시험하고, 합격한 면전에서 시험을 보게 하는 것이다. 무릇 이 네 차례의 절차를 거치게 하면 턱없이 응시하려 덤비는 자는 거의 없어질 것이다.[66]

박제가는 이 '태유'의 방법을 비단 과거응시자의 숫자를 엄격히 제한하려는 목적에서만이 아니라, 더 근본적으로는 비생산적인 무용한 양반을 도태시키는 방법으로서도 강구하려 한 것이었다.[67]

셋째, 고시관의 채점을 엄격히 공정하게 하는 개혁이다. 박제가는 이를 위해 명망 있는 인재를 고시관으로 선발한 다음, 중국의 과거제

---

64) 『北學議』 進北學議, 應旨進北學議疏 참조.
65) 『北學議』 外篇, 科擧論一.
66) 『北學議』 進北學議, 汰儒.
67) 『北學議』 進北學議, 應旨進北學議疏 참조.

도와 같이, 답안試券에 대한 충분한 검토의 시간이 경과한 후에 방을
붙이도록 하며, 감정한 시권의 끝에는 누가 채점하고 평했는가를 기
록한 다음, 본인에게 돌려주어 그 당락의 이유를 명백히 알게 할 것
을 주장하였다. 박제가는 또한 고시관을 지방에 파견하여 향시鄕試를
보이는 경우에도 고시에 합격한 자의 현명여부를 사후에 반드시 점
검함에 의해서 고시관의 공정성을 보장할 것을 제의하였다.[68]

넷째, 과장을 옥내로 바꾸어 잠그고, 부정을 철저히 없애는 개혁
이다. 박제가는 마당을 과장으로 하지 말고, 중국의 제도와 같이 가
옥 안에서 시험을 보여 대문을 잠그도록 해서 응시자의 부정도 방지
하고, 비·바람도 대비할 것을 제의하였다. 박제가는 우리나라의 과
거제도대로 뽑더라도 가옥이 5백 칸이면 과장이 될 것이고, 중국의
제도를 채용하면 3년 후에는 가옥 2백 칸이면 과장으로 족할 것이라
고 전망하였다.[69]

다섯째, 문벌과 당파에 의해 합격자를 뽑지 말고 오직 실력과 재
능과 덕행에 의거해 인재를 뽑는 개혁이다. 박제가는 당시의 과거에
의한 인재선발이 시권의 밀봉한 이름까지 뜯어보면서 문벌의 높음에
따라 합격자를 내는 폐단을 통박하면서, 도덕을 닦은 선비나 문학을
공부한 선비나 기예를 익힌 선비 중에서 이 셋을 겸하면 더욱 좋고,
그렇지 못하면 한 가지라도 뛰어난 실력있고 재능있는 선비를 뽑아
야 하며,[70] 문벌에 의거해 사람을 뽑는 적폐를 영구히 혁파해야 한다
고 주장하였다.[71]

여섯째, 과거를 3년에 한 번씩 정기적으로 보이지 말고 갑자기 시

---

68) 『北學議』 外篇, 科擧論一 참조.
69) 『北學議』 外篇, 科擧論一 참조.
70) 『北學議』 外篇, 附丁酉增廣試士策 참조.
71) 『北學議』 外篇, 科擧論二 참조.

험을 보이는 개혁이다. 박제가는 과거를 정기적으로 보이면 무능한
사람들과 시류에 아부하는 사람들이 거의 모두 응시하게 되고, 시류
에 아부하는 사람들로부터 따돌림을 받는 우수한 사람들은 더러움을
피하여 과거에 응시하지 않게 된다고 지적하였다. 그에 의하면, 여러
사람이 따돌리면 그 사람은 시류의 부패에 자연히 어울리지 않고 참
공부를 온축하게 되며, 재능있는 사람은 시체 문장 같은 것은 1개월
만 배워도 충분하므로, 갑자기 시험을 보여야 참으로 재능있는 참다
운 인재를 뽑을 수 있는 것이라고 하였다.[72]

일곱째, 과거제도에 보완적으로 천거제도를 병행하는 개혁이다.
박제가에 의하면, 참으로 뜻있는 선비는 기상이 높아서 시속時俗에 들
려 하지 않고 타락한 과거를 보는 것을 비루하게 여겨서, 차라리 궁핍
하게 살지언정 자기의 참다운 학문을 시속의 것과 바꾸려 하지 않으
며, 특히 문벌이 없는 하류계층의 탁월한 인재가 그러하다고 박제가
는 지적하였다.[73] 박제가는 따라서 과거제도로서는 중등인물이 많이
뽑히고, 참으로 상등인물은 숨어 지내게 된다고 관찰하였다. 박제가
는 그러므로 과거제도 밖에 또 천거제도를 병행하여, 문벌을 전혀 보
지 말고 특히 하류계층에서 탁월할 인재를 뽑아 쓸 것을 주장하였다.

또 나라 안에 호령하기를 '문벌의 밖에 재덕才德이 뛰어나거나 한 가지
기예라도 있는 사람을 반드시 천거하라. 천거한 자에게는 상을 주고 감춘
자에게는 벌을 준다'고 하면, 여기에 먼 지방에서 홀로 착함을 닦던 선비
와 하류계층의 특이한 인재를 모두 얻어 조정에 세울 수 있을 것이다.[74]

72) 『北學議』外篇, 科擧論二 참조.
73) 『北學議』外篇, 附丁酉增廣試士策 및 科擧論二 참조.
74) 『北學議』外篇, 科擧論二.

여덟째, 일단 과거에 합격하거나 천거에 들어온 인재를 그 후 '신분' '문벌' '당파'로 인하여 임면·진급·상벌에 막힘을 주지 않는 개혁이다. 박제가는 참다운 인재를 뽑았으면 그들을 막힘없이 잘 활용해서 국부와 이용후생에 써야지 '신분' '문벌' '당파' 때문에 막아버리면 과거제도 개혁이 아무런 소용이 없게 된다고 강조하였다.

진실로 오늘날의 과거제도에서 그 폐단을 모두 개혁하여 요행을 바라는 옆길을 엄금하고 그 선발기준을 높여 준엄하게 했다고 하자. 그 기준에 합격하여 선발된 자는 과연 문벌에 막히지 않으며 진퇴와 상벌에 막히지 않을까. 이 같은 조건에 한 가지만 막히지 않아도 오히려 유익한 것이다.75)

박제가는 이상과 같이 과거제도의 대개혁을 단행하여 참으로 실력과 재능과 덕행이 있는 인재만을 남김없이 발탁하여 쓰고, 나머지 대부분의 무용한 양반유생들은 도태시키려고 구상했던 것이다.

6. 양반신분층의 상인층화론

박제가는 과거제도의 개혁을 통하여 대대적 '태유'를 단행하려고 했는데, 이 경우 도태당한 수많은 양반신분층은 어떻게 처리하려고 했는가? 박제가는 이러한 양반신분층을 상업에 종사시킴으로써 상인층화하여 상업도 발전시키고 놀고 먹는 양반신분층 문제도 해결하려고 구상하였다.

---

75) 『北學議』 外篇, 科擧論二.

박제가는 우리나라의 산업과 경제와 기술이 발전하지 못하는 중
요한 원인의 하나가 억말정책抑末政策에 의하여 상업을 천시하고 억눌
렀기 때문이라고 관찰하였다. 박제가는 도리어 상업을 적극적으로
진흥시켜서 재화가 전국 방방곡곡에 활발하게 유통되어야 이것이 일
으키는 자극과 수요에 응하여 공업과 농업과 기술도 크게 발전하여
나라와 백성의 빈곤을 극복할 수 있다고 보았다. 그는 "무릇 상인도
사민 중의 하나인데 그 하나로써 셋에 통하였으니 10분의 3을 점하지
않으면 안된다"[76]고 상업의 비중을 파격적으로 높이 평가하면서, "상
매商賣가 유통하지 못하고 유식자遊食者가 나날이 많아지면 이것이 인
사人事를 잃는 것이다"[77]라고 강조하여 지적하고, "재화가 날로 없어
지건마는 유통할 방책을 강구치 않으면서 세상이 그릇되고 백성이
빈곤한 탓이라고 할 뿐이면, 이것은 나라가 스스로 속는 것이다"[78]라
고 당시의 위정자의 무능무책을 비판하였다.

박제가는 그의 선배 실학자들이나 동년배의 실학자들과는 달리
상업의 다른 산업과 기술에 미치는 영향을 매우 중요시하여 '중상론'
을 주창한 것이었으며, 상인의 비중을 총인구의 10분의 3에 달할 정
도로 증가시켜야 한다고 생각한 것이었다.

무릇 상商은 사민의 하나인데 그 하나로서 3(사·농·공)에 통하는 것인즉
10분의 3이 되지 않으면 안된다. 이제 무릇 사람들이 쌀밥을 먹고 비단
옷을 입고 있으면 그 나머지는 모두 무용지물로 생각한다. 그러나 무용
의 것을 사용하여 유용의 것과 교환하지 아니하면 소위 유용의 것도 장
차 모두 편체偏滯하여 유통되지 않아서 오직 한 구석에서만 사용하게 되

---

76) 『北學議』 進北學議, 末利.
77) 『北學議』 進北學議, 財賦論.
78) 『北學議』 外篇, 丙午所懷.

어 모자라게 되기 쉽다.[79]

박제가는 총인구의 10분의 3 정도의 상인을 증가시켜야 할 때 상인에 충원해야 할 사람들로 유식하는 양반신분층을 생각한 것이었다. 그는 놀고 먹는 양반신분층을 상인층화함으로써, 유식양반층의 문제도 해결함과 동시에 상업의 발전을 통해서 공업과 기술과 농업의 발전도 획득하려고 한 것이었다.

박제가는 양반신분층을 국내상업과 대외무역에 종사시키도록 하고 이를 지원·장려하는 정책으로서 ① 사족들을 상인들의 대장臺帳에 입적시키고, ② 자본금을 대여해 주며, ③ 점포를 지어주어 여기에 살게 하고, ④ 상업을 잘한 사람은 높은 벼슬을 주어 권장해서, ⑤ 날로 더욱 상업이윤을 열심히 추구하게 할 것을 제안하였다.

무릇 수륙에 교통하여 판매하고 무역하는 일은 사족에게 허가하여 대장에 입적시키기를 신은 청합니다. 혹 자본금을 빌려주고 전廛을 설치해 주어서 이에 거주케 하며, 뚜렷한 성과를 낸 자는 벼슬에 발탁하여 권장하는 것입니다. 이렇게 그들로 하여금 날마다 상업이윤을 추구하게 해서 그 유식하는 형세를 점차 없애고, 그 직업을 즐겨하는 마음을 열어주어서 그 호강한 권세를 사라지게 하면 이 또한 관습을 전이하는 데 일조가 될 것입니다.[80]

박제가는 우리나라의 관습이 상업을 천하게 생각하여 양반사족들이 상업에 종사하지 않으려고 할 것을 염려하여, 중국의 예를 들면서, 중국에서는 사대부들이 시정市井에 다니는 것을 부끄럽게 여기지 않으며 가난한 사람들은 신분에 관계없이 상업에 종사하는 것을 당

---

79) 『北學議』內篇, 市井.
80) 『北學議』外篇, 丙午所懷.

연하게 여기고 있음을 지적하고, 우리나라의 양반사족들이 유식하면서 비루하게 권세 있는 사람에게 청탁이나 하고 다니는 것보다는 상업에 종사하여 떳떳하게 직업을 갖고 자신과 나라의 빈곤을 극복하는 편이 훨씬 나은 것이라고 주장하였다.[81]

박제가가 유식하는 양반신분층을 상업·무역에 종사시켜 상인층화해서 적극적으로 이를 육성하려고 한 사상은 실학사상 중에서도 독특하고 획기적인 사상이었다고 볼 수 있다. 실학자들 중에서도 유형원·이익·정약용 등의 실학자들은 유식하는 양반신분층을 농업에 종사시킬 것을 구상했었다. 그러나 농업은 당시 양반관료가 은퇴하면 자주 택하기도 하는 직업이었으므로 이것은 그다지 파격적인 사상은 아니었다. 그러나 당시 '사·농·공·상'의 사민 중에서 '말업'이라고 천시하고 있던 상업에다 유식하는 양반신분층을 종사케 해서 이를 국가의 정책으로 적극 육성하여 유식하는 양반사족층의 문제도 해결하고 상업도 발전시켜 나라의 빈곤을 극복하자는 박제가의 양반신분층의 상인층화론은 당시 매우 파격적인 것이었으며 획기적인 것이었다. 이것은 박제가의 양반신분제도 개혁사상의 매우 독특하고 독자적인 진취적 측면이라고 말할 수 있을 것이다.

7. 공상인층의 지위개선과 중상론·기술혁신론

박제가시대의 사회가 농업을 중심으로 한 지역적 자급자족경제에

---

81) 『北學議』 內篇, 商賈 참조.

의존하였고, 국가정책과 사회의 지적 분위기도 '사·농·공·상'의 사
민의 위계질서를 정립하여 중농억말정책을 답습하면서 수공업과 상
업을 '신양역천身良役賤'의 직업이라고 천시하는 조건 속에서, 박제가
는 나라와 백성의 빈곤과 낙후한 상태를 극복하려면 상업과 수공업
을 발전시키고 선진기술을 도입하여 기술혁신을 일으켜서 생산력을
높여야 한다고 주창하였다.[82] 박제가의 이러한 주장은 사회신분·계
층의 측면에서는 객관적으로 종래의 사민 중에서 '공장工匠과 상인'의
사회적 지위를 크게 개선하여 향상시키는 것이었다. 즉 박제가의 중
상론과 기술혁신론은 객관적으로는 당시의 공상인층의 사회적 지위
를 크게 개선하려는 주장이었음을 주목할 필요가 있다.

박제가의 중상론의 논지는 크게 세 가지 논리에 의거한 것이었다.
첫째는 당시 지역적 자급자족경제가 지배하고 상업이 발전되지 않은
조건에서는 우리나라의 한 지방의 특산재화가 사용되고도 남는 부분
은 무용지물로 되면서 다른 지방에서 생산되는 유용한 재화는 구하
기조차 어렵게 되는데, 상업을 전국적으로 발전시켜 무용한 재화와
유용한 재화를 전국적으로 유통시키면 전국의 재화와 자원이 합리적
으로 이용되어 이용후생이 비약적으로 크게 증진된다는 것이었다.[83]
둘째는 전국적으로 상업을 발전시키면 소비와 수요가 일어나서 이것
이 생산을 자극하고 유발하여 생산증대를 일으킨다는 것이었다.[84]
셋째는 전국적으로 상업을 발전시키면 상인들이 상업이윤을 추구하
고 증대시키기 위해서 교통수단과 수공업에도 기술혁신을 일으킨다
는 것이었다.[85] 그리하여 상업을 매개로 해서 생산증대와 기술혁신

---

82) ① 金龍德,「朴齊家 硏究」,『中央大 論文集』제5집, 1961 ; ② 李成茂,「朴齊家의
　　北學議」, 歷史學會 編,『實學硏究入門』, 一潮閣, 1973 참조.
83)『北學議』內篇, 市井.
84)『北學議』進北學議, 車九則 참조.

이 일어남으로써 이용후생이 비약적으로 증대되어 나라와 백성의 빈
곤은 극복되고 부국유민富國裕民이 실현된다고 박제가는 생각한 것이
었다.

박제가는 그러므로 당시 양반유생들이 '말리'라고 부르며 천시하
고 억압하고 있던 '상업이윤'을 적극적으로 옹호하였다.86) 박제가가
수레의 사용을 적극 주장하고 그 기술혁신까지 논한 것은 상인들의
'상업이윤'을 보장하고 그들의 인격과 인권을 배려한 것이었다.87) 여
기에다가 유식하는 양반신분층을 상인층화하여 총인구의 10분의 3을
상인층으로 개편하고 그들로 하여금 "날마다 상업이윤을 추구하게"88)
하면 전체적으로 상인층의 사회적 지위가 얼마나 개선되고 향상될 것
인가를 추론할 수 있을 것이다.

박제가는 이 위에 국내상업뿐만 아니라 해외통상에 의한 대외무
역의 시작과 발전도 강력하게 주장하였다. 그는 "우리나라는 나라가
작고 백성이 빈곤하다. 이제 농업생산을 일으키고 현명한 인재를 등
용하며 상업과 수공업을 발전시켜 나라 안에서 얻을 수 있는 이익을
다 동원해도 오히려 부족할 염려가 있다. 그러므로 또한 반드시 원방
遠方(다른 나라)과 물자를 유통시켜야 재화가 증식되고 백 가지의 수많
은 용도에 쓰이는 물자를 생산할 수 있다"89)고 해외통상을 주창하고,
"지금 나라의 큰 병폐는 빈곤인데, 빈곤은 무엇으로써 구할 것인가
하면 중국과 통상하는 일이다"90)라고 중국과의 통상을 강력하게 주

---

85) 『北學議』 內篇, 車 참조.
86) 『北學議』 進北學議, 末利 참조.
87) 『北學議』 內篇, 車 참조.
88) 『北學議』 外篇, 丙午所懷.
89) 『北學議』 進北學議, 通江南浙江商舶議.
90) 『北學議』 外篇, 丙午所懷.

장하였다.

박제가는 매우 편리한 배를 교통수단으로 하여 중국과 통상을 하면, "지금은 면포를 입고 백지에 글을 써도 물자가 부족하지만 배로 무역을 하면 비단을 입고 죽지竹紙에 글을 써도 물자가 남아돌아감을 알게 될 것이다"[91]라고 해외통상의 이익을 상징적으로 표현하였다. 박제가는 중국과의 무역항로로서 ① (중국의) 등주登州와 내주萊州 ↔ (우리나라의) 장연長淵, ② 금복金復·해개海蓋 ↔ 선천宣川, ③ 절강浙江·천주泉州·장주漳州 ↔ 은진恩津 ↔ 여산礪山의 무역을 제안했다.[92]

박제가는 과거에 일본이 중국과 직접무역을 하지 못하고 우리나라가 중계무역을 담당할 때에는 우리나라가 이익을 보았는데, 일본이 이의 불리함을 알고 직접 중국과 통상을 하고 그 후 30여국과 해외통상을 하여 부강해지고 있는데, "우리나라는 4백년 동안 다른 나라의 배가 한 척도 통상하러 오지 못하였다"고 개탄하였다. 박제가는 현재 일본은 간사하여 항상 우리나라의 틈을 엿보고, 안남·유구·대만은 물길이 험하고 머니, 우선 긴급하게 중국과만 통상을 시작하여 발전시키다가 국력이 좀 강해지고 백성의 생업이 안정되면 위의 다른 나라들과도 통상을 열 것을 주장하였다.[93]

박제가는 이러한 해외통상이 비단 경제와 산업을 발전시킬 뿐만 아니라 신기술을 국내에 도입케 하고, 무엇보다도 양반유생들의 고루성을 공략하지 않아도 저절로 타파케 할 것이라고 지적하였다.

또한 배·수레·건축·기계의 편리한 기술을 배울 수 있을 것이며, 천하

---

91) 『北學議』 進北學議, 通江南浙江商舶議.
92) 『北學議』 外篇, 丙午所懷 참조.
93) 『北學議』 進北學議, 通江南浙江商舶議 참조.

의 도서도 들여오게 될 것이니, 습속에 묶인 사족유생들의 편벽되고 막
히고 고루하고 정체되고 틀에 짜인 소견은 공격하지 않아도 저절로 타
파될 것이다.94)

우리는 곧 그 기술을 배우고 그 풍속을 탐방하여 나라 사람들의 견문을
넓혀주어서 천하가 큼을 알게 하고 우물 안 개구리가 부끄러운 것을 알
게 하면 그 세도世道를 위함이 어찌 교역하는 이익뿐이겠는가.95)

당시 쇄국정책이 4백 년 동안이나 지속되어 온 속에서 박제가가
개국과 해외통상론을 주창한 것은 획기적인 것이었으며, 이것이, 실
현되면 상인층의 사회적 지위는 더욱 향상되게 되어 있는 것이었다.
박제가는 위와 같은 중상론 · 해외통상론을 주창함과 동시에 생산
력발전을 위한 기술혁신론을 강력히 주창하고, 당시 위정자들의 무
관심과 무능으로 말미암아 "백 가지 기예가 태만하여 황폐하여도 이
에 대한 대책을 강구하지 않는다"96)고 비판하면서, 기술혁신이 일어
나지 않아서 생산도구가 낙후되고 생산력이 떨어져 빈곤하게 된 현
실을 개탄하였다.

기계가 편리하지 못하여 다른 나라 사람들이 하루에 할 수 있는 것을 우
리는 혹 한 달, 두 달 걸리게 되면 이것은 천시를 잃는 것이다.97)

우리나라 사람은 아침에 저녁 일을 걱정하지 않아서 백 가지 기술이 황
폐해지고 날마다 일이 분분하기만 하다.98)

---

94) 『北學議』 外篇, 丙午所懷.
95) 『北學議』 進北學議, 通江南浙江商舶議.
96) 『北學議』 進北學議, 農蠶總論.
97) 『北學議』 進北學議, 財賦論.
98) 『北學議』 內篇, 甓.

처음에 공예가 거칠기 때문에 그것이 습관이 되어서 백성들도 따라서 거칠어졌다.[99]

박제가는 기술혁신의 절박한 필요성을 수공업뿐만 아니라 농업부문에 대해서도 강조하였다. 박제가에 의하면, 우리나라는 경지면적이 사방 1천 리라고 하지만 농업기술이 부족하여, 남의 나라는 세 줄을 심는데 우리나라는 두 줄을 심으니 실제의 이용면적은 6백 리로 줄어진 셈이며, 남의 나라는 1일 경작면적에서 50~60석을 수확하는데 우리나라는 20석밖에 수확하지 못하니 6백 리 면적이 다시 2백 리로 줄어드는 것과 같다고 지적하였다. 박제가는 우리나라가 비단 농업기술뿐만 아니라 배·수레·집·기구·축목 등에 관한 기술혁신을 강구하지 않기 때문에, 이를 전국적으로 보면 백배의 이익을 잃고 있는 것이라고 개탄하였다.[100]

박제가는 이에 대해 대책으로 국내에서의 수레·배를 비롯한 교통운수에 있어서의 기술혁신과 수공업부문에 있어서의 기술혁신의 추진을 강력히 요구하였다. 박제가는 국방과 병사兵事까지도 혁신된 기술에 의거해야만 튼튼하게 될 수 있다고 강조하였다.[101]

박제가는 국내의 기술혁신을 위한 긴급한 대책의 하나로 중국으로부터의 선진기술의 도입을 주장하였다. 그는 ① 해마다 10명씩 재주 있는 기술자를 선발하여 사신을 중국에 파견할 때 통역관 중에 끼어 넣어서 중국의 선진기술을 배우고 기구도 사오게 하며, ② 나라 안에 기술혁신을 연구하고 관리하는 관청을 세워서 배워온 선진 기술을 물력物力을 내어 실험하고 나라 안에 반포하며, ③ 그런 후에 그

---

99) 『北學議』 內篇, 甕.
100) 『北學議』 進北學議, 財賦論.
101) 『北學議』 外篇, 兵論.

사람이 배워온 선진기술의 규모와 효과의 허실을 관찰하여 상벌을
내리고, ④ 한 사람을 세 번 중국에 보내되 별로 효과가 없는 사람은
교체해서 다시 선발하도록 할 것을 제안하였다. 박제가는 이와 같이
하면 10년 안에 중국의 선진기술을 다 배우고 도입할 수 있을 것이라
고 전망하였다.102)

박제가는 또한 중국에 와 있는 서양인들을 우리나라에 초빙해서
우리나라 자제들과 기술자들에게 서양의 선진과학기술을 가르치도록
해서 서양선진기술도 적극 도입할 것을 주장하였다.

> 신이 듣건대 중국 흠천감에서 책력을 만드는 서양인들은 모두 기하학에
> 밝으며 이용후생의 방법에 정통하다고 합니다. 국가에서 관상감觀象監
> 한 곳에 쓰는 비용만큼으로써 그 사람들을 초빙하여 대우하고 그들로
> 하여금 우리나라 안의 자제들에게 그 천문 · 전차躔次(지구 · 달 · 별들의 회
> 전도수) · 종률의기鍾律儀器(도량형기)의 도수度數 · 농상農桑 · 의약 · 한재旱
> 災 · 수재水災 · 건조乾燥의 적의適宜함이며, 벽돌을 만들어서 궁실 · 성곽 ·
> 교량을 건축하는 법과, 동광銅鑛을 캐고 덩어리 옥을 파내며 유리를 굽
> 는 것과, 외적을 방어하는 화포를 설치하는 것과, 물을 관개하는 법과,
> 수레를 통행시키고 배를 장치해서 벌목이나 돌을 운반할 때와 같이 무
> 거운 것을 먼 곳까지 운반하는 공법 등을 배우게 하면 수년이 안되어 경
> 세經世에 알맞게 쓸 수 있는 인재가 많이 나올 것입니다.103)

박제가는, 중국에 와 있는 서양인들이 천주교라는 이교를 신봉하
므로 위험하다는 염려에 대하여, 그들로부터 열 가지 기술을 배우고
한 가지 포교만 금지하면 되는 것이므로 염려할 것이 없으며, 오히려
대우가 적당치 않으면 초빙해도 오지 않을 것이 염려라고 지적하였

---

102) 『北學議』進北學議, 財賦論.
103) 『北學議』外篇, 丙午所懷.

다. 여기서도 박제가의 선진과학기술 도입에 대한 열의를 볼 수 있다.

박제가의 주장과 같이 선진과학기술이 도입되고, 국내에서 기술혁신이 일어나며, 수공업이 크게 발전되면, 객관적으로 종래 홀시되거나 천시되어 오던 중인기술관과 공장층工匠層의 사회적 지위가 크게 개선되고 향상될 것임은 물론이다. 박제가의 기술혁신론과 수공업발전론에는 중인기술자층과 공장층의 사회적 지위 개선의 배려가 있었음을 주목할 필요가 있을 것이다. 이 점은 박제가가 과거제도의 개혁안에서 일인일기一人一技의 기예를 가진 사람도 과거에서 뽑자고 주장한 사실에 의하여 거듭 확인되는 것이다.

그리하여 우리는 박제가의 중상론과 기술혁신론이 당시 우리나라 공상인층의 사회적 지위의 개선향상과 관련된 주장이며, 이것은 당시 형성되기 시작하는 시민계층의 맹아의 동태를 예민하게 그의 사상 속에 흡수하여 전개한 것이었다고 볼 수 있는 것이다.

8. 맺음말

지금까지 고찰한 바와 같이, 박제가는 사회신분제도·문벌제도에 대하여 매우 비판적 사상을 갖고 있었다. 그는 사회신분제도가 신분의 세습과 사회이동의 폐쇄를 특징으로 하여, 아무리 무능해도 고위 양반관료의 자제는 고위양반관료가 되고, 아무리 유능해도 서민의 자제는 서민이 되게 만드는 불합리한 제도라고 비판하였다. 그는 우리나라가 '사·농·공·상'의 사민 중에서 특히 '공·상'을 천시해 왔으며, 사람을 문벌에 의하여 임용하고 그 나머지는 모두 천한 신분으로 취급해 왔기 때문에 나라가 빈곤과 황폐에 빠지게 되었다고 비판하였다.

박제가는 양반신분의 가장 큰 폐단으로서 ① 유식하는 신분층이고, ② 유용한 실사・실학은 공부하지 않고 무용한 허학・허문만 숭상하며, ③ 과거와 관직에만 모든 관심을 두어 진부한 과문이나 익히고, ④ 관료가 되어도 실사・실정을 모르므로 서리에게 위임하면서 허례와 체모만 지키려 하며, ⑤ 문벌과 당파만 따져 직임을 배정하고, ⑥ 관직을 이용해서 백성을 수취하여 사리사욕을 채우며, ⑦ 관직이 없는 양반까지도 권세에 기대어 향촌에서 무단하고 백성을 수취하고, ⑧ 군역을 지지 않는 등 부당한 특권을 행사하며, ⑨ 사상과 행동이 고루하기 짝이 없고, ⑩ 무용한 양반사족의 숫자가 급속히 증가하여 총인구의 절반을 넘게 되어 나라 안이 유식자들로 충만하게 되었다는 것 등을 들었다. 박제가는 이러한 유식하는 양반신분층을 '나라의 큰 좀벌레'라고 부르면서 그 해독을 혹독하게 비판하였다.

박제가는 양반사족이 유식만 하면서 이용후생에는 전혀 무관심할 뿐만 아니라 도리어 농・공・상을 천시하고, 특히 공과 상에 이르러서는 이를 천시할 뿐만 아니라 상에 대해서 소위 '억말'정책까지 자행하니, 이러한 양반신분제도를 대대적으로 개혁하지 않고서는 나라의 빈곤을 타파하여 국부를 실현할 수 없다고 보았다. 박제가는 양반신분제도의 개혁을 두 가지 방향에서 추구하였다. 그 하나는 관료충원제도로서의 과거제도를 양반신분의 재생산기구의 골간이라고 보고 과거제도를 개혁하여 대대적 '태유'(무용한 양반유생들을 도태시키는 것)를 단행하는 것이었고, 다른 하나는 양반신분층을 상업에 종사시켜 상인층화함으로써 양반유식자층의 문제도 해결하고 상업도 크게 발전시키려는 구상이었다.

　박제가는 당시의 과거제도의 폐단으로서 ① 시험과목과 내용이 실사·실정·실용에는 무용한 진부한 허문으로 되어 있고, ② 관직 정원에 비해 과거합격자가 매년 10배나 되어 유식하는 합격자가 체적되어 있으며, ③ 고시관이 합격자를 주로 문벌과 당파에 의거해 뽑고, ④ 실력도 없는 자들이 매번 수만 명씩 양반신분 행세를 목적으로 과장에 들어가 응시하고 있으며, ⑤ 개방된 정원·마당을 과장으로 하기 때문에 혼잡과 부정이 심하고, ⑥ 응시자들의 차서·대술 등의 부정이 많으며, ⑦ 과거합격 연령이 너무 늦어서 합격한 후 노령으로 거의 무용하게 되는 사람이 많은 것을 들었다.

　박제가는 과거제도의 개혁안으로서 특히 ① 시험과목과 내용을 유용한 실학으로 하고 기예를 익힌 선비도 뽑을 것, ② 응시자를 실력과 재능 있는 자로 엄격히 제한하여 '태유'를 단행할 것, ③ 고시관의 채점을 엄격하게 공정히 하고 사후 공개할 것, ④ 과장을 실내로 바꾸어 잠그고 부정을 철저히 없앨 것, ⑤ 문벌과 당파에 의하여 합격자를 뽑지 말고 오직 재능과 실력과 덕행에 의해서 인재를 뽑을 것, ⑥ 과거시험을 부정기적으로 갑자기 보일 것, ⑦ 과거제도에 보완적으로 천거제도를 병행·실시할 것, ⑧ 일단 합격하거나 천거된 인재를 신분·문벌·당파로 인하여 임면·진급·상벌에 막힘을 주지 않을 것 등을 제안하였다.

　박제가는 과거제도를 이와 같이 개혁하면 양반사족이 두개의 범주로 나누어져서, 오직 실학을 공부하고 재능과 실력이 있는 인재만이 과거에서 선발되어 사족이 될 것이고, 대부분의 기존의 사족들은 '태유'가 되어 도태될 것이라고 보았다. 박제가는 이 '태유'되는 광범위한 사족들을 상업에 종사시켜 상인층화하자고 제안하였다.

　박제가는 당시 우리나라의 빈곤의 중요한 원인이 수공업과 상업을 천시하고, 특히 상업을 말업이라고 하면서 억말정책으로 상업의 발전을 억압하는 데 있다고 관찰하였다. 그는 도리어 상업이 크게 진흥되어 ① 한 지방의 무용한 재화와 다른 지방의 유용한 재화가 전국적으로 활발히 유통되어야 전국의 자원이 합리적으로 이용되어 이용후생이 비약적으로 증대되고, ② 소비와 수요가 일어나서 생산을 자극하여 생산증대를 일으키며, ③ 상업이윤을 계속 추구하는 과정에서 교통운수수단과 수공업에도 기술혁신이 일어나서 나라와 백성이 부유하게 된다고 주장하였다. 그는 이러한 관점에서 당시 우리나라의 상업을 진흥시키기 위해 상인이 총인구의 10분의 3 정도로 될 필요가 있다고 보고, '태유'당한 종래의 양반신분층을 상인층화하여 이를 충당하도록 구상한 것이었다.

박제가는 국가가 종래 유식하는 양반유생들을 국내상업과 대외무역에 종사하도록 상인으로 등록시키고 ① 자본금을 대여해 주며, ② 점포를 지어주고, ③ 상업을 잘한 사람은 벼슬을 주는 등의 방법으로 권장하여 상업이윤을 열심히 추구하게 할 것을 제의하였다. 이것은 상업을 비약적으로 발전시킴과 동시에, 종래의 양반신분층이 거대한 규모로 상인층화함으로써 종래의 신양역천층으로 간주되던 상인층의 사회적 지위가 전체적으로 크게 개선 향상되는 결과를 가져오는 것이었다.

박제가의 중상론은 국내상업뿐만 아니라 개항을 하여 해외통상·대외무역도 발전시킬 것을 주장하였다. 그는 우선 서해안의 몇개 항구를 해항하여 중국과 해외통상을 시작하고, 국력과 백성의 생업이 좀 나아지면 일본·안남·유구·대만 등을 비롯한 모든 가능한 나라들과도 해외통상을 확대하여 문물교류를 증대시켜서 나라와 백성의 발전에 도움을 얻도록 하자고 제의하였다. 당시 쇄국정책이 4백

년이나 계속된 속에서 박제가가 자주적 개항과 해외통상을 주장한 것은 참으로 획기적인 것이었으며, 이것이 실현되면 상인층의 사회적 지위는 더욱 더 향상하게 되는 것이었다.

박제가는 이러한 중상론과 함께, 수공업과 교통운수 부문에서의 기술혁신을 강력히 주장하였다. 그는 국내의 기술혁신을 위한 긴급대책의 하나로 중국에 매년 기술자들을 파견하여 선진기술을 배워오도록 하고, 국내에는 이를 연구실험하는 관아를 설립하여 전국에 보급할 것을 제안하였다. 또한 그는 중국에 와서 책력을 만들고 있는 서양인들을 우리나라에 초빙해 서양의 선진과학기술을 우리나라 자제들에게 가르치도록 해서 서양 선진과학기술을 우리나라 자제들에게 가르치도록 해서 서양 선진과학기술도 도입할 것을 제안하였다. 그의 주장과 같이 선진과학기술이 도입되고 국내에서 기술혁신이 일어나며 수공업이 크게 발전하면, 종래 신양역천층으로 간주되던 공장층의 사회적 지위도 크게 개선되고 향상되는 것이었다.

박제가의 사회신분제도에 대한 사상은 양반신분의 완전한 '폐지'를 주장하지는 못했으나, 그 획기적인 대대적 '개혁'을 주장하였다. 그의 개혁안에서 여전히 남을 수 있는 '사'는 실학을 한 재능과 실력 있는 '사'가 개혁된 과거시험에 합격한 경우뿐이며, 세습적 양반은 '태유'되어 사실상 폐지되고 상인층화하는 것이었다. 그리고 공상인층은 사회적 지위가 비약적으로 대폭 향상되어 상업과 수공업과 기술을 발전시켜서 나라와 백성의 빈곤을 극복할 뿐 아니라 산업과 이용후생과 부를 비약적으로 발전시키게 되는 것이다. 이렇게 도면 '사'가 남아 있다 할지라도 '사·농·공·상'의 체계는 위계적 지배질서가 아니라 본질적으로 평등한 분업관계로 전화되고, 중점은 '공·상'으로 점차 이동하게 되는 것이다. 당시 지배층의 정책이 자급자족적

농업을 경제의 근간으로 생각하여 억말정책을 실시하고 4백 년 동안
이나 해외통상을 전면 금지하며 쇄국정책을 실시하고 있는 속에서,
박제가가 사회신분제도를 대대적으로 전면 개혁하고 상업과 수공업
을 중심으로 한 경제발전을 주장하며 자주적 개항과 해외통상을 주
장한 것은 참으로 획기적이고 독창적인 사상이었다.

박제가의 이러한 사상은 자기시대의 사회변동의 최첨단의 요소인
자본주의적 관계의 맹아와 상공인층을 중심으로 한 새로운 시민계층
의 맹아를 예민하게 포착하면서 상공업자본의 성장과 시민계층의 성
장을 촉진한 사상이었으며, 전근대의 신분제사회를 점차 탈피하여
자본주의적 경제조직과 시민계층이 주도하는 근대사회를 지향한 사
상이었다고 볼 수 있다.

박제가의 사상은 이러한 특징 때문에 그 후 초기 개화사상의 형성
에 커다란 선구적 역할을 했으며 심대한 영향을 끼치게 된 것이었다.

제3부
박제가의 경제사상

제7장

박제가의 경제사상*

1. 머리말

초정 박제가는 18세기 후반기의 대표적인 실학자중의 한 사람이
다. 그는 당시의 상품 화폐경제가 가장 발달되어 있었던 서울에서 출
생하여 그곳에서 자라났으므로 일찍부터 상업에 대한 깊은 이해를
가질 수 있었다. 한편 그는 같은 시대에 서울에 살았던 박지원·이덕
무·홍대용·유득공 등의 북학파 실학자 등과 친밀하게 지나는 동안
그들의 북학사상에 많은 영향을 주고받았으며, 오랫동안(13년 동안)의
규장각 검서관 생활과 네 차례에 걸친 연행(1778년, 1790년 5월, 1790년 10
월, 1801년)을 통하여 청의 건륭문화를 직접 견문하고 국내외의 저명한
학자들과도 널리 교류할 수 있었다.

이러한 여건들은 모두 박제가로 하여금 당시에 가장 진보적인 실
학사상을 주장할 수 있게 하였으며, 그의 신분이 서얼이었기 때문에
그의 개혁사상은 더욱 비판적이었다. 즉, 박제가는 박지원의 실학사
상을 일보 전진시켜 일부 실학자들에 있어서까지도 극복되지 못한 농업

---

* 이성무, 전 국사편찬위원장.
  원전 : 『이해남박사화갑기념사학논총』, 일조각, 1970, 283~297쪽.

중심의 가치관을 배격하고 상업이 발달되면 생산력이 따라서 발전될 뿐 아니라 불합리한 사회풍조도 일신된다고 하는 상업 중심의 가치관을 수립할 필요를 역설하였다. 이러한 그의 견해는 바야흐로 봉건사회가 해체되어 가던 당시 사회에 새로운 가치관을 붙여 넣어준 것이라 하겠다.

그러면 그 새로운 가치관이란 어떠한 성격을 띠는 것인가? 김용덕 교수는 그의 일련의 박제가 연구[1]에서 이미 "박제가에서는 그 주장의 근저에 근대적인 개명적·합리적 정신이 보인다"고 지적하였다. 그러면 박제가의 사상 중에 나타나 있는 근대적 정신은 대체로 어떤 것이었으며, 또 당시의 어떠한 사회상태를 반영하는 것인가 하는 점이 문제된다. 이러한 문제의 해결은 박제가의 실학사상에 대한 세심한 연구를 통해서만 가능한 것이다. 박제가의 실학사상에 대한 연구는 실학자로서의 그의 빛나는 업적을 밝히는 데도 의의가 있겠으나 그보다도 그의 실학사상을 통하여 근대사회로 이행하던 당시 조선사회의 발전 정도를 규명하는 데에 더욱 큰 의의가 있을 것이다.

이러한 관점에서 본고는 우선 그의 진보적 실학사상이 집중적으로 표현되어 있는 경제사상을 간단히 살펴보고자 한다.

2. 상업에 대한 견해

조선시대의 유학자들은 상업을 윤리적으로 천시하였을 뿐 아니라

---

1) 「貞蕤 朴齊家研究: 第1部 朴齊家의 生涯」, 『중앙대학교논문집』 5; 「貞蕤 朴齊家研究: 第二部 思想」, 『사학연구』 10; 朴齊家의 思想, 『한국사상』 5.

경제적으로도 위험시하였다. 유교는 농업경제를 바탕으로 하는 봉건적 지배사상이었던 까닭이다. 그러므로 농업을 본업이라 하여 중시하고 상업을 말업이라 하여 천시하였던 것이다. 농업을 중시하고 상업을 천시하는 이와 같은 봉건적 가치관은 이익과 같은 실학자들까지도 극복하지 못하였다. 이익은 농민에 대한 봉건적인 착취는 과감하게 배척하였으나 상업에 대한 적극적인 이해는 부족하였다. 그는 상품화폐경제의 침해로부터 농촌을 방어하기 위하여 상업을 억제해야 한다고 주장하였던 것이다.2)

이러한 봉건적 중농사상에 반대하고 상업의 역할을 긍정적으로 파악하려는 실학자들도 많았다. 박지원·유형원·홍대용 등이 그들이다. 박지원은 사농공상의 사회적 분업을 인정하되 그 중에도 '사'의 선각적 사명을 강조하였다. 그는 『과농소초』에서 다음과 같이 말하고 있다.

> 신은 삼가 생각하건대 옛날에 백성이 되는 자는 사·농·공·상의 넷인데 '사'의 임무가 으뜸이다. 농·공·상의 일도 처음에는 역시 성인의 이목과 심사에서 나온 것으로 오랫동안 전습되어 내려왔다.… 그러나 '사'의 학은 실제로 농·공·상의 이치를 겸포兼包하고 있는 것이어서 삼자의 업은 반드시 다 '사'를 기다린 연후에 이루어진다. 대체로 소위 명농明農·통상通商·혜공惠工에 '명明'·'통通'·'혜惠'에 해당하는 일은 '사'가 아니면 누가 하겠는가? 고로 신은 그윽히 생각하되 후세 농·공·상인이 업을 잃는 것은 즉 '사'가 실학을 하지 않은 잘못이다.3)

박지원이 말하는 '사'는 붕괴되어 가고 있는 봉건적 구질서를 개편 유지하려던 당시 실학적 지식인들을 말할 것이다. 박지원은 이러한

---

2) 『星湖僿說』 類選 四下, 人事篇 六, 治道門三, 錢害.
3) 『燕岩集』別集, 課農小抄, 農家總論.

'사'계층의 역할에 중점을 둔 나머지 상업의 적극적 의미를 발견하지
는 못하였다.

박제가는 박지원의 사회적 분업론을 일보 전진시켜 사민 중에서
상업의 우위를 다음과 같이 주장하였다.

> 지금의 논자들은 반드시 말하기를 근세의 백성들이 오로지 상리商利만을
> 숭상하는데 모든 백성을 귀농시켜야 된다고 한다. 그러나 상업은 사민의
> 하나요 상업으로서 사·농·공 삼자의 유무를 상통시키는 것이니 십의
> 삼이 되는 것만이 아니다. 해민海民이 고기잡이로 농업을 할 수 없는 것은
> 또한 협민峽民이 나무꾼으로 농사를 지을 수 없는 것과 같다. 이제 만약
> 백성들이 농업에만 종사한다면 농민은 날로 더욱 빈궁해질 것이다.[4]

박제가도 박지원과 같이 사회적 분업을 강조하였으나 박지원이
사민 중에 '사'의 역할을 중시한 데 반하여 박제가는 상업의 역할을
중시하였다.

이같이 박제가는 사민 중에서도 상업의 우위를 주장하였다. 상업
의 우위를 인정한다는 것은 중농적인 봉건적 가치관에 대한 도전이
었으며 새로운 근대적 가치관으로의 지향이었다. 그러면 그 새로운
근대적 가치관이란 무엇이었는가? 박제가의 표현을 빌리면 '날로 이
를 추구'하는 것이다. 박제가는 18세기 조선사회에 팽대되어 가고 있
는 '이윤추구' 경향을 정당화하고 있는 것이다. 그러나 여기서 말하는
이윤은 사대부들이 가장 미워하는 '상업적 이윤'의 한계를 벗어나는
것은 아니다. 사람마다 신분의 고하를 막론하고 '이'를 추구하지 않는
것이 오히려 걱정이라는 박제가의 주장은 비록 철저한 자본주의 정
신에까지는 이르지 못했다 하더라도 당시 사회로는 실로 놀랄 만한

---

4) 『北學議』內篇, 市井.

견해가 아닐 수 없었다.

박제가는 이러한 자기의 주장을 실현시키려면 국가적인 시책으로 상업을 장려하여야 하며 그 중에도 특히 놀고 먹는 양반계층을 상업에 종사시키는 것이 급선무라고 생각하였다. 그는 유식양반을 상업에 종사시킬 것을 1781년 정월 22일에 임금(정조)에게 올린 병오소회에서 다음과 같이 주장하고 있다.

> 대체로 놀고 먹는 자는 나라의 큰 좀인데 유식자는 날로 늘어가고 사족은 날로 번성하여 가고 있다. 이런 무리들이 나라 안에 널리 퍼져 있어서 일개 벼슬아치가 모두 기미羈縻시킬 수 없으나 반드시 대처한 술책術策이 있은 다음에야 부허浮虛한 언론이 일어나지 못하고 나라의 정치가 잘 될 것이다. 신은 청컨대 무릇 수륙으로 왕래하면서 장사하는 일은 모두 사족에게 맡겨 종사하도록 하여 혹은 자장資裝을 빌려주고 혹은 점포를 지어 주고, 혹은 뚜렷한 자를 발탁함으로써 권장하여 날로 이利를 추구하게 한다면 유식자의 수가 줄어들 것이며 즐거이 직업에 종사하는 마음이 생겨 호강豪强의 권세를 약화시키고 또한 유식자를 이전移轉하는 데도 일조가 될 것이다.[5]

그는 상업이 발달되지 않으면 유식자의 수가 날로 늘어간다고 생각하였다.[6] 상업이 발달되면 상품화폐의 유통이 활발하여져서 유식자들이 산업 각 분야에 흡수되기 때문이다.

그러므로 박제가는 농업보다 상업에서 사회발전의 계기를 찾으려 하였다. 그는 병오소회에서

> 대체로 나라를 잘 다스리는 사람은 그 근본을 맑게 하고 그 말절末節을

---

5) 『北學議』 外篇, 丙午所懷.
6) 『北學議』 外篇, 財賦論.

돌아보지 않는 까닭에 일은 줄고 공은 많은 것이다. 지금의 의자議者들
은 누구나 사치가 날로 심해져 간다고 개탄하고 있으나 신이 보기에는
근본을 모르는 말이다. 대체 다른 나라는 진정 사치로 망하지만 우리나
라는 반드시 검소로 망할 것이다.[7]

라고 하였다. 그가 말하는 근본은 상업인 것이 명백하다. 상업을 발
달시키려면 대부분의 실학자들조차 미덕으로 여겼던 봉건적 절검사
상節儉思想을 배격할 필요가 있었다. 그러므로 박제가는

대저 재물이 있고서 쓰지 않는 것을 '검儉'이라 하는 것이지 자기에게 없
어서 쓰지 못하는 것을 말하는 것이 아니다. 지금 나라에는 채주採珠하
는 집이 없고 시장에는 산호珊瑚의 가격이 없으며, 금은을 가지고 상점
에 들어가도 떡을 살 수가 없으니 어찌 그 습속習俗이 능히 '검소'를 좋
아해서 그렇겠는가? 특히 쓰는 법을 모르는 때문이다. 쓸 줄 모르면 생
산할 줄도 모르고, 생산할 줄 모르면 백성이 날로 궁해진다.[8]

고 하여 '절검'에 대한 새로운 정의를 내림으로써 소비는 단순한 소비
에 그치는 것이 아니고 오히려 재생산을 자극시키는 것이라고 주장
하였다. 따라서 그는 생산과 소비를 농·공·상업에 관련시켜 다음
과 같이 말하였다.

대저 재물은 샘井과 같은 것이다. 퍼내면 차고 버려두면 말라 버린다.
그러므로 비단옷을 입지 않으면 나라에 비단 짜는 사람이 없게 되어 여
공이 쇠퇴하고, 쭈그러진 그릇을 싫어하지 않고 기교를 숭상하지 않으면
나라에 공장工匠 도야陶冶의 일이 없게 되어 기예가 망하게 되며 농사가
황폐해져서 그 법을 잃으며, 상리商利가 박하여 그 업을 잃게 되면 사민

---

7) 『北學議』 外篇, 丙午所懷.
8) 『北學議』 內篇, 市井.

이 모두 곤궁해져서 서로 구제할 수 없게 된다.[9]

이와 같이 박제가는 생산과 소비의 유기적 관계를 해명함으로써 양자간에 매개적 역할을 하는 상업의 중요성을 천명하였다. 따라서 그의 생각도 상업이 발달하면 농업과 수공업도 아울러 발달한다는 중상적 경제이론에 도달되어 있었던 것이다.

상업이 발달되려면 중농적인 봉건적 가치관이 철폐되어야 할 뿐 아니라, 운송수단 즉 교통이 편리해야만 하였다. 그러므로 박제가는 용거론用車論을 주장하였다. 당시에는 교통이 불편했기 때문에 지방마다 물가의 차가 심하였다. 그 예로서 그는 다음과 같은 사실을 들고 있다.

지금 전주 상인들은 처자를 이끌고 생강과 빗을 팔러 다니는데 걸어서 용만龍灣(오늘날의 의주)까지 가면 '이'가 5배가 된다.[10]

이러한 현상을 극복하는 길은 오직 교통을 편리하게 하는 것이 첩경이라 생각하여 그는 다음과 같은 말을 하고 있다.

유안劉晏과 같이 잘 뛰는 사람이 있으면 사방 물가의 귀천이 수일 내로 평준하게 될 것이다.[11]

즉 유안은 수레를 비유한 것으로서 수레를 쓰면 상품유통이 활발해지고 사방 물가가 평준화되어 전국적 시장이 형성되고 시장이 확

---

9) 『北學議』 內篇, 市井.
10) 『北學議』 內篇, 車.
11) 『北學議』 內篇, 車.

대되면 생산물의 수요가 증대되어 농업과 수공업이 다 같이 발전될
수 있다는 것이다.

그는 또한 상품규격의 통일도 주장하였다.[12) 상품규격의 통일은
광범한 상품거래에 필수적 요건이기 때문이다.

상업의 장려를 주장한 박제가는 화폐에 대해서도 비교적 진보적
인 견해를 가지고 있었다. 그는『북학의』에서

무릇 천화泉貨는 그 끊임없이 환전圜轉해도 불궁不窮한 것을 취한 것이
다. 그렇지 않으면 바다에 진흙을 실은 소를 몰아넣는 것과 무엇이 다르
겠는가?[13)

라고 하여 전황錢荒은 전화錢貨의 유통속도가 지극히 완만한 까닭에
생기는 것이므로 상품교환이 활발히 진행되어 전화의 유통속도가 빨
라지면 전황은 저절로 해소된다고 생각하였다. 당시 봉건 조선정부
는 전황을 막기 위하여 악폐惡幣를 남발하였으며 일부에서는 사주私鑄
가 유행하고 청전淸錢을 수입하자는 의논까지 있었다. 박제가는 이러
한 봉건정부의 화폐남발을 반대하고 화폐의 질을 높여 상업발달에
편승하여 활발히 유통시켜야 한다고 주장하였다.[14)

또한 박제가는 은의 해외유출을 철저히 방지하고 국내 상품의 수
출을 증가시켜야 한다고 주장하였다. 그는『북학의』에서

우리나라는 일 년에 은 수만 냥을 중국에 가지고 가서 약과 주단을 사오
면서 우리 물건으로 중국의 은은 바꿔 오지는 못한다. 대저 은은 천 년

---

12)『北學議』內篇, 甓.
13)『北學議』內篇, 銀.
14)『北學議』內篇, 錢.

을 두어도 부서지지 않는 물건인데 약은 사람이 마시고 한나절이면 소
화되고 주단은 장사지낼 때 넣으면 반년이면 썩는다. 천 년을 두어도 부
서지지 않는 물건으로 날과 달로 닳아 없어지는 물건을 바꿔 오고 산천
에 유한한 재물을 한번 가면 돌아오지 못할 땅으로 보내니 은이 날고 귀
하게 되는 것은 당연한 일이다.15)

라고 개탄하였다. 그는 중금주의자들의 주장과 같이 은의 축적이 곧
국부를 증진하는 길이라 생각하여 소비재의 수입을 줄이는 대신 국내
상품을 외국에 수출하여 외화를 획득해야 한다고 주장하였다. 그러므
로 그는 "나라 안의 보화寶貨를 국내에 능히 수용하지 못하고 다른 나
라로 들어가게 하니 남의 나라 사람은 날로 더욱 부하게 되는데 우리
는 날로 가난하게 되는 것은 자연의 사세事勢"16)라고 단정하였다.

한편 그는 종래에 묵인되어 오던 밀무역을 양성화시켜 정상적인
외국무역을 장려해야 한다는 것도 아울러 주장하였다.17) 그리하여 처
음에는 경기·충청·전라도 서해안에 장연·은율·선천·여산 등의
무역항을 열고 남중국(절강·광동·교주·복건) 및 산동 지방과 통상하다
가 국력이 자라나면 무역 대상국을 확대할 것을 제안하였다.18) 당시
남중국에는 일본·안남·유구 및 서양과의 무역이 활발히 진행되고
있었기 때문이다. 따라서 무역항도 서남해안에 개설하자는 것이다.

뿐만 아니라 그는 중개무역의 이점에 대하여도 깊은 관심을 가지
고 있었다. 그는 일본이 청과 무역을 직통한 뒤로 중개무역이 중단된
것을 애통하게 생각하였다.19) 외국무역에는 또한 필수적으로 외국어

---

15) 『北學議』內篇, 銀.
16) 『北學議』內篇, 市井.
17) 『北學議』外篇, 丙午所懷.
18) 『北學議』外篇, 丙午所懷; 進北學議, 通江南浙江商舶議.
19) 『北學議』進北學議, 通江南浙江商舶議.

에 대한 훈련과 보급이 필요하였다. 그러므로 박제가는 당시 역관 교육의 맹점20)을 비판하고 사대부들이 직접 외국어를 학습할 것을 요구하였다. 한어는 물론, 만주어·몽고어·일본어도 습득할 필요가 있음을 강조하였다.21)

이와 같은 박제가의 상업관은 유교적 가치관이 사회를 지배하던 당시로서는 실로 혁명적 개혁이론이었으나 이것은 그의 창안이기보다는 오히려 근대로 이행하는 18세기 후반기 조선사회의 일부 선진적 경향을 반영하는 것이라고 보아야 할 것이다.

3. 수공업과 농업에 대한 견해

박제가는 상업발달로 인한 상품수요를 충당하기 위하여 수공업과 농업이 발달되어야 한다고 생각하였다. 수공업과 농업을 발달시키는 방법으로 그는 청의 선진적인 기술과 도구를 도입할 것을 다음과 같이 주장하였다.

> 지금 급히 경험있고 재기 있는 선비를 뽑아 1년에 열 명씩 역관 중에 섞어서 한 사람이 통솔케 하여 옛날의 질정관質正官의 예처럼 한다. 그들은 중국에 들어가 혹 그 법을 배우고, 혹 그 도구를 사오고, 혹 그 기술을 전습하여 그 법을 나라 안에 펴고, 관청을 세워 가르치며, 힘들여 시험하고 그 법의 대소와 허공실虛功實을 보고 상벌을 내린다. 대체로 한 사람을 세 번씩 파견하되 세 번씩 파견하여 효력이 없는 자는 바꾼다.

---

20) 『北學議』內篇, 譯.
21) 『北學議』內篇, 譯.

이렇게 하면 십 년 안에 중국의 기술을 모두 배울 수 있다.[22]

즉 그는 국가적인 후원 아래 발달된 생산기술의 도입 및 보급이 급선무라 하였다. 그는 또한 중국뿐 아니라 서양의 과학문명도 받아들이는 데 주저해서는 안된다고 생각하였다. 그는 해안지방에 표류해 온 외국인이나 중국에 와 있는 서양인들을 통하여 이용후생에 필요한 기술을 배워야 한다고 주장하였다.[23]

그러면 수공업에 대한 박제가의 견해는 어떠하였는가? 17·8세기의 조선사회는 일부 선진적인 지역을 중심으로 민간수공업이 급속히 성장하고 있었다. 박제가는 이와 같이 발전하는 수공업을 적극 육성하여 수공업의 획기적 발전을 도모해야 한다고 주장하였다. 이러한 그의 주장은 벽돌 생산에 대한 다음과 같은 주장에도 역력히 나타나 있다.

어떤 사람은 말하기를 "사사私私로 벽돌을 만드는 것은 비록 온 나라에 행하지는 못하더라도 오히려 한 집에는 쓸 만하다"고 하나 역시 그렇지 않다. 백성들이 날로 쓰는 것은 반드시 서로 자료資料하고 행하여야 한다. 지금 우리나라에 벽돌은 없으나 우리가 오히려 만들 수 있다. 굽는 요실窯室도 우리 것이요, 봉계縫繼하는 회灰도 우리 것이요, 싣는 수레도 또한 우리 것이요, 백공지사百工之事가 다 우리의 것이니 '이利'되는 것이 얼마나 많겠는가? 만약 이 땅에 있는 흙과 나무만 족하면 되는 것이다. 지금 벽돌을 만들어 쓰려면 반드시 관에서 넉넉한 값을 주고 백성들에게서 벽돌을 산다면 벽돌이 천賤하지 않으려야 않을 수 없다. 다른 물건도 다 그러하니 이것은 위에 있는 자들의 권한이다.[24]

즉, 국내의 원료·기술·도구를 가지고 전국 시장에 공급할 수 있

---

22) 『北學議』 外篇, 財賦論.
23) 『北學議』 內篇, 船.
24) 『北學議』 內篇, 甓.

는 대량 생산(시장향 생산)을 가능케 하기 위하여 국가의 적극적인 장려와 지원이 필요하다는 것이다. 그리하여 그는 스스로 대량생산을 목적으로 하는 수공업 기술과 시설을 깊이 연구하였다. 예컨대 그가 고안한 요실窯室을 이용하여 벽돌을 구우면 한꺼번에 8천 장의 벽돌을 구워낼 수 있다고 장담하였다.25) 또한 그는 수레와 농기구를 대량 생산하기 위하여 서울에 철공소를 개설하고 철광과 탄광을 개발해야 한다고 주장하였다.26) 이와 같은 대량적인 수공업 생산과정에는 고도의 분업이 요구되었을 것이다.

한편 그는 수공업 제품의 규격을 통일할 필요가 있다고 생각하였다.27) 제품 규격의 통일은 상품의 대량생산과 광범한 상품거래를 전제로 하는 것이다. 그는 일본의 경우를 들어 다음과 같이 말하였다.

일본의 궁실宮室은 동와銅瓦나 목와木瓦 등의 넓이와 창호窓戶의 척수尺數가 왜황·관백關白으로부터 소민小民에 이르기까지 다름이 없다. 가령 한 집에 없는 것이 있으면 사람이 다 시장에서 살 수 있다. 만일 이사하더라도 장치와 책상·침대 등이 부절符節처럼 꼭 맞는다.28)

그러나 생각하는 대로 수공업이 발달되려면 기술과 제도도 중요하지만 그보다도 당시 사람들의 수공업에 대한 고지식한 관념과 수공업자들에 대한 봉건적 착취를 동시에 제거해야 한다고 생각하였다. 즉 그는 당시 사람들의 수공업에 대한 고체적固滯的 관념을 개탄하여

---

25) 『北學議』內篇, 甓.
26) 『北學議』進北學議, 進北學議疏; 外篇: 鐵.
27) 『北學議』內篇, 甕; 瓦.
28) 『北學議』內篇, 宮室.

백성들이 살아가는데 눈으로 방정方正한 것을 보지 못하고 손으로 정교
精巧한 것을 익히지 않으며 소위 백공기법百工技法의 유류流도 역시 다 마
찬가지다. 만사가 황루荒陋하고 서로 전염傳染되어 이런 때에 비록 재주
있고 지혜있는 선비가 있다고 해도 이런 습속이 이미 이루어져서 타파
할 도리가 없다.[29]

고 하였으며, 봉건적 착취로 인한 수공업자들의 고심苦心을 다음과 같
이 지적하였다.

여기에는 그릇(자) 굽는 기술을 가진 사람이 있어서 마음과 힘을 들여
하면 국가는 사는 것을 알지 못하고 오히려 세금만 거두려 하기 때문에
그 기술을 배운 것을 후회해서 버리지 않는 자가 드물다.[30]

이상과 같은 박제가의 수공업에 대한 견해는 근대공업으로 발전
하려는 당시 수공업의 발전과정을 반영하는 것이라 생각된다.

박제가는 농업에 대하여도 발전적 견해를 가지고 있었다. 그는
자급자족적 농업생산에 만족치 않고 기술과 도구를 개량하여 이윤을
목적으로 하는 농업, 즉 상업적 농업이 이루어져야 한다고 생각하였
다. 그리하여 그는 선진적인 청의 농업기술을 도입하고 수공업을 발
전시켜 농기구를 개량해야 한다고 주장하였다. 박제가는 이러한 목
적을 달성하기 위하여 서울 근교에 농업시험장을 둘 것을 다음과 같
이 제안하였다.

농사를 시험하는 땅을 다소를 불구하고 서울 근처에 둔다. 적으면 백 묘
畝, 많으면 백 경頃을 둔전으로 하여 한 사람의 농사를 잘 아는 사람으로

---

29) 『北學議』 內篇, 宮室.
30) 『北學議』 內篇, 甕.

맡게 하여 옛날의 수속도위搜粟都尉와 같이하고 따로 농도農徒 수십 인을
보내어 초름稍廩을 넉넉히 주어 농사법을 배우게 한다. 가을에 추수가 끝
나면 그 득실을 비교할 수 있다. 이렇게 1·2년만 하면 반드시 효과를 얻
을 수 있다. 그런 연후에 그 사람들을 여러 도에 분견分遣해서 하나로서
열을 전하고, 열로서 백을 전하면 십 년이 가지 않아서 풍속이 가히 바뀔
것이다. 단, 처음 실시할 때 역시 약간의 비용이 드나 수년 내에 그 비용
을 갚고도 공이 남을 것이니 경비는 모름지기 논할 바가 아니다.[31]

즉 둔전을 농업시험장으로 이용하여[32] 그 곳에서 국비로 농업기
술자를 양성하고 그들을 통하여 농업기술을 전국적으로 보급하여 농
업생산을 높이자는 것이다.

둔전을 농업시험장으로 이용하자는 의견은 그의 병농일치兵農一致
사상의 일단이었다. 그는 병비兵備를 일상생활에서 준비해야 한다고
주장하였다.[33] 즉 그는 평상시 서울에 30만 곡의 군량이 상비되어 있
어야 하며,[34] 유사시엔 농민은 군사로, 농기는 병기로, 우마牛馬는 전
마戰馬로, 농거農車는 전거戰車로 대치될 수 있어야 한다는 것이다. '둔
전이훈농屯田而訓農'은 박제가의 농업진흥책의 기초가 되어 있다. 그는
구태의연한 농민들에게 개량된 농기구를 보급시키는 데 있어서 둔
전=농업시험장의 시범적 역할을 다음과 같이 말하였다.

지금 사람들은 옛 관습을 고치려 않으니 관에서 농기를 팔아도 반드시

---

31)『北學議』外篇, 進北學議疏.
32) 농업시험장의 규모를 박제가는 다음과 같이 구상하였다.
　　① 둔전: 10경 ② 소: 20마리 ③ 수레: 10대 ④ 군정: 20명 ⑤ 농기(水閘 · 水車 · 보
　　습 · 고무래 · 호미 · 쇠스랑 · 낫 · 자귀 · 풍선 · 방아 · 돌방아 · 연자매 · 틀고무래) ⑥ 경
　　비: 수만 꿰미(『北學議』外篇, 屯田之費).
33)『北學議』外篇, 兵論.
34)『北學議』進北學議, 進北學議疏.

사기를 즐겨 하지 않을 것이다. 단지 먼저 마땅히 둔전에서 시험하고, 그 공교功效가 보이면 수년이 안 가서 반드시 모두 따르게 될 것이다.35)

개량된 농기구가 보급되어 이것을 "한 사람이 쓰면 그 이익이 10배요, 전국이 쓰면 그 이익이 백배요, 행한 지 십 년이면 이익을 헤아릴 수 없다"36)고 그는 말하였다.

그러므로 박제가는 자신이 농업기술과 도구의 개량에 깊은 관심을 가지고 있었다. 그는 특히 서광계徐光啓의『농정전서農政全書』와 이희경李喜經의『농기도農器圖』에서 많은 도움을 받았다.37) 그는 친구인 농업전문가 이희경을 통해 시비법·파종법·이앙법·구전법區田法38) 등의 농업기술을 배우고 또 그 자신이 이에 대하여 깊이 연구하였다. 그는 비료의 중요성을 강조하여 "대략 사람의 똥은 족히 하루의 양곡을 기르는 것이니 백만 곡斛의 똥을 버리는 자는 어찌 백만 곡의 곡식을 버리는 것이 아니겠는가"39)라고 하는가 하면 구전법의 실효에 대하여 "구전법을 쓰면… 전에 종자 한 말을 뿌리던 것이 두 되 다섯 홉이면 되고 힘이 많이 들지만 거름이 절약되고 종자가 적게 들면서도 수확은 배가 되니 이로움이 이것을 지날 것이 없다"40)고 하였다.

또한 그는 농가 부업으로서 목축을 장려하고 소의 도살을 엄금하며41) 양잠을 적극 권려勸勵해야 한다고 주장하였다.42) 소의 도살을 금지하면 그 노동력을 이용할 수 있을 뿐만 아니라 고기를 쓰기 위하

---

35)『北學議』進北學議, 農器六則.
36)『北學議』外篇, 農蠶總論.
37)『北學議』進北學議, 進北學議疏; 外篇, 附李喜經農器圖序 참조.
38) 밭을 깊이 파고 거름糞을 부어 두었다가 골을 타고 씨를 뿌리는 농법.
39)『北學議』外篇, 糞.
40)『北學議』外篇, 田.
41)『北學議』內篇, 牛.
42)『北學議』外篇, 農蠶總論.

여 다른 가축들을 힘써 기르게 된다. 그리고 잠업장려는 값비싼 비단을 중국으로부터 수입하지 않고 국내생산으로 수요를 충당하고자 한 상업적 의도에서 나온 것이다. 당시에 잠업이 쇠퇴하게 된 중요한 원인의 하나가 중국 비단의 유입에 있었던 까닭이다.[43]

그러나 그는 이와 같은 농법의 개량을 실시하려면 "마땅히 지혜 있는 사람들로 하여금 옛 사람의 방책 중에서 천시天時를 살피고 그 땅에 알맞은 곡식 종류를 가리며 인력을 다하는 이 세 가지를 알려서 통하게 할 따름이라"[44] 하였으며, "그러나 뜻이 있는 자는 반드시 능력이 없고 능력이 있는 자는 반드시 때를 얻지 못하니 누구고 졸연卒然히 들어가 행하지 못한다"[45]고 개탄하였다. 능력이 있고도 때를 얻지 못한 사람들은 바로 실학자들이었음에 틀림없다. 이와 같이 박제가도 다른 실학자들의 견해와 같이 상업을 중심으로 수공업 농업을 발전시키는 데 있어서 지식인 '사'의 선각적 역할을 강조하고 있다.

따라서 그는 농업발달을 저해하는 근본요소는 봉건적 지배관계에 있다고 생각하였다. 즉 그는 유식자遊食者=양반들이 생산자인 농민을 지배하는 것을 못마땅하게 여겨 다음과 같이 말하였다.

대소과장大小科場에 응시자가 십만을 훨씬 넘는데 십만 명뿐 아니라 그들의 부자형제는 비록 과거에 응시하지 않더라도 역시 다 농사를 짓지 않는 자들이다. 농사를 짓지 않을 뿐 아니라 다 능히 농민들을 부리는 자들이다.[46]

이와 같이 박제가는 농민들에 대한 봉건적 지배관계까지도 불합

---

43) 『北學議』外篇, 桑.
44) 『北學議』外篇, 老農.
45) 『北學議』外篇, 農蠶總論.
46) 『北學議』進北學議, 進北學議疏.

리하게 생각하였다. 위의 사실을 종합해 보건대 그의 농업관은 결국 이윤을 목적으로 하는 농업생산, 즉 상업적 농업에 있었던 것이다.

4. 맺음말

지금까지 박제가의 상업·수공업·농업에 대한 견해를 간단히 살펴보았다. 그는 당시 일부 실학자들까지도 극복하지 못한 봉건적인 중농적 가치관을 철저히 배격하고 중상적인 새로운 가치관을 제시하였다. 그 새로운 가치관이란 이윤추구를 정당화한 근대적 가치관의 맹아적 형태였다. 물론 그가 말하는 이윤은 지금의 생산이윤의 개념과 다른 상업적 이윤에 불과하였으나 봉건적 가치관이 지배하고 있던 당시에 주자학자들이 가장 미워하는 이윤추구를 내세우고 그들의 신념처럼 되어 있던 절검사상을 배격했다는 것은 실로 놀랄 만한 일이라 아니할 수 없다.

그는 이윤추구를 정당화하는 방법으로 봉건적 신분제도를 철폐하고 능력있는 실학자들을 등용할 것을 요구하였다. 말하자면 실학자들도 주장한 바와 마찬가지로 '사士'(실학적 지식인)의 선각적 역할을 강조했던 것이다.

그러나 박제가는 선각적인 '사'의 사명은 상업을 주축으로 하는 수공업 농업의 발전을 도모하는 데 있다고 보았다. 즉 그는 상업이 발달되면 수공업과 농업이 따라서 발달된다고 생각하였던 것이다. 그러므로 그는 상업을 발달시키기 위하여 용거론用車論을 주장하였다. 수레를 쓰면 교통이 편리해지고 교통이 편리해지면 전국적 시장이 형성되어 물가의 평준화가 이루어지며 상업이 더욱 발달된다는 것이다. 상품화폐경제의 발달과 아울러 전화鑯貨의 질도 높여야 하며 악화의 다주多鑄를 엄금해야 한다는 것이다.

국내상업에서 뿐만 아니라 해외무역에도 적극적인 참여를 해야한다는 것이다. 특히 그는 은의 해외유출을 철저히 반대하고 수출장려, 수입억제를 실시하며 서남해안 지방에 무역항을 열고 양반들에게 외국어 훈련을 시켜 무역에 종사시키고 밀무역을 양성화하여 대외무역을 활발히 진행시켜야 한다고 주장하였다.

박제가가 말하는 은의 축적, 수출장려, 수입억제, 상품규격의 통일, 국내시장의 확보, 해외무역 장려와 같은 이론은 서구 근대 중상주의 사상가들의 주장과 그 경향이 근사한 것을 볼 수 있다.

한편 박제가는 상업발달에 따르는 상품수요를 충당하기 위하여 선진적인 청의 기술과 도구를 도입하고 국가에서 이것을 연구 보급시켜야 하며, 농민·수공업자들에 대한 봉건적 착취가 배제되어야 하다고 주장하였다. 그가 생각한 수공업의 기술향상과 대량생산은 고도의 분업을 요하는 것이었고 시장향 생산을 목적으로 하는 것이었으리라 생각된다. 따라서 박제가의 수공업관은 적어도 공장제 수공업단계를 내다 본 것이라고 믿어진다.

또한 농업은 상업적 농업의 형태로 전환되어야 한다고 그는 주장하였다. 이 목적을 위하여 그는 둔전을 농업시험장으로 이용할 것을 제안하였다. '둔전이훈농屯田而訓農'은 병농일치 사상으로서 일종의 국민개병제를 연상하게 하는 그의 농업사상의 기초를 이루고 있었다.

이와 같은 그의 경제사상은 아직도 많은 문제를 내포하고 있지만 근대적 사고방식에 상당히 접근하고 있다. 그의 사상은 점차 성장해 가고 있는 당시 상공인들의 이익을 대변하는 것이며 봉건사회 해체

를 촉진시키는 이론적 근거를 제공한 시대적 산물이었다. 그러나 그
의 경제사상이 전혀 독창적인 것은 아니며 그가 살던 18세기 후반기
조선사회의 발전정도를 반영하고 있는 것이라 보아야 할 것이다.

제8장

정유 박제가의 상업관*

1. 머리말

　우리 전통사회 자체 내에서 싹 돋은 근대적 요소 가운데 하나로
우선 실학사상을 드는 데 큰 이론이 없을 것이다. 실학사상이 18세기
를 중심으로 하고 17세기 후반기에서 19세기 전반기에 걸쳐 개화한
일련의 사상적 경향이라 할 때, 여러 실학자의 사상 중 대체로 근대
사상에 접근된 사상이라고 볼 만한 것은 18세기 후반기에 저술된 정
유 박제가(1750~1805?)의 『북학의』가 아닌가 생각된다. 아무래도 그 이
전의 사상은 근대사상으로는 성숙되지 않고 중세사상에서 탈피되기
시작하는 역시 과도적인 상태라고 하는 것이 온당할 것이다.[1]

　정유의 사상이 뛰어나며 대체로 근대사상에 접근된 것이라 볼 수
있다고 하는 것은 여러 학자들에 의해 시사된 바 있다.

　김성칠은 그의 논문 연행소고燕行小考에서 『북학의』를 가리켜 "… 조

---

* 홍덕기, 전남대학교 경영대학 교수.
　원전 :『호남문화연구』, 1983, 335~363쪽.
1) 천관우, 「한국근대의 기점」, 『한국사의 재발견』, 일조각, 1974, 272쪽 참조.

선사회의 침체성의 원인을 극명히 추구하고 또 그에 대한 대책을 진지하게 규명하였다.[2]··· 지금으로부터 근 2백 년 전에 있어서 아마 조선에 신생면新生面을 개척할 뻔한 우국제세憂國濟世의 대경륜大經綸이었다.[3]··· 그것은 그 주장이 있은 지 170년 후인 오늘날에 있어서도 매우 적절한 시무책임을 지적코자 한다[4]고 하여 정유 사상의 탁월성을 주장하고 있다. 이성무는 박제가의 경제사상에서 "··· 사민 중에서 상업의 우위를 인정한다는 것은 중농적인 봉건적 가치관에 대한 도전이었으며 새로운 근대적 가치관으로의 지향이었다"[5]고 말하여 정유사상을 통해서 근대사회로 이행하던 당시 조선사회의 발전정도의 규명을 의도하고 있다. 김용덕은 「정유박제가연구」에서 "박제가에 있어서는 그 주장의 근저에 봉건적 개량주의를 넘는 뚜렷한 근대적인 개명적 합리정신이 보인다"[6]고 하여 정유의 사상을 중세를 극복하고 근대로 가려는 사상으로 파악하고 있다.

이상에서 지적한 정유사상의 근대지향적 성격은 봉건 지주층으로부터의 농업 경영자의 발생, 봉건 소작농층에서의 자영농민의 성장, 유통과정에서 화폐적 요소의 증대, 관영공업의 쇠퇴와 더불어 독립자영장인自營匠人의 출현 등 여러 면에서 근대화의 요인이 움트기 시작한 18세기 후반 조선의 경제상황을[7] 배경으로 탄생된 것이라고 할

2) 김성칠, 「연행소고」, 『역사학보』 제12집, 1960. 5, 79쪽.
3) 김성칠, 「연행소고」.
4) 김성칠, 「연행소고」.
5) 이성무, 「박제가의 경제사상」, 『이해남박사화갑기념사학논총』, 일조각, 1970.
6) 김용덕, 「정유박제가연구」, 『조선후기사상사연구』, 을유문화사, 1977, 66쪽. 또한 黑岩直樹는 정유사상이 후의 시대에 대해 갖는 의미는 다가오는 다음 시대에의 예견과 그것을 察知하게 된 발상의 전환이라고 한다.(黑岩直樹, 「朴齊家の思想」, 飯沼二郎·姜在彦 編, 『近代朝鮮の社會と思想』, 未來社, 1983, 16~20쪽).
7) 조기준, 「한국근대경제발달사」, 고려대학교민족문화연구소 편, 『한국문화사대계』 II, 1969, 763쪽.

수 있다.

정유의 근대지향적인 사상이 당시의 경제발전 상태를 반영한 데 불과하다고도 할 수 있을지 모르나, 사회가 진보하여 새로운 양상을 드러냈을 때 종래적인 발상과 의식으로 그것을 저작沮嚼하지 않고 전혀 새로운 발상과 의식으로 대응했다는 데에 정유사상의 진가가 있다고 볼 수 있을 것 같다.

본고에서는 분석의 시각을 정유의 수발秀拔한 근대지향의식에 두되 그의 상업관을 중심으로 경제사상을 고찰하고자 한다.[8]

2. 정유의 근대지향적 의식

천관우는 실학사상을 대관大觀하여 거기에서 얻어지는 특징은 근대지향 의식과 민족의식이라 하였다. 이 두 척도를 아울러 충족시키는 경우가 전형적이라 할 수 있으나 민족의식의 면에서는 뚜렷한 것이 없더라도 근대지향의식에 뚜렷한 특징이 보이는 경우에는 실학에 포함시켜 무방하다고 하였다.[9]

실학사상을 이와 같은 근대지향의식·민족의식으로 파악하는 경향은 김용덕·유원동·한영국·송찬식·이성무·정석종·신용하·유

---

8) '근대지향의식'이란 용어가 극히 추상적인 개념이며(정구복) 막연하고 또 단순한 명명작업 같은 느낌이 있어(黑岩直樹) 분석의 시각으로서의 문제점이 없지 않다는 것을 필자도 인정하나, 일응 그대로 원용하기로 한다.(정구복, 「실학」, 『한국사연구입문』, 한국사연구회 편, 지식산업사, 1981, 379쪽 및 黑岩直樹, 「朴齊家の思想」, 飯沼二郎·姜在彦 編, 『近代朝鮮の社會思想』, 未來社, 1983, 30쪽 참조)
9) 천관우, 「조선후기 실학의 개념재론」, 『한국사의 재발견』, 일조각, 1974, 181쪽.

승주·원유한·이병걸·정구복·조광·강재언·박종근·이을호·윤
사순·박충석·이가원·임형택·송재소 등에서도 대체로 공통되는
것이었다.[10]

이렇게 파악하는 데에 문제점이 없지는 않으나[11] 현재의 연구수
준으로서 실학에 관련하여 이 이상의 논술을 바라기는 어렵다고 할
것이다. 사실 성호 이후 민족적 각성에서 우리의 역사·어문·지리·
민속 등이 실학의 흐름 속에서 중점적으로 연구되어 왔고, 따라서 민
족의식·근대지향의식은 실학의 뚜렷한 주류를 이루었다고 할 수 있
을 것이다.

실학에서의 민족의식은 우선 중국 중심의 화이론華夷論의 세계관
을 부정하고, 주체적이고 만국병존적인 세계관을 수립하는 데서부터
출발하고 있다.

동아시아의 전통적 지배관념이었던 중화적 세계관을 부정하고 독
립자존의 국가관을 세운 선구적 인물은 성호 이익이었다. 그는 "오늘
날 중국도 대지大地 중의 일 편토片土에 지나지 않으며 크게는 구주九州
도 하나의 나라이지만 작게는 초楚나 제齊도 하나의 나라이다"[12]라고
하였다. 즉 국가의 대소 규모와 관계없이 어떠한 나라도 중국과 상호
대등한 입장에 있음을 역설함으로써 문화적 독자성과 역사적 주체성
을 사상적으로 확립했던 것이다.

이와 같이 성호의 자주적인 인식태도는 그 후의 실학자들에 의하
여 발전적으로 계승되었으니 담헌 홍대용, 연암 박지원 등은 지구의
구형설과 자전설을 발표하여 지구상에는 어느 특정국가가 중심이 될

---

10) 여기서는 정창렬, 「실학」, 『한국사연구입문』, 한국사연구회 편, 지식산업사, 1981,
    230쪽에서 인용.
11) 문제점에 대해서는 정구복, 「실학」, 379쪽을 참조할 것.
12) 李瀷, 『星湖僿說類選』, 卷一上, 分野條.

수 없다는 것을 과학적으로 뒷받침하였다. 당시 서양 과학기술의 도입은 화이론을 깨뜨리는 데 크게 공헌했던 것이다.[13]

다산 정약용은 화이의 구분이 국토의 대소나 통치권력의 강약에 있는 것이 아니며, 문명의 수준여하에 있는 것으로 인식하여 종래에 이천시夷踐視되어 온 나라일지라도 문명이 높으면 이적夷賊이 될 수 없다[14]는 합리적인 실제론實際論을 제기하였다. 그는 또, 예를 숭상하고 평화를 사랑하는 조선 땅에서 조선인으로 태어난 자신이 오히려 자랑스럽다고 자부하였던 것이다. 즉 그는 중화적 화이관을 극복하고 이를 청산하여 자기 문화에 대한 강렬한 긍지와 선명한 민족의식을 나타낸 것이다.[15]

성호 이후 대개 이와 같은 민족지향적인 면이 주류였고, 정유의 사상은 오히려 예외에 가까운 것이 아닌가 한다.

정유에게는 민본주의에 입각한 열렬한 구폐책救弊策은 있으나 자아의 각성이나 민족의식은 뚜렷하지 않은 것 같다.[16]

그는『북학의』한어조漢語條에서 "한어는 문자의 근본이다. 우리나라는 지역적으로 가깝고 성음聲音이 대략 같으니 온 나라 사람이 말을 버린다 해도 불가할 것이 없다. 그러한 뒤에라야 오랑캐라는 말을 면할 것이며, 동쪽 수천 리 땅이 스스로 하나의 주·한·당·송의 풍속으로 될 것이니 어찌 크게 쾌한 일이 아닌가"라고 했다. 즉 우리말을 버리고 중국어를 써야 한다고 했다.

『북학의』여복조女服條에는 "우리가 참으로 고례古禮에 뜻이 있다면 마땅히 화제華制에 따라야 한다"고 하여 우리 옷을 버리고 한복漢服을

---

13) 김영호, 「실학의 개신 유학적 구조」,『한국사상의 심층 연구』, 우석, 1983, 302쪽.
14) 丁若鏞, 「丁茶山全書 上卷(詩文集)」 拓跋魏論 참조.
15) 조계래, 「조선후기 실학자의 교육사상 일고」,『역사학보』제26집, 1979. 11, 47쪽.
16) 김용덕, 「북학파 사상의 원류 연구」, 1974. 12, 100쪽.

입자고 했다. 이와 같은 논조는 『북학의』 전조錢條에도 있다. 그는 우리 돈을 버리고 중국 돈으로 통용하자고 했다.

이상에서 본 바와 같이 정유는 중국의 물질문명에 심취한 나머지 우리 옷을 버리고 중국옷을 입자고 하였고, 우리 돈을 버리고 중국 돈으로 통용하자고 했으며 우리말을 버리고 중국말을 배워야만 한문 문화를 빠르게 배울 수 있다고 생각했다. 물론 그렇다고 정유가 우리 민족을 중국에 혼합하고 우리 국가를 중국에다 병합하자는 의견은 아니었을 것이다. 그러나 거기에는 조금도 민족의식이 보이지 않는 것이다. 이와 같이 정유의 경우 민족의식은 뚜렷하지 않았으나 수발한 근대지향의식이 있었던 것만은 부인할 수 없다.[17]

정유의 근대지향의식은 그의 경제사상에 집적되어 있으며 특히 상업관에서 뚜렷하다. 성호·반계·다산을 포함하여 실학자들은 상업관도 농업과 상업의 관계를 본말, 즉 적대적으로 보고 중농을 위하여서는 상업을 억제해야 한다는 것이 공통된 견해였다. 그러나 정유는 그러한 견해를 명백히 반대하고 농·공·상 가운데서 상업의 우위를 인정하였으며 유식하는 양반들을 도태하여 상업에 종사하여야 한다고 하였는데, 이는 종래의 양반관의 지양 없이는 불가능하니 사실상 반상班常의 명분, 즉 봉건적 신분체제의 타파를 외친[18] 근대지향 의식의 발로라 보지 않을 수 없을 것이다.

또한 정유는 상업을 진흥시켜 도시와 지방, 지방과 지방간의 물자교류를 원활하게 하고, 소비를 장려함으로써 생산을 왕성하게 하여, 기술을 발전시키는 것이 구빈의 길이며 부국의 길이라고 갈파하

17) 김용덕, 「북학파 사상의 원류 연구」, 97쪽.
18) 김용덕, 「조선후기에 있어서의 사회적인 변동: 북학사상과 동학」, 『사학연구』 제 16호, 1963. 12, 15쪽.

고 있는바, 이는 분명히 봉건적 유통질서의 파괴를 뜻하는[19] 근대지
향성의 발현이라 할 것이다.

정유는 "조선은 국토가 좁고 민생이 빈곤하기 때문에 국내산업을
일으켜 국중지리國中之利를 다하여도 부족함이 없다. 때문에 원방의 나
라도 통상한 뒤에 비로소 재화가 늘고 백용百用이 생긴다"[20]고 강조하
였다. 이와 같이 그는 쇄국에 의한 고립주의에 반대하여 개국론의 입
장에서 해외통상의 중요성을 주장하였다. 조선왕조가 여러 제도를 유
지하기 위하여서는 대내외적으로 쇄국은 절대조건이 된다. 이와 같은
상황에서 해외통상을 주장하고 해외 선진문물을 도입하려는 것은 봉
건체제의 파괴사상이요,[21] 근대지향적인 것이라 아니할 수 없다.

3. 정유의 경제사상: 상업관을 중심으로

조선실학파가 추구한 경세책의 중심은 한마디로 말하면 부국강병
이었는데, 이를 이루기 위한 현실적인 개혁의 대상은 국정 전반에 걸
친 광범위한 것이었으나 기본적으로는 경제문제에 귀착되었다. 부국
강병을 위한 현실개혁의 경제사상은 중농사상과 중상사상으로 나타
난다.

실학 중농론자들은 날로 쇠퇴해져 가는 국력의 쇠퇴와 민생고에
대하여 문제의 소재가 전제田制에 있다고 파악하고 그를 개혁함과 동

---

19) 이영협, 「이조후기의 경제사상에 관한 연구」, 『아카데미논총』 제3집, 1975, 190쪽.
20) 『北學議』 外篇, 通江南浙江商船議.
21) 김용덕, 「조선후기에 있어서의 사회적인 변동」, 115쪽.

시에 농업에 불리한 상업을 사본축말捨本逐末이라 하여 배척할 것을 주
장한데 대하여, 중상론자들은 상업의 진흥에 국가경륜의 대본大本을
찾아 교환경제의 진흥을 주장하였다.[22]

그런데 전자인 중농론자들의 사상을 봉건 이데올로기에 대한 파
괴역할이 아니고 오히려 집권 봉건지배체제의 정비강화를 목표한 보
수적 사상이라 한다면, 후자인 중상론자들의 사상은 봉건지배체제
파괴의 내재적인 배반胚盤역할을 담당한 근대지향적인 사상으로 규정
할 수 있겠다.[23]

중상론자로는 농암 유수원과 정유 박제가가 있으나 정유는 농암
이 언급하지 않았던 해외통상론을 주장한 것을 보면 이들 중 정유의
사상이 보다 전진적이고 근대지향적이라는 것을 알 수 있다.

이하에서는 상업관을 중심으로 중농론자들의 봉건적 개량주의를
살핀 다음 이에 대해 정유의 경제사상이 어떤 면에서 근대지향적인
가를 살피고자 한다. 그리고 덧붙여 정유의 농업관을 살펴보겠다.

1) 실학 중농론자들의 상업관

실학파 안에서 중농론자의 특징은 이미 언급한 바와 같이 제도적
개혁, 그 중에서도 전제田制개혁을 극히 중시하고 있으며, 대체로 중
농을 위해서는 억말, 즉 상업을 억제하고 화폐유통은 금지하여야 한
다고 주장하였다.

당시 조선의 농촌은 전제 및 세제의 문란과 화폐경제의 침투로

---

22) 이영협, 「이조후기의 경제사상에 관한 연구」, 176쪽 및 182쪽.
23) 이영협, 「이조후기의 경제사상에 관한 연구」, 176쪽.

말미암아 계급분화에 의하여 '빈익빈 부익부'의 현상이 일반화되고
있었다. 그들은 전제개혁을 기초로 하여 국가의 큰 근본인 농업의 황
폐를 구제하며 국가재정의 충실, 병제兵制의 정비를 삼위일체식으로
해결하는 것을 지향하고 있었다. 이것은 그들의 거주지가 이와 같은
농촌의 여러 모순과 접할 수 있었던 생활환경 때문일 것이다.[24]

중농론자들의 개혁사상은 봉건적 질서 내에서의 개혁을 논한 것
이며 아직도 봉건사회 자체의 부정에까지는 이르지 못했다고 보겠다.

중농론자들 중에 비교적 중농적인 색채가 강한 농본상말론자農本
商末論者인 성호와, 상업을 천시하지는 않았으나 농업을 해치지 않는
범위 내에서만 인정한 농주상종론자農主商從論者인 반계와 연암 등이 있
다. 이하에서는 이들의 상업관을 차례대로 살피기로 한다.

가. 농본상말론자의 상업관

성호 이익(1681~1763)은 실학자 가운데 가장 중농적 색채가 강하였
다. 그가 바라는 이상사회는 절검하고 안정된 자급적 농업사회였다.[25]
그는 재財의 원천은 토지이며 힘들여 경작함으로써 이루어지는 것이
니, 정치하는 데 있어서 전제보다 더 중요한 것이 없다고 하여[26] 농
업은 막중하나 상공업 같은 것은 필요치 않다고 하는 중농주의 사상
을 갖고 있었다.

그러나 그는 부 생산의 근원적 수단이 되는 토지가 한정되어 있
다는 사고를 함으로써 부의 분배에 대한 사상을 서구의 중금주의에

---

24) 강재언, 『한국의 개화사상』, 65쪽.
25) 김병하, 『한국경제사상사』, 「일조각」, 1977, 270쪽.
26) 李瀷, 『星湖先生文集』 卷16, 『三豆會詩序』 및 『星湖僿說類選』 卷4下, 人事篇 六,
   治道門三, 田制條.

입각하면서도 배금주의적으로 나타내고 있다.27) 바꾸어 말하면, "세상에 있는 부나 귀금속은 일정하다"는 사고방식을 지녔던 것이다. 따라서 그가 주장한 전제는 균전均田 내지는 한전제限田制에의 이상향이었던 것이다.

당시에 있어서는 실물 경제사회가 화폐경제사회로 전환하여 가는 도중이었으며, 이러한 화폐교환의 경제사회에서 그가 본 것이 전화錢貨의 폐해가 너무나 커서 화폐교환의 경제사회를 지양시키고자 한데 있는 것이다. 그는 화폐의 유통이 농업위축, 고리대 성행, 국고수입 감축, 농민몰락 및 소비·사치풍조의 조장 등을 야기시킨다고 보아28) 폐전廢錢을 주장함과 아울러 그가 첩경으로서의 방도로서 사치조장 행위인 상업을 억제해야 한다고 보았다.

서구의 중상주의자들이 화폐의 동학적動學的 효과를 인식함으로써 화폐(귀금속) 편집적偏執的인 경향을 가진 데 대하여, 성호는 화폐의 생산자극적 내지는 수요증대적인 효과를 인식하지 못하고 화폐(귀금속) 기피적 경향을 갖게 되었다. 이로써 서구의 중상주의는 공업과 상업의 증진과 무역수지 흑자의 증대를 위한 적극적 국내외 통제정책이 베풀어진 데 비해서 성호는 상공업의 발달을 억제하려 했고 귀금속의 해외유출을 막기 위한 소극적 의미로서의 무역통제를 꾀했던 것이다.29)

시대적 제약이라고는 하지만 성호가 부정적 상업관·화폐관을 갖고 있으며 한전제를 주장하여 농민의 전토田土를 영구 보전토록 하고, 그 매도를 불용不容해야 한다고 주장한 것도 그가 봉건적 테두리를 탈

---

27) 박병호, 「이조실학의 국부와 무역 사상에 관한 고찰」, 32쪽.
28) 원유한, 「성호 이익의 부정적 화폐론」, 『역사학보』 제48집, 1970, 66쪽 참조
29) 박병호, 「이조실학의 국부와 무역 사상에 관한 고찰」, 37쪽.

피하지 못하고 오히려 봉건적 지배체제의 강화유지를 위한 철저한 중농주의자라 하겠다.[30]

나. 농주상종론자의 상업관

상업을 천시하지 않은 태도는 반계·연암·다산의 저서에서도 간취할 수 있으나 이들은 모두 농업을 해치지 않은 범위 내에서 상업을 인정하였을 뿐이다. 먼저 반계의 경제사상부터 살펴보자.

반계 유형원(1622~73)의 경제사상은 중점은 전제개혁에 있었다. 그는 전제개혁을 모든 개혁의 기초로 하지 않으면 안되는 이유로써 "전제가 바르면 만사가 제대로 되어 백성은 일정한 생업을 갖게 되고 군인을 징집하여 편성하는 데에도 폐단이 없어지고, 귀천상하가 각각 직업을 갖게 되므로 인심이 안정되고 풍속이 두터워질 것이다"[31]라고 말하여 균전법으로의 개혁을 주장했다. 천관우가 "반계가 균전법 개혁안을 주장하는 것은 조선 봉건사회의 당면한 위기를 극복하려는 전형적 동양적 사회정책의 구체적 표현이다"[32]라고 말했듯이 반계의 사상은 전근대적인 것이다.

반계는 농업과 타산업과의 관계에 대하여 다음과 같은 생각을 가졌다. 즉 농업에 주력할 것이요, 상공업에 대하여서는 때에 따라 적당히 억제하는 것이 가하다는 것이다. 이유는 상공업도 물론 사농士農과 같이 없어서는 불가한 것이지만 상공업이 지나치게 발달하면 농업에 해가 된다는 것이다. 그러나 농업에 해를 끼칠 정도로 상공업이 보급되면 상공업세를 무겁게 하여 억제하고 상공업이 위축되면 과세

---

30) 이영협, 「이조후기의 경제사상에 관한 연구」, 1975, 182쪽 참조.
31) 『磻溪隨錄』 卷1, 田制 上.
32) 천관우, 「반계 유형원 연구」, 『근세조선사연구』, 일조각, 1979.

를 경감하여 화물의 순환을 촉진하란 것이다. 요컨대 농업만을 영구
적으로 주산업으로 생각하고 다른 산업은 전연 없는 없어서는 안될
정도로만 생각한 것이다.

따라서 그는 상공업에 대하여는 미봉적인 상공업 보호정책을 말하
고 있다. 그의 상공업에 대한 구체적인 방안으로는 첫째, 종래의 규
정대로 상공업자를 등록케 하여 수세收稅할 것 둘째, 임시로 징발되는
임시 요역徭役의 폐를 시정하기 위하여 상공인의 신분세인 장인포匠人
布를 첨가하여 부과할 것, 지방의 장시를 폐지하고 상설점포를 설치
할 것, 상공업의 미발달 상태에 비추어 공장工匠·상고商賈에게 농민 수
전受田의 절반인 50묘畝를 지급하여 반농·반상공半農·半商工으로 육성
해 나갈 것을 주장하고 있다. 이와 같이 그의 상공정책은 전통적 정
책에서 벗어나지 못하였다.[33]

그러면 반계는 화폐에 대하여는 어떻게 생각했는가? 반계는 그의
화폐경제론에서 화폐는 식량과 함께 민생의 근본이 된다 하여 화폐
의 가치 내지 그 기능을 중시했다. 그는 화폐가 일반 유통체계에서
가치척도·교환매개·지불수단 등 제반기능을 발휘하여 상품경제의 전
반적 발전을 증진하게 된다는 점에서 화폐가치를 중요시하게 되었던
것으로 보인다. 이와 같은 시각에서 화폐가치를 중요시한 반계는 화
폐는 국가재정과 국민생활에 유익한 것으로서 중국과 그 주변 제국,
또는 서양에서 사용되고 있는데 그것이 국내에서 유통되지 못하고
있음은 크나큰 제도적 결함이라고 지적 비판하는 동시에 천하에 화
폐가 통용되지 못할 나라가 없다고 주장하였던 것이다.[34] 따라서 그
는 종래 일반적으로 통용되었던 미米·포布·지紙의 유용을 버리고 전

---

33) 이재룡, 「중농적 제도개편론의 대두」, 『한국사』 14, 국사편찬위원회, 1981, 196쪽.
34) 원유한, 「실학자의 화폐통상론」, 『동방학지』 26, 1981. 3, 161~163쪽.

화錢貨의 사용을 적극 장려하였던 것이다. 그 유통방법으로는 수세收稅 · 녹봉祿峰 · 관아官衙 등의 여러 지출에서 전액의 3분의 1을 전화로 하고, 점포의 거래나 특히 참점站店의 숙박료인 방화전房火錢은 엄격히 전화로서 하자는 것이었다.

이상에서 본 바와 같이 반계는 다각적으로 상업의 장려보호를 구상하고 있는 점과 화폐에 대하여 상당히 긍정적인 주장을 하고 있는 점은 전면적으로 전화와 상업을 부정한 성호와 유類를 달리한 주장이었으나 그의 사상 역시 안정된 봉건체제의 재건을 지향한 것이었던 만큼 전근대적인 것이었다.

다음은 연암의 상업관을 살펴보자. 연암 박지원(1737~1805)은 우선 전통적인 조선사회의 기본산업인 농업생산의 중요성을 강조하였다. 그의 이러한 중농사상이 가장 잘 나타나 있는 곳은 바로『과농소초』이다. 그는『과농소초』에서 우리나라의 선비들이 민생의 대본인 농업에 대한 학문적 연구를 소홀히 하고 있음을 깊이 개탄하였다.[35]

그리하여 연암은 사 · 농 · 공 · 상이 모두 필요한 것 같다 하고 선비는 시문에만 통할뿐 아니라 농 · 공 · 상의 이치에도 통하여야 비로소 선비官吏의 자격이 있으며, 후세에 농 · 공 · 상이 부진함은 농 · 공 · 상을 포함할 실학의 지식이 없기 때문이라 하였다.[36] 즉 농의 원리를 명백히 하고, 상의 이치에 통효通曉하고, 공의 기술을 안출해 주는 것이 지도층인 선비의 책무라는 것이다.

이처럼 연암은 사 · 농 · 공 · 상이 모두 필요하다고 주장했지만 농업만을 진실한 산업이라 하고 그 외 상공업을 일률적으로 말업이라 했으며, 농과 공 · 상을 균등하게 발달시키려는 태도에 철저하지 못

---

35) 課農小抄 卷16.
36)『課農小抄』卷16.

한 것을 보면 연암도 역시 선배 실학자들의 제약에서 벗어나지 못했음을 뜻한다. 따라서 연암의 경우도 반계의 경우처럼 농사에 피해를 주지 않는 범위 내에서의 상업의 발달·화폐의 보급은 농업사회에 있어서도 필요하며 유리하다는 의미에서의 제한된 긍정적 상업관이었다고 생각된다.

이들 성호와 반계는 17세기 후반에서 18세기 후반에 새로운 학문경향을 이룬 대표적인 학자였다. 이들은 성호의 한전법과 반계의 균전법에 보이듯이 전제개혁을 가장 기본적인 요건으로 여기며 절검을 주장하고 사치망국론을 주장하고 있는데 그들의 관념은 공통적으로 토지경제에 집착되어 있는 중농주의에 뿌리박고 있었다. 이들의 주장은 봉건적 개량주의에서 벗어나지 못하고 있는데 연암·다산·담헌도 이들의 연장선상에 있다고 할 수 있을 것이다.

2) 정유의 상업관

조선 후기에 있어서도 농본상말 사상은 사회의 통념처럼 되어 있었다. 그러나 이 시기에 있어서 직업의 우선순위가 전기와 다름이 없었다 하더라도 상업관에 있어서는 큰 변화가 일어나고 있었음을 엿볼 수 있다. 즉 농업이 가장 중요한 산업이란 점에 대하여 이론을 제시한 사람은 없었지만 상업을 천시하는 경향에 반대하고 상업장려의 필요성과 상업입국론을 주장하는 학자가 등장하였으니 그 대표적인 학자가 바로 정유 박제가라 할 것이다.

정유는 "이젠 만약 일체의 백성이 농업에만 의존하게 된다면 그들은 생업을 잃게 되고 농업은 날이 갈수록 곤란해질 것이다"[37]라고 논하면서 국부에서 농업생산, 그 자체의 한계를 인식함으로써 상업의 중요성을 강조하게 되었던 것이다.

이와 같이 중상주의적인 그의 견해에는 이미 전통적인 중농주의로부터 탈각하여 자급자족적인 자연경제의 붕괴, 그에 따르는 사회적 분업과 상품유통의 발전을 반영하면서, 직업의 봉건적인 귀천관념을 지양하려고 하는 싹을 엿볼 수 있다.[38]

그는 또한 절검을 강조하는 중농론자의 사치망국론에 반대하여 그와 같은 논의는 소비가 없으면 생산이 부진하고 생산이 부진하면 인민이 빈궁하게 되는 것, 마치 우물의 물을 푸면 풀수록 물이 차지만 그것을 그만두면 말라버리는 것과 같은 논리를 모르기 때문이라 하여 수요와 공급과의 상호관계에 대하여 올바르게 지적하고 있다. 여기서 정유의 뛰어난 발상·의식의 전환을 볼 수가 있다.[39]

정유는 이러한 관념에서 양반상인론, 교환 경제의 진흥-국내시장의 단일화와 해외통상론-을 주장하게 되는 것이다.

가. 양반상인론

정유는 양반의 생리와 기질을 폭로한 스승 박지원보다 한걸음 더 나아가 스승까지도 주장하던 당시의 억말책을 반대하고 상업의 진흥을 주장하였다. 그리고 유식 양반은 농민들을 착취한다고 갈파하고 양반에게 있어야 할 벼슬자리는 적고 양반족의 수는 격증하니 그들의 연명은 농민을 착취하는 길밖에 없다고 역설하며 놀고 먹는 양반들에게 상업의 길을 열어 주어야 한다고 주장하였다. 이것이 그의 양반상인론이었다.[40]

---

37) 『北學議』 進北學議, 末利.
38) 강재언, 「조선실학에 있어서의 북학사상」,『근대한국사상사연구』, 한울, 1983, 26쪽.
39) 黑岩直樹, 「朴齊家の思想」, 16~20쪽.

조선 봉건사회의 신분구성은 기본적으로는 사민으로 구성되어 있었음은 주지하는 바이거니와 과거에 의한 무계획적인 취인수取人數와 내직 및 외직의 벼슬자리 수와의 불균형, 즉 항상 전자가 후자를 웃돌고 있었기 때문에 많은 사가 놀고 먹는 백성, 즉 기생寄生계급으로 되어 정권을 둘러싼 붕당싸움에 그 지적 에너지를 낭비하고 있었던 것이다.

따라서 반계 이래 실학파는 사족이 벼슬말고는 생업을 기피함에서 비롯되는 유민화遊民化 현상을 제거하기 위한 수많은 제안을 하여 왔다. 예를 들면 성호는 사족의 유민화와 기생화를 극복하는 방책으로 사농합일론士農合一論을 주장하였고, 다산은 손과 발을 놀리면서 남의 땅과 힘에 기생하는 사는 농업으로 전업해야 할 것이라고 주장했다.

그런데 성호의 사농합일론이건 다산의 사의 전업책이건 농을 '본本'으로 하고 상을 '말末'로 하는 본말사상이 관철되어 있다.[41] 이것을 완전히 뒤엎은 것이 정유인 것이다. 당시 조선의 엄격한 사민적 직업관은 노주奴主·적서嫡庶·남녀의 구별과 함께 조선 봉건제도가 서고 있는 기본제도이며, 나라를 유지하는 명분이며 강상綱常이었다. 그런데 정유는 사·농·공·상을 경화된 사회적 계층으로 보아 온 전통적 사상에서의 사민론을 비판 배격하고, "상인은 사민 중의 하나이지만 그 하나로서 나머지 셋을 통한다"[42]고 하여 상업이 사·농·공 3자간의 상품유통을 매개하는 것으로서 그 중요성을 강조하고 있으면 사민 중에서도 상업의 우위를 인정하였다. 그리고 유식 양반들이 모두 상업에 종사할 수 있도록 국가에서 자금과 점포설비를 적극 후원

---

40) 『北學議』外篇, 丙午所懷 참조.
41) 강재언, 『한국의 개화사상』, 96쪽.
42) 『北學議』進北學議, 末利.

하여 성적이 우수한 자에게는 포상으로 벼슬까지 주자고 하였다. 이는 중농적인 봉건적 가치관에 대한 도전이었으며 근대적 가치관으로의 지향이라고 볼 수 있고,[43] 봉건적 신분제에 대한 전면적 부정이 밑에 깔린 혁명적인 발상이라고 볼 수 있다.[44]

사족이 상업에 종사하는 것을 공인한 것은 1894~95년 갑오개혁 때의 일이었으므로 그의 제의가 얼마나 선구적이었던가를 알 수 있다.[45] 김성칠은 정유의 양반상인론을 근대시민사상의 맹아로 인식하고 있다.[46]

정유의 그와 같은 주장은 세 차례의 연행에서 청나라의 학자와 지식인들과 교유하며 이들에게서 흡수한 지식이나 청나라의 발달된 물질문명을 각 방면에서 관찰하여 얻어진 결론이며, 당시 국내 실정에 알맞은 진보적이고 독자적인 경제사상이었던 것이다.

물론 정유 이전에도 토정 이지함이나 중봉 조헌의 사상에서도 신분제에 대한 합리적이고도 인도주의적인 진보적 신분관을 엿볼 수는 있었다. 토정의 진취적인 신분관의 영향을 받은 중봉의 주장도 천민의 신분상승에서 신분제의 모순을 완화 개량하려고 한 것이고 양반의 신분격하로서 신분제의 모순을 완화 개량하려 주장한 정유의 주장과는 차이가 있다. 전공납속戰功納粟에 의한 신분상승보다는 유식양반을 상업에 종사시키자는 의견이 훨씬 심각한 신분제의 위기를 나타낸다고 볼 수 있으며, 또한 중봉의 경륜은 봉건체제의 재건안정을 위한 것에 그치고 있다는 것을 볼 때 정유의 양반상인론은 근대적 신

---

43) 이성무, 「박제가의 경제사상」, 165쪽.
44) 김용덕, 「조선후기에 있어서의 사회적인 변동」, 115쪽 및 김용덕, 「실학파의 신분관」, 『한국사상총서』 VII, 한국사상연구회, 1975, 100~101쪽.
45) 강재언, 『한국의 개화사상』, 97쪽.
46) 김성칠, 「연행소고」, 4쪽.

분론의 전형이라고 볼 수 있을 것이다.[47]

홍대용에게서도 신분제를 타파하자는 반봉건적 사상은 주장된 바 있으나[48] 이들은 양반을 상업에 종사시키자는 말은 없었다. 양반상 인론은 농암 유수원에게서나 볼 수 있는 주장이다. 농암 유수원은 상 말사상商末思想을 부정하고 상업을 실업상태에 있는 사족의 돌파구로 서 매우 적절한 업종으로 생각하였다.[49]

상업을 천시하는 사상에 반기를 들고 양반도 상업에 종사할 필요 가 있음을 역설한 점에 있어서는 정유는 농암과 의견을 같이 하고 있 지만, 농암이 육의전이 갖고 있던 금난전권과 같은 근대적 특권의 강 화를 주장하고 국가의 상업통제를 전제로 한 경영합리화를 추구하였 음에 반하여 정유는 국가의 상업통제를 환영하지 않았고, 운송수단 의 문제 등 상업발달의 저해요인을 제거하면 상업은 저절로 발달할 것이라고 생각한 점을 보면[50] 정유의 사상이 보다 근대지향적이라 할 수 있다.

이와 같이 유식자인 양반도 상업에 종사하여야 한다고 하는 만민 개로萬民皆勞의 사상은 개화사상에 있어서의 인민평등의 사상으로서 발전되었던 것으로 보인다.[51]

나. 교환경제의 진흥

정유는 나라 안에서는 상업을 번성시켜서 서울과 지방의 물자를 교역함으로써 나라를 한 단위로 하는 국민경제권을 형성하여야 하

47) 김용덕, 「북학파 사상의 원류 연구」, 74~81쪽 및 김용덕, 「실학파의 신분관」, 100쪽.
48) 『담헌서』 卷4, 林下經綸.
49) 『迂書』 卷1, 總論四民.
50) 김병하, 『한국경제사상사』, 일조각, 1977, 105~106 참조.
51) 강재언, 「실학사상의 형성과 전개」, 53쪽.

며, 나라 밖으로는 국제간의 무역을 개방하여 유무상통하여 이익을
취하라는 교환경제의 진흥을 주장하였다.

■ **국내시장의 단일화** 정유는 중본억말重本抑末의 본말사상을 비판하
여 농과 상과의 수평적인 상호 보완관계를 강조하였다. 그러나 정유
는 거기에서 한 걸음 더 나아가 상업자본의 주도에 의한 생산의 자
극, 차제 및 선제 등 운송수단의 개선에 의한 국내시장의 단일화를
지향하였다.[52]

그러면 당시에 이미 지역적으로 형성되어 있던 경제권을 전국적
으로 결합하는 것을 지향하는 경우, 제거해야 될 그 주된 장벽은 무
엇인가? 근대 이전에 있어서 한국의 봉건제는 지방할거적인 것은 아
니었고 중앙집권관료제에 의한 것이었다. 따라서 국내시장 단일화의
주된 장벽은 지방적 할거주의보다도 도로의 문제, 운송수단의 문제,
도량형의 통일문제였다고 할 수 있다.[53]

정유는 북학파의 사고방식이 그러하듯이 빈곤의 원인에 대하여,
생산력의 저수준에 의한 절대적 빈곤과 물자의 지방적 편재에 의한
상대적 빈곤의 두 측면에서 보고 있다. 따라서 빈곤의 극복은 지방간
유통촉진에 의한 물가의 평준화에 있다고 보고,[54] 전국의 도로 및 교
량을 구축하고 수레와 배의 사용 등 교통수단의 기술적 혁신을 이루
어야 한다고 했다. 이것은 오늘날의 경제학에서 사회간접자본을 확

---

52) 강재언, 『한국의 개화사상』, 103쪽.
53) 강재언, 『한국의 개화사상』, 1981, 103쪽. 이와 같은 문제는 그대로 일반적 상업
   발달의 조건이라 할 수 있다. 최호진·김병하는 상업발달의 조건으로서 ① 교통기
   관의 발달, ② 화폐제도의 확립, ③ 도량형제도의 확립, ④ 법률질서의 확립 등을
   들고 있다(최호진·김병하, 『상업사개론』, 박영사, 1962, 25~28쪽).
54) 강재언, 『한국의 개화사상』, 103쪽.

충함으로써 경제개발정책을 기도하는 것과 같은 이치라 하겠다.[55] 도
로·교량의 구축과 교통수단의 기술적 혁신은 경제적 효과를 증대시
키고자 한 때문이다.

정유는 홍대용이 "만일 차도를 닦으면 당연히 토지 몇 결結은 잃
겠지만 그 이로움은 그것을 보상하기에 충분하다"라고 한 말을 인용
하면서,[56] 도로구축을 주장했고 우리나라의 도로상태가 좋지 않으니
"중국의 도로와 같이 도로에는 큰 돌을 평평하게 깎아서 비석같이 만
들어 깔고 수레가 다님으로써 갈라지는 것을 방지하기 위해 세모나
두모를 서로 맞추어 깔아서 이음새가 어긋나야 되며 길옆에는 나무
를 심고 또 길 양쪽에는 전지田地를 보호하기 위해 반드시 도랑을 둬
야 한다"[57]고 도로개량의 구체적인 방안을 제시하고 있다. 또한 우리
나라의 교량은 "전체가 평평하여 여러모로 좋지 않으니 중국의 교량
처럼 중앙부가 높은 무지개꼴虹蜺型으로 만들어야 한다"[58]고 하여 교
량의 구축 내지는 정비도 주장하고 있는 것이다.

그는 상업이 발달하기 위해서는 교통수단이 발달하여야 하는데,
그 교통수단으로는 육지에서는 수레를 이용하는 것이 최선책이라고
하였다. 그의 생각으로는 수레를 사용하면 각지의 특산물이 다른 지
역으로 유통되고 물가의 평준화가 이루어지며 전국적인 시장이 형성
되고 시장이 확대되면 생산물의 수요가 증대되어 이윤을 목적으로
하는 농업과 수공업이 다 같이 발달된다는 것이다.[59]

---

55) 조기준, 「실학사상의 사회경제적 인식」, 77쪽.
56) 『北學議』內篇, 車.
57) 『北學議』內篇, 道路.
58) 『北學議』內篇, 橋梁.
59) 이성무(역사학회 편), 「박제가의 북학의(解題)」, 『실학연구입문』, 일조각, 1973,
    282쪽.

정유의 차제車制에 대한 이 같은 제의는 18세기 후반기에 사회발
전의 객관적인 욕구, 즉 어용특권상인에 대항하여 난전亂廛 현상을 일
으킬 만큼 성장한 민간 상업자본의 국내 단일시장형태의 요구를 반
영한 것이었다고 할 수 있을 것이다.60)

최근의 사회경제사 분야의 연구에 의하면 18세기에 자본주의적
맹아가 형성되어 있었던 것은 거의 정설로 되어 있고, 그 속에서 봉
건적 제약을 극복하고 자본가로서 등장할 수 있는 계층을 민간상업
자본에 구하고 있는 것을 생각하면, 앞에서 본 바와 같은 정유의 통
찰은 역사적 발전을 선취先取시킨 것으로 볼 수 있는 것이다.

■ **해외통상론** 정유가 지향하는 바는 결코 국내시장의 단일화만으로
끝나는 것이 아니었다. 그것은 세계시장에 연결짓기 위한 해외통상
론을 그는 주장하고 있는 것이다. 정유 이전에도 해외통상에 대해서
단편적으로 논한 사람이 없지는 않았으나, 해외통상문제를 종합적이
고 체계적으로 검토하여 무역입국론을 주장한 대표적 학자는 정유가
효시가 아닌가 한다.

정유가 『북학의』를 저술할 당시의 조선에서는 경제적으로는 압록
강 대안의 책문柵門무역에 의한 대청무역, 부산진 동래의 왜관倭館무역
에 의한 대일무역뿐이었는데, 대일무역은 거의 정지상태에 있었고
사행使行을 통한 대청무역은 극히 제한된 범위 내에서 귀족의 수요를
충족시킴에 지나지 아니하였다. 그리고 외교적으로는 청국과의 사대
관계에 따른 연행사燕行使의 왕래, 일본과의 교린관계에 따른 통신사
의 왕래가 있었을 뿐이다.

---

60) 강재언, 「조선실학에 있어서의 북학사상」, 1983, 29쪽.

이와 같이 당시의 조선에서는 외국과의 통상이 이루어지지 않음으로써 재화의 빈곤을 초래한 것은 말할 것도 없거니와 해외시장에 어두워 그것이 사상적 폐쇄성의 원인으로도 작용하고 있다. 따라서 해외통상론은 첫째, 단지 외국무역에 의하여 국내의 빈곤을 구제하는 것에만 머무르지 않고 둘째, 닫힌 사상을 열린 사상으로 전환시킨다는 사상사적 의미에서도 중요한 의미를 지니고 있는 것이다.[61]

이와 같은 때에 정유는 "지금 나라의 큰 병폐는 가난이라 하는데 무엇으로서 구할 것인가 하면 중국과 통상하는 길"이라고 하면서 "나라와 나라 사이에 있는 것과 없는 것을 교역하는 것은 천하의 통의通義"라고 지적하고 외국과 교역할 것을 상소하고 있다.[62]

정유는 해외통상의 순서로서 먼저 중국의 여러 항구와 통하고 점차로 그것을 일본·유구·안남·서양 여러 나라에 확대한다는 생각을 갖고 있었다. 즉 "지금으로서는 중국과 통상하고 다른 나라와는 통상하지 않는 것은 역시 한때의 임기응변 방책이지 정론인 것은 아니다. 국력이 좀 강해지고 백성의 생업이 안정되면 당연히 해외의 여러 나라와 통상해야 할 것이다"[63]라고 일종의 단계적 무역론 내지 단계적 개국론을 제시하고 있다.

그런데 정유가 지향하는 무역은 소규모의 공무역公貿易이 아니라 대규모의 사무역私貿易이었다. 그렇기 때문에 그는 수송능력이 큰 해운을 중시했고 해로를 통한 대외무역을 강조하였다. 해로에 의한 대외무역의 길을 여는 데 중요한 것은 선제 개선의 문제이다. 즉 원양항해에 견디어낼 수 있는 조선술의 개선의 문제인 것이다.

---

61) 강재언, 『한국의 개화사상』, 108쪽.
62) 『北學議』 外篇, 丙午所懷.
63) 『北學議』 進北學議, 通江南浙江相舶議.

이미 홍대용이 "운수의 이점을 논할 것 같으면 사람은 말만 같지 못하고 말은 수레만 같지 못하며 수레는 배만 같지 못하다"[64]고 운송 수단으로서의 선박의 우월성을 제창한 바 있었다. 그러나 그것은 대개 국내항로에서의 선제의 정비에 그치는 것이었다. 정유는 선제의 적극적인 개선책과 함께 한 걸음 더 나아가 해외통상론을 제기하였다.

국내시장형성에서 큰 장애의 하나였던 교통수단의 정비에 관한 주장은 개화파에 의해 계승된 것 같다. 박지원의 차제車制, 박제가의 통상박의通商船議, 김옥균의 치도약론治道略論, 박영효의 치도국治道局의 설치 등은 일련의 계승관계라고 볼 수 있다.[65]

정유는 중국의 선제를 배워 조선의 선제를 개선해야 한다고 하고 선제개선의 대책으로서 "조선 연해의 여러 고을에 외국의 표류선이 닿는 경우에는, 솜씨 좋은 공장工匠으로 하여금 표류인에게 선제 및 기타의 기예를 묻게 하고 또 표류선을 모방하여 만들게 하여 그 기술을 다 배운 뒤에 돌려보내도 무방할 것이다"[66]라 말하고 있다.

정유의 해외통상론은 북학론의 귀결이기도 하지만 당시 쇄국주의가 완고한 사회통념으로 되어 있던 조선에서 그것은 파격적인 제의였으며 일본 군함의 대포 위협 아래 우리가 쇄국의 문을 연 1876년의 개국에 1백 년 앞서 개국통상을 부르짖은 것이다.

정유의 이와 같은 해외통상론은 토정에 연원하는 것 같다. 즉 정유는 "토정이 일찍이 외국 장삿배 몇 척과 통상하여 전라도의 가난을 구제하고자 하였던 것"[67]을 들고 그 견식이 뛰어나고 원대함을 칭찬하고 있다. 그러나 정유는 토정의 아이디어를 더욱 발전시켜 서양과

---

64) 『湛軒書』 外集 卷10, 燕記・器用.
65) 강재언(한울편집부 역), 「실학사상의 형성과 전개」, 216~217쪽.
66) 『北學議』 內篇, 船.
67) 『北學議』 內篇, 船.

의 통상까지 논한 것이다.[68)]

그러나 이러한 국제무역에서는 반드시 나라 안에 산업을 일으켜 그 생산물로 교역하여야 하며 금·은 등 귀금속으로 교역하여서는 안된다고 주장한다. 여기서 정유는 은의 축적이 곧 국부를 증진하는 길이라 생각하여 자국의 원자재를 수출하고 외국으로부터는 소비재만을 수입하는 것은 현명한 무역방법이 아니라는 점을 강조했던 것 같은데, 이와 같은 그의 견해는 서구 중상주의의 중금사상과 일맥상통하고 있는 것 같다.[69)]

한편 그는 연경의 실용적 기술면을 배워오는 데 만족하지 않고 서사西士를 국내에 초빙하여 기술 습득을 꾀하자는 실로 적극적인 제의를 하고 있다. 이것은 중국으로부터 간접적으로 한역서漢譯書를 도입함에 의한 방법보다는 중국어·한문에 통달했던 서사를 직접 초빙한다면 서학연구에 있어 어학상의 장애를 극복함은 물론이고, 그들의 문명을 자율적이고 선택적으로 받아들일 수 있다는 주장이다.[70)] 서양 여러 나라와 최초로 맺은 1882년의 조·미 수호통상조약朝美修好通商條約에 이르기까지, 서사 초빙에 의한 서학연구와 그 보급을 국왕에게 공공연히 제기한 것은 정유의 그것이 유일한 사례인 것을 생각해보면,[71)] 그의 제의가 얼마나 혁신적이고 근대지향적인 사상의 발로이었는가를 짐작할 수 있을 것이다. 만일 19세기 전반기에 그의 주장대로 진취적으로 해외통상을 확대하고 서학연구를 비판적 선택적

---

68) 김용덕, 「북학파 사상의 원류 연구: 제1부 중봉의 실학사상」, 『동방학지』 제15집, 1974. 12, 68쪽.
69) 조기준, 「실학사상의 사회경제적 인식」, 85쪽.
70) 손승철, 북학의 근대사상사적 전개에 관한 연구, 성균관대 석사학위논문, 1979, 80쪽.
71) 강재언, 『한국의 개화사상』, 93쪽.

으로 전진시켰더라면, 그것은 서구 열강의 충격에 대한 해독제로 되고, 그것에 주체적으로 대응하여 자주적 개화의 길을 추진할 수 있는 내적 준비로 되었을 것이다.[72] 그러나 불행히도 그리되지 못하였으나 자주적 개국론은 개화사상에 의해 계승된다. 즉 개화파는 이미 1885년의 일본에 의한 운양호사건과 그에 잇단 강화도 담판이 있은 이전부터 자주적 개국을 주장하였고 내수외양內修外攘하기 위하여서도 외국의 훌륭한 과학기술을 배워야 할 것이라는 입장을 견지하고 있었음은 주지하는 바와 같다.[73]

3) 정유의 농업관

정유의 상업관은 뛰어난 근대지향의식을 지니고 있었음은 이미 살펴본 바와 같거니와 그는 농업에 대해서도 발전적인 견해를 펴고 있다.

그는 농업의 중요성을 십분 이해하고 있었으나 중농정책을 내세워 상공업의 발달을 억제하려고 하지는 아니하였다. 오히려 상공업과 교통의 발달이 농업발전을 자극하는 점에 관심을 갖고 있었다. 그렇기 때문에 그는 전제개혁에는 그리 흥미가 없었고 토지의 사적 소유를 인정하면서 농업생산성을 향상시키려 하였던 것이다.

정유의 농업관은 정조 22년에 농서를 구하는 윤음綸音에 대한 상소인 『진소본 북학의』를 살피면 알 수 있다. 그것은 한마디로 국가의 부력이나 전경제기구全經濟機構 내에서의 농업경제의 위치를 규정하고

---

72) 강재언, 「실학사상의 형성과 전개」, 36~37쪽.
73) 강재언, 「실학사상의 형성과 전개」, 52쪽; 김영호, 「실학과 개화사상의 연관문제」, 74~75쪽.

전경제기구의 원활한 운영 속에서 농업경영의 보다 더 합리적인 개선을 통해서 생산성을 높이고 국가 재정이나 경제질서 전반의 안정을 기하려는 것이었다.[74]

정유는 그가 중상론자라 하여 선 상공업, 후 농업이라는 본말本末 관계로 생각한 것은 아니고 상공업과 농업의 수평적인 상호 보완관계를 강조하였다. 즉, 국민경제의 각 분야가 서로 연관성이 긴밀하여 고립적으로 논할 수 없음을 말한 것이다.

그는 농업을 진흥시키려면 먼저 해농害農요인을 제거한 연후에 기타의 적극 시책이 강구되는 것이 순서라 말하고, 그 제거해야 할 해농 요인을 첫째, 놀고 먹는 유생을 제거할 것, 둘째, 수레를 사용할 것을 건의하고 있다.[75]

우리나라는 쓸데없는 유생이 옛적에는 없던 것이 지금은 있으며, 유용한 수레는 옛적에는 있던 것이 지금에는 없어져 이같이 이로움과 해로움의 전도가 극심하니 민생이 곤궁할 것은 당연하다 했다. 유생이 해농적인 존재인 이유는 그들이 농사에 종사하는 농민을 마음대로 사역시키는 봉건적 지배관계에 있다는 것이다. 그에 의하면 이러한 유생들은 전국에 반을 넘고 그러한 상태는 백 년이나 된 것이어서 농업이 크게 저해되고 있다는 데서였다.[76] 그의 놀고 먹는 인물들에 대한 대책은 이들을 상업활동에 종사시키려는 것이었다.

수레가 사용되지 않는 것을 해농으로 본 것은 농업생산에 있어서의 수레의 유용성을 포기하였다는 점에서였다.[77] 우리나라 군량과 민간수요의 곡물은 거의 전적으로 삼남지방에 의존하는 형편인데 해

74) 김용섭, 「조선후기 농학의 발달」, 317쪽.
75) 『北學議』 進北學議, 應旨進北學議疏.
76) 『北學議』 進北學議, 應旨進北學議疏.
77) 김용섭, 「조선후기 농학의 발달」, 320쪽.

운이 여의치 못한 경우에는 육운이 불가피한데 국민의 주식물을 사람이 지거나 말잔등에 실어 운반하는 고식姑息을 벗어나기 위해서 행거行車가 긴요한 일이란 것이다.

수레는 농사에서 혈맥과 같은 것으로 비유하여 그 개량과 보급은 농산물 시장을 확대시키고, 농산물에 대한 수요의 증대는 농업생산성을 자극한다는 것을 인식하고 있었다. 특히 수레가 보급되면 비료 운반이 용이하며 토지생산성을 증대시킬 수 있다는 것이다.[78]

그가 농업경영에서 가장 바라고 역점을 둔 것은 농지를 광점하는 데 있는 것이 아니라 소규모의 농지에서 최대의 수익을 올리는 것이었으며, 그러기 위해서는 자급자족적 농업생산에 만족치 않고 이윤을 목적으로 하는 농업, 즉 상업적 농업이 이루어져야 한다고 생각하였다.[79] 그리고 농업생산에 있어서 경영의 합리화를 위해서는 그 기초작업으로서 농법이 개량되어야 할 점을 제시하였는데, 그것은 경종耕種방식의 개선, 취분법取糞法의 개량, 농구의 개량 등을 들고 있다.[80]

경종방식의 개선은 우리나라에서의 전답의 치경治耕이나 파종播種이 잘 안되고 있는데 유의하고 있다. 그에 의하면 우리나라는 중국에 비하여 치경에서 이미 실전失田하고 파종에서 비곡費穀이 심하고 수확에서 그 소득이 또한 적은 셈이었다. 따라서 그는 색경穡經 이래로 한전旱田 농업에서 과제가 되어 있던 우리나라의 만전만파縵田漫播의 경종耕種방식을 중국식의 견종법畎種法으로 전환시키자는 것이었다.

취분법取糞法의 개량에 대해서도 그는 중국의 방법을 배울 것을 말

---

78) 송주영, 「정유 박제가의 경제사상」, 224쪽 참조.
79) 이성무, 「박제가의 경제사상」, 173쪽. 정유는 농업의 상품생산화를 적극적으로 주장한 대표자였다.(宮嶋博史, 이조후기농서의 연구, 청아편집부 역, 『봉건사회 해체기의 사회경제구조』, 청아출판사, 1982, 81쪽)
80) 김용섭, 「조선후기 농학의 발달」, 324~325쪽.

하였다. 그는 우리나라 도시의 길가에 회灰가 버려져 있고 분뇨수거
가 잘 안되어 있으며 퇴비堆肥가 불합리하게 되어 있음을 개탄하면서
그 개선의 방법을 중국의 경우와 같이 우리 당국에서도 기회기분棄灰
棄糞을 금하면 농사는 생산력이 증가하고 국내는 정결해지고 일거양
득이라 주장한다.

그는 농구의 개량을 매우 중시하였는데 무릇 농구와 물대기와 거
름하는 법이 맞지 않으면 농사라고 할 수 없다고 하였으며 쟁기와 보
습의 넓이와 척수가 정해진 연후에야 밭이랑이 제대로 이루어지고
김매는 데 힘이 덜 든다고 농구규격의 합리적인 통일이 이루어져야
제대로 농사지을 수 있음을 강조하고 있다.[81] 그런데 우리의 농구는
태고 때와 다름없는 상태로 버려져 한마디로 쓸 만한 게 없다시피 한
다고 말한다. 그리하여 정유는 없어서는 안될 중국 농구 일곱 가지를
들어 그 효능을 설명하고 있다. 양선颺扇은 한 사람이 써서 만 석의
절구질한 것을 키질하기에 어렵지 않고, 석저石杵라는 것이 있어 만
석의 쌀도 빻기가 어렵지 않으며, 수차는 마른 땅에 물 댈 수가 있으
며, 또 땅에 괸 물을 퍼낼 수도 있다. 호종瓠種은 씨 뿌릴 때 발이 아
프지 않게 할 수 있으며, 입서立鋤는 밭갈 때에 허리를 굽히지 않아도
되며, 우파耰耙는 흙덩어리를 깨뜨릴 수 있으며, 녹독碌碡은 씨를 고르
게 한다. 편리한 농구가 영농개선에 필수적이므로 그는『진북학의』
에서도 농구를 중국에서 도입하여 똑같이 만들어 널리 보급시킬 것
을 역설하고 있다.[82]

정유의 농학은 농업·상업·수공업 등 전 경제기구를 논하는 가
운데서 농업의 존재형태를 논하고 있다. 그리고 그 농학은 상업이나

---

81) 김용덕,「정유박제가연구」,『조선후기사상사연구』, 을유문화사, 1977, 179쪽.
82) 김용덕,「정유박제가연구」, 180~182쪽.

수공업 등 말업을 억압함으로써 농업을 발전시키려는 것이 아니라 현실적으로 옛날과는 달라지고 있는 전 경제기구의 균형 잡힌 운영 속에서 농업을 그 경제기구에 적응시키려는 데에 특징이 있다.[83] 그는 유통경제를 농업정책과 유기적으로 관련시키려고 한 것이며, 그것은 선진적인 중국의 유통경제와 농지의 경영관계가 관심의 대상이 되었고 또 이를 배우고자 한 것이다.

이상에서 본 바와 같이 정유는 상업관뿐만 아니라 농업관도 매우 시야가 넓고 기술적으로 한 걸음 앞선 것임을 알 수 있다.

4. 맺음말

지금까지 우리는 정유 박제가의 경제사상을 그의 선명한 근대지향의식이 집약되어 있는 상업관을 중심으로 살펴보았다. 그는 성호·반계 등 중농론자의 개혁이 봉건지배체제의 정비강화를 위한 보수적 이상에 그친 데 반해, 그 벽을 극복하고 근대에로 나아가려는 상업진흥론을 주장했다. 그는 이러한 관념에서 봉건적 신분제를 부정하는 양반상인론, 봉건적 유통질서의 파괴를 뜻하는 상업·유통을 중심으로 한 국내시장의 단일화, 쇄국에 의한 고립주의를 부정하는 해외통상론, 봉건체제의 파괴사상이라고 볼 수 있는 서사西士 초빙 등을 주장하였다.

그러나 불행히도 정유의 이러한 수발한 근대지향 의지·사상·변

---

83) 이재룡, 「중농적 제도개편론의 대두」, 『한국사』 14, 국사편찬위원회, 1981, 232~233쪽.

혁은 조선이 그 국운을 걸고 통과하지 않으면 안되는 관문이었던 까닭에 봉건지배세력의 억압에 의해서 충분히 여물지 못한 채 매우 빨리 그 싹은 베어져 버렸던 것이다.

그러나 그 싹은 아주 뭉개져 버린 것이 아니다. 그것은 19세기 후반에 이르러 서양의 무력적 침략과 더불어 서양의 근대문명과 접촉하였을 때 보다 능동적으로 근대지향의 조류에 적응하려는 움직임인 개화사상으로 연결되어 전통사회와 근대사회를 연결하는 교량의 역할을 담당했던 것으로 평가할 수 있을 것이니 서구 근대자본주의의 침투 이전에 자율적으로 이룩한 혁신의 논리라는 점에서 그 뒤 타율적인 역사전개 과정의 지속적인 왜곡과 혼란 속에서 우리가 다시 되돌아가 재출발할 사상적 원점으로서의 귀중한 유산이 되는 것이라 하겠다.

제9장
진북학의를 통하여 본 박제가의 농업론*

1. 머리말

박제가라 하면『북학의』를 연상하고『북학의』라 하면 전근대화기의 혁신적 사상을 담은 논저라고 인식되고 있다. 물론 이 명저가 그 시대의 필연적인 소산이라고도 볼 수 있으면서 이처럼 예리하게 정곡을 찌른 논설이 대담하게 개진되어 있다는 것이 특이하다. 실학의 분위기가 무르익어 가던 당시에 북학파의 사상이 강하게 부각되고 북학 인사들의 논술 중에서도 박연암의『열하일기』・『과농소초』와 박제가의『북학의』는 쌍벽을 이룬다고 하겠다.

『북학의』의 재평가는 몇몇 인사들[1]에 의하여 강조되어 왔거니와 지난 9월에 개최된 제10회 한국고전 심포지엄 '정유집의 종합적 검토'(진

* 이춘령. 전 서울대학교 농과대학 교수.
  원전 :『진단학보』제52집, 1981, 157~166쪽.
1) 김한석의 해설(김한석 역,『북학의』, 협동문고, 1947); 김용덕, 「정유박제가연구」,『사학연구』10호; 이익성의 해제(이익성 역,『북학의』, 을유문화사, 1971); 역사편찬위원회 간,『정유집』, 1962).

단학회 주최)에서 초정의 경제사상, 그의 사상적 위치, 그의 논집, 그리고 그의 시학론이 발표되고 검토된 바 있다.

박제가의 농업사상은 『북학의』 전편을 통하여 일관하게 흘러 있지만 내외편에서 초출抄出 보충한 진북학의편에 농축되어 있다고 볼 수 있다. 박제가의 경제사상이 중상주의냐 중공주의냐 혹은 농본주의냐 하는 논의는 매우 흥미를 자아내는 과제가 됨직도 하지만 필자의 천견으로는 보는 각도에 따라 3자 어느 것도 일리가 있어 난형난제격이며, 오히려 3자가 정립관계나 차륜(바퀴·살·축의)관계로 승화된 사상으로 보는 것이 어떠할까 한다.

『북학의』를 통한 정유의 농론은 실학사상에 북학사상이 융합된 농업관인만치 그 내용의 골자를 개관 고찰하면서 그 배경이 된 종래 농서의 서술의 흐름, 청조 초·중기의 과학기술 그리고 이를 통한 서양문화의 간접적 영향을 살펴보려고 한다.

2. 진북학의의 내용개요

『북학의』는 내편·외편·진북학의 3편으로 구성되어 있으나, 내외편은 아마도 1778~1779년에 즉 1778년 정조 2년에 사은사 채제공의 수행원으로 청국에 갔다 온 후에 탈고된 것 같으며, 진북학의는 1798년(정조 22) 왕지에 응하여 내외편 중 농업에 관한 몇몇 항목을 초출하고 이에 여러 타항목을 보충하여 진소본으로 작성한 것이다. 따라서 박제가의 농업론은 이 진북학의에 대부분 집중되어 있다고 볼 수 있다.

그 내용은 소疏·거9칙車九則·전田·분5칙糞五則·상桑·농기6칙農

器六則・철철鐵・도종稻種・곡명穀名・지리2칙地利二則・수전水田・수리水利,
노농老農・구전區田・주앙注秧・종저種藷・말리末利・태유达儒・둔전지비
屯田之費・준하3칙濬河三則・축창2칙築倉二則・선4칙船四則・오행박진지의
五行泊陳之義・번지·행樊遲許行・기천영명祈天永命・농잠총론農蠶總論・재부
론財賦論・통강남절강상박의通江南浙江商舶議・존주론尊周論 등 30항으로
되어 있다. 내편에서 초출되지 않은 항목은 축목畜牧・우牛・마馬・허
驢이며, 외편에 잔류한 것은 분糞・상과桑菓・부이희경농기도서附李喜經
農器圖序・부용미차설附龍尾車說設인데 맨 끝 두 항은 이희경의 저서의 서
에서 인용한 것 같다.

진북학의에 전개된 논법은 각론격인 차9칙 이하 20여 항에 걸쳐
일견 산만한 서술로 장단이 구구하게 일관된 느낌이 있으나 첫머리
의 진소문에서 계통있게 종합요약되었고, 농잠총론에서 기술론으로
재부론에서 농공상론을 그리고, 상박의商舶議에서는 무역론으로 비약
되고 있다. 각 항의 골자를 우선 일별하기로 한다.

고구려 때에도 있었다는 차제는 그 후 발전도 못 보고 점점 쇠퇴
하여 차륜사용의 이점이 전혀 망각되어 있음을 개탄하고 인력人力과
축력畜力을 수레의 활용으로 몇 배 이상으로 능률화시킬 수 있음을 강
조하여 중국의 각종 차륜제조기술을 배워 규격에 틀림없는 수레를
만들어 써야겠다고 하였다. 즉, 차륜의 사용은 농가의 운반수단으로
더 나아가서는 각지 농산물의 교역의 수송수단으로 농상農商의 활발
화를 기대할 수 있고, 또 교통수단으로 활용함으로써 도로・역참・도
시계획의 합리화로 이끌 수 있다는 것이다(車九則). 전답에서는 사람・
소・쟁기의 척도가 맞고 파종이 균일하여야 종자를 아끼면서 많은
소출을 낼 수 있다 하고(田), 거름으로 할 수 있는 것(인분뇨·축분뇨·짚·
잡초·도랑흙 등)이면 아껴 모으고 간직하여 선용하되 수레의 사용을 권

장하고 있다(糞五則).

농기구는 대소와 모양이 일정하지 않아 골과 두렁을 만드는데 대중에 의존할 수밖에 없으니 치수(규격)를 정하여야 하겠고, 호미와 쇠스랑 같은 것도 개량하고 용도에 따라 다양하게 만들어 쓰는 것이 좋겠다고 하였다. 서광계의 『농정전서』에 나오는 도식圖式을 참고하여 농구를 가려 만들고 둔전에서 시범하면 많은 사람들이 따라올 것이라 하고 있다(農器六則). 그런데 견고하고 예리한 농기를 만들려면 화력이 강한 석탄을 이용하는 것이 옳으며 중국서 사온 농구를 쓰다가 고칠 때라든가 수레바퀴 만드는 데에도 석탄이 필요할 것이라 하였다(鐵項).

볍씨는 중국의 조도早稻수입이 바람직하여 곡식이름은 식자識者를 시켜 통일하는 것이 좋을 것이다(稻種·穀名). 묵은 밭이나 두렁을 개간하거나 일구어서 경지를 늘이는 데만 힘을 쓰지 말고 작은 땅이라도 토질을 개량하도록 거름을 많이 주어야 하며(地利二則), 미신(풍흉을 보름달이나 별을 보고 점치는 따위의)보다는 농서에 따라 천시에 맞추어 그 땅에 적합한 곡식종류를 가려 인력을 다하는 것이 마땅하다(老農). 이윤이 창시刱始하였다는 구전법區田法은 비肥·척瘠·지세地勢·토성土性(자갈땅·모래·진흙 등)을 가리지 않고 시행할 수 있는 것이나 시비법·관개·이랑과 두둑의 다스림을 엄수하여야 성과가 있다(區田). 모내기법은 법으로 금하여야 이루어질 것도 아니며 폐단도 있겠으나 이익이 더 많을 것이다(注秧).

고구마는 구황작물로 으뜸이니 둔전관으로 하여금 별도로 심게 할 것이며 전곶箭串(살곶) 율도栗島에 많이 심을 만하며 일반 국민들도 스스로 재식栽植하게 권장하면 좋겠다. 종저種藷의 보존에 습기와 동해凍害를 입지 않도록 조심하여야 한다(種藷).

둔전의 규모는 10경頃, 소 20두, 차 10채, 군정軍丁 20인으로 하되 개간 파종에서부터 수확, 정미에 이르기까지 수문水門, 수차를 비롯 갖가지 농기구를 갖추어야 하므로 막대한 비용이 들 것이나 하여야 할 일은 시행할 수밖에 없다(屯田之費).

한강과 금강은 토사가 많이 떠 내려와 기존의 전답과 유역을 폐허로 만들고 있으므로 용조龍爪 같은 기구를 써서 준설함으로써 물의 제 길을 찾게 하고 옛 밭도랑을 다시 다듬고 새로 전답을 개간도 하면 증산과 둔전 경영에도 도움이 될 것이다(濬河三則).

창고는 반드시 벽돌로 벽을 쌓고 바닥을 깔아야 화재와 습기, 그리고 서해鼠害를 막을 수 있다. 중국에서는 누대樓臺·성곽城郭·원장垣墻·교량橋梁·구거溝渠·방구들도 벽돌로 만들고 있다. 벽돌 굽는 기술은 어려운 것도 아닌데 동방에서는 생각도 하지 않는다(築倉二則).

우리나라와 중국의 의식수준이 비교가 아니되며 빈부의 차가 심하고 빈민의 수가 너무 많으며 도비都鄙의 격차가 너무 심하다. 중국은 먼 곳이라도 도시만 되면 수도보다 못지않다. 학문은 과학만 위한 것이고 견문과 재식才識(기술과 지식)을 넓히거나 개발하는 것이 아니라는 풍조이다. 농잠기술을 근본적으로 개혁하여야 중국을 쫓아갈 수 있는데 이 땅에서는 기술에 태만하여 농토가 황폐하여도 대책을 강구하지 않는다. 인구는 증가하여도 국력이 모자라는 것은 중국의 기술을 배우지 않는데 있다. 중국에는 양선颺扇(짧은 곡식의 껍질을 바람을 내서 날리는 틀)을 위시하여 돌방아·틀 고무래 등 여러 가지 농구들이 있어 여러 사람일을 하며 갖가지 수차류가 관개와 배수의 양쪽 일을 다 하여 준다. 잠구류蠶具類와 목화씨 바르는 도구, 솜 트는 틀, 직기 등도 합쳐 능률 좋은 기구 10여종을 우리나라에서 이용한다면 그 이익은 이루 헤아릴 수 없을 것이다(農蠶總論).

이재理財를 잘하는 사람은 천시와 지리, 그리고 인사를 잃지 않는

것이니 능률 없는 도구를 써서 시간의 낭비가 심하면 천시를 잃는 것
이요, 밭 갈고 씨앗뿌리는 것이 법이 없어 비용만 많이 들고 수확이
적다면 지리를 잃는 것이며, 상인들이 통하지 않아 유식하는 사람들
이 많으면 인사를 잃는 것이다. 즉 기술·도구·주자舟車의 활용이 있
어야 적은 비용과 작은 땅에서 생산이 많이 나고 교역도 국내외로 활
발해진다. 시급책으로 경륜있고 재주있는 사람들을 파견하여 중국의
법도 배우고 도구도 사오며 기예를 배우게 하여 귀국하면 배워온 것
을 시험하고 보급시키도록 하면 중국을 10년 내에 쫓아갈 수 있고 사
치할 수도 있지 않은가?(財賦論).

　이상 각 항에 걸친 비판과 건의는 첫머리 진소문에서 태유(놀고 먹
는 과거 지망자의 도태), 차제의 부활 강화, 농기의 제조, 둔전의 활용(농
업 훈련자 분견), 선박활용, 중국淸에서 대한 일반 인식의 그릇됨으로 요
약되어 있는데, 자신은 농관農官으로서 가색稼穡(농사)의 경리經理에서
기론起論할 수밖에 없으나 농림축農林畜이 잘되며 공장工匠과 상고商賈
가 모여들고 환경이 정돈되며 모두 넉넉하여 오락을 즐기게 되기를
바랄 뿐이라고 하였다(進疏文).

3. 박제가의 농업론 분석

　박제가가 수회에 걸친 연경행에서 느낀 것은 중국의 의식과 문물
이 이 나라의 그것들과 너무나 비교가 되지 않았다. 어느 편이 오랑캐
인지 하고 한탄도 하고 비꼬기도 하였지만 농잠기술이 근본적으로 개
혁이 이루어져야 중국을 쫓아갈 수 있는데 결국 이웃나라인 중국의

문물과 기예를 배우려고 하지 않은 것이 잘못일 뿐이라고 생각한 것이다. 당시를 영정英正의 부흥기라고 하지만 역시 역대의 병폐는 깊이 남아 있었다. 즉 농정의 빈곤으로 빈농이 많아졌고 이에 따라 상공은 위축되어 국력은 약하여 갈 뿐이었다. 도시와 지방의 문물의 격차는 심하여 가고 농촌에는 오히려 인력이 모자라 부녀자의 전경田耕이 늘어갈 뿐이니 이는 인구는 증가하되 너무 많은 유식자들(특히 惰儒들) 때문에 농사를 망치는 결과가 나타난 것이다. 천농賤農사상의 만연과 농정의 부실에서 농경기술에 현저한 쇠퇴가 있다고 본 것이다.

초정은 구전·시비·도종·수리·이앙·종저 등 일반 농법에 관하여 피아彼我를 비교, 날카로운 비판과 대책강구를 시도하였지만 거의 일관하여 농기구에 강한 관심을 나타낸다. 이것은 곧 공工(장匠)에 대한 부흥책이오, 이어서 상商(고賈)에 대한 진흥책이 나올 원천이었던 것이다. 경운耕耘에서 쟁기와 소와 사람이 척도가 맞아야 고랑의 넓이를 일정히 할 수 있고, 균파均播와 종자의 절약이 이루어져 비배肥培관리가 잘 되어 증산을 기할 수 있다고 보았다. 이와 같이 모든 농구가 통일된 규격과 기준으로 개량되고 제조되어야 능률이 큰 효과를 볼 수 있다는 점을 강조하였고 이렇게 하기 위하여서는 만주에서 갖가지 농구를 사들이고 그 사용 기술을 습득하여 이 땅에서 제조 보급하되 큰 대장간을 서울에 설치하고 석탄의 열화熱火로써 제련하는 것이 좋겠다고 한 것이다. 쟁기류와 보습류의 치수(규격)를 정하여야 구전법을 실행할 수 있다는 것은 이미 말하였지만 호미도 긴 자루가 달린 것을 권장하고 쇠스랑도 여러 종류(물론 규격에 맞는)를 만들어 논밭의 쇄토정지碎土整地에 효과가 크도록 하여야겠다고 강조한다. 여기서 구전이라 함은 그의 말대로 토양의 비척肥瘠·지세地勢(경사 고도 등), 사력식양砂礫埴壤 등 토성土性여하를 불문하고 시행할 수 있는 영농 및 재배기술로서 전답의 구획區劃·관개·시비施肥·정지整地·휴한休閑·작촌 체계作付體系를 척도와 기준과 법도에 맞추는 것이다.

박제가가 특히 흥미를 느낀 중국농기로는 입서立鋤(자루가 긴 호미)· 양선颺扇(풍구류)·석저石杵(석제 정곡기精穀機)·우파耰耙(틀곰방메)·녹독碌 碡(틀고무래)·탄궁彈弓(솜을 타는 틀)·교차攪車(씨를 바르는 물레차)·소차繅 車(고치 켜는 물레)·길고桔槹(틀 두레박)·옥형玉衡(이것도 관개용구)·용미龍 尾(수차류)·통거筒車(수차류) 등이 있다. 이것들은 모두가 틀농구로서 인 력·축력·풍력, 또는 수력을 동력으로 하는 기계식 농기구인 것이 다. 수차류는 조선조 초부터 도입 보급을 대단히 서둘고 권장하였으 나 너무나 빈번하였던 가뭄 그리고 설치의 비용과 번거로움으로 성 과를 못 보았던 터이다. 그리하여 박제가는 이렇게 시급책을 개진한 다. 즉 경험 있고 재주 있는 사람을 10명 정도 매년 중국에 파견하여 중국의 농법도 배우고 기구도 사오고 그 기에도 배워 오게 하여 국내 에 시험하는 기관을 설치 습득한 기법을 보급시키기를 10년 거듭하 면 10년 내에 중국을 쫓아갈 것이라 하였다.

이어서 그는 벽돌 창고의 설치로 곡식의 저장을 안전 대규모화하 고 주차舟車의 활용으로 농산물의 수송을 원활히 하여 각지의 산물이 골고루 교류되어 각종 농사가 은성殷盛하여지고 이에 따라 상공업도 활발하여 질 것이 아니냐고 강조한다. 특히 차제에 관하여서는『북학 의』내편 첫 항에 상세한 내용을 담고 있는데, 승용수레는 태평거太平 車, 화물 운반용은 대거大車·농용農用은 농거農車로 나누어 바퀴와 그 위에 얹힌 구조물의 크기와 모양과 짜임을 중국 것과 국내 것을 비교 하고 있다. 차륜의 사용이 인력과 축력을 얼마나 효율있게 일에 쓸 수 있게 하는가를 힘주어 설명하고 있다.

4. 명말청초의 중국과학2)3)

포르투갈인들이 마카오를 점거한 명의 가정연간嘉靖年間(1522~1566) 이래 유럽인들이 각기 국가권력을 배경으로 대거 진출하게 되었다. 그 후 명은 임진 정유왜란 때 파병으로 국력을 많이 썼고 만주에서 일어난 여진족의 세력이 점차 강해져 이에 대항할 일도 커졌으며 국내로는 환관정치와 당쟁의 소용돌이에서 왕조자체는 붕괴를 향하여 갔다. 그러나 강남은 산업이 발전하여 갔으나 이를 촉진시킨 것은 은통화의 소통이다. 즉 16세기가 되면서 조세를 비롯한 상납금은 물론, 서민들 사이의 매매에도 은이 쓰이게 되었다. 그리하여 환금작물로서 목화의 재배와 양잠이 성행되었고, 농촌의 가내공업은 물론 도시에서는 더욱 대규모의 직물업과 염색업이 발달하였다.

16세기 말의 혼란 속에서도 훌륭한 과학서가 쓰여졌으니 『산법통

---

2) 藪內 淸, 『中國の科學文明』, 151~178쪽 참조.
3) 당시의 중국과학기술이 북학자들의 선망의 표적이 되었음은 말할 나위 없지만 그 영향이 아주 없었던 것은 아닌 것 같다. 그 예로 수원성 축조가 1796년(2년 7개월 만에) 완성을 보았는데, 이 때 사용된 기구 중에 擧重機 · 轆轤 · 大車 · 平車 · 發車 · 童車 · 향판 · 雪馬 등이 있었다. 華城城役儀軌(정조의 수원성곽축조의 시말 · 제도 · 의식 등을 상세히 기록한 활자본으로 많은 도면이 포함되어 있음)에 의하면 이들 기구가 기중기 또는 운반도구로 성 축조에 큰 구실을 하였다. 거중기로는 일종의 pulley(활차) 이용으로 상당히 서양화된 기중장치인 것으로 보인다. 녹로와 아울러 중국에서 구매 또는 본떠서 국내에서 제작한 것이 아닌가 한다. 상기한 의궤에 전도와 분도(소위 분해도)가 자세히 도설되어 있다. 운반용인 차류도 중국에서 쓰이던 대규모(수십 마리의 우마가 끄는)의 것들이다. 의궤 첫머리에 나오는 御製城華籌略의 '차제'항에 정조의 관심 있는 의견이 개진되어 있다. 이것을 보면 『과농소초』와 진북학의가 상진된 연도와 별차 없는 때에 정부의 대역사에는 북학자들이 갈원하던 차류의 활용이 나타날 수 있었던 것이다.

種算法統宗』(1573~1619; 상공인에 필요한 수학과 주산법을 포함할 정도로 규모가 컸음)·『본초강목本草綱目』(1596; 이시진李時珍 엮음, 식물학·생약학의 고전으로 유명함)·『천공개물天工開物』(1637; 송응성宋應星 지음, 당시의 산업을 다룬 것으로 器物의 도해가 많음)·『원치園治』(조원造園 기술을 다루었음) 등이 민간인들 손에서 이루어졌다. 한편으로 천문학은 종래의 역법(원의 수시력授時曆과 이슬람 천문학)에서 탈피할 의논이 일어나던 차, 포르투갈선을 타고 온 야소회 선교사들이 그들의 천문학이 우수함을 보여주어 만력제萬曆帝의 신임을 얻었고 명말의 대관인 서광계에 의한 개력改曆의 준비가 이루어져 대대적으로 유럽의 과학을 도입하는 계기가 생겼다.

마테오 리치(Matteo Ricci, 利馬竇)는 북경 재주在住의 허가와 포교의 자유를 얻은 것이 1601년이며 그 이후 천문학·수학·지리학을 많이 소개하였고, 세계지도 '곤여만국전도坤與萬國全圖' 간행으로 명성을 떨쳤다. 서광계는 마테오 리치에 의하여 교도가 된 고관인데 유럽과학에 심취하여 『기하원본幾何原本』이라는 유클리드기하학의 한역서를 출판하기도 하였다. 서광계는 『농정전서』를 간행하였는데 이는 중국 북방의 식량자급을 목표로 천진에 농장을 마련하여 여러 가지 농작물을 재배 시험하면서 여러 농서를 참고하여 엮은 것이다. 이 책은 우리나라와 일본에서도 많은 참고가 되었다. 또 그의 숭정역서崇禎曆書(1628~1644: 130권 이상의 천문서, 유럽천문서의 번역) 편집은 아담 샬(Adam Schall, 湯若望)이 중심이 되었던 것인데 소현세자(1645, 인조 23)와 김육(1646)이 각기 청에 갔다 돌아올 때 사가지고 왔다는 천문역학서와 관계가 있을 것이다.

숭정제崇禎帝의 자살(1644)과 함께 명은 사실상 종언한 셈이고 이때부터 청의 치순제順治帝의 치세가 시작된다. 서광계가 계획한 개력改曆은 명대에서 실현은 못 보았으나 청조 1년에 개력이 정하여지고 다음해에 신력이 사용되었다. 아담 샬은 그대로 청조로 이어져 숭정력서를 개편하여 1백 권의『서양신법역서』를 출간하였다. 아담 샬의 옥사 후 벨기에 태생 남회인南懷仁이 흠천감정欽天監正(지금의 천문대장에 해당)의 자리에 있었으며 그 이후 아편전쟁 직전까지 야소회를 중심으로 하는 선교사가 국립천문대를 운영하였다. 강희제康熙帝(1662~1722)는 유럽의 자연과학에 큰 흥미를 가졌던 이로 프랑스 선교사를 통하여 유클리드기하학을 배웠고 또 다른 선교사에게서는 의학의 강의를 받았다. 만문滿文으로 된『각체전록各體全錄』(해부서, 번역으로 현존본이라 한다)도 이때의 산물이다. 강희 말년에는 중국 전토의 측량과 정밀한 근대적 지도의 완성이 프랑스 선교사들의 도움으로 이루어져 루이 14세 때에 파리에서 '황여전람도皇輿全覽圖'가 인쇄되었다. 이때에 중국의 전통문화(도기·직물·예술품 등)가 많이 유럽에 전하여지고 중국 고전의 번역 기타 사상과 문학에도 영향을 주었다 한다.

건륭乾隆(1376~1795)과 가경嘉慶(1795~1820)은 중국의 전통적 학문이 화려하게 부흥한 때다. 명대의 유학과는 대조적으로 고증학을 중심으로 하는 고문헌의 연구가 유학에 채택되어 새로운 복고적 학문연구가 활발히 이루어졌다. 예를 들면 청조 제일의 역산학자인 매문정梅文鼎은 유럽과학을 한역서를 통하여 연구하면서 그것을 비판하기도 하여 유럽의 천문학과 수학의 기원을 중국 고대에서 찾기도 하였다. 대진戴震은 고전 수학서 발굴로『산경십서算經十書』를 간행하여 주목을 끌었다. 건가유학乾嘉儒學의 중심이었던 고증학은 고전에 보이는 낱말을 하나하나 실증적으로 연구하여 고전의 충실한 해석을 과제로 삼았다. 이 중에는 천문학, 수학, 기타 과학기술에 관한 기술도 적지 않은데 이들의 검토도 대상이 되었다. 예를 들면 대진戴震의『주례고공기周禮考工記』(중국 고대의 기술서)와 완원阮元의『주인전疇人傳』(고대에서 당시까지의 천문학자 수학자의 전기)이 그러하다.

5. 농서로서의 진북학의의 위치

조선조 연간에 저편되었거나 간행된 농서류는 상당한 수효를 헤아릴 것으로 보나 산만된 것이 많아 기록상으로만 존재를 추적할 수 있는 것도 많다. 다행히 근자에도 발굴되는 예가 더러 있어 고전 농서 연구에 적지 않은 희망을 주고 있다. 지금까지 알려진 고농서들을 보면 유형상 순농업기술서류를 필두로 정책론·제도론을 겸한 농서류와 백과식 전서에 포함된 농서류로 우선 대별할 수 있다. 농업기술에 중점을 둔 편저로는 농관용農官用 지도서에서 대중용이라고 볼 수 있는 농가류農歌類와 풀이를 가미한 소위 언해諺解 농서류에 이르는 월령 또는 농작물별 서술로 된 책들을 볼 수 있다. 필자 또는 편자로 보면 정부수준(즉 관찬 등)에서 시작하여 고관 또는 유학자들이 향리에 은퇴 칩거하여 집필(중국 또는 국내의 기존 농서를 참조하거나 향관鄕關의 농부들과의 접촉에서)한 것, 외국행 사신 또는 이에 수행하였던 인사가 문견聞見한 외국 경험에서 이루어진 논저, 그리고 저자 미상인 농가류農歌類를 볼 수 있다. 그런데 기이한 것은 현재 우리나라 고농서류가 대개 유명한 문관 또는 유학자들에 의하여 엮어져 있다는 사실이다. 물론 실학이나 북학의 인사들이 많이 이러한 실용적인 면에 손을 대었지만 그 이전의 농서류에서도 그러하였던 것이다. 농본주의를 내세웠지만 내용으로는 천시를 받아왔던 농사이고 그 당사자인 농부들이었던 것이 아닌가? 그리고 보면 실학 이전에도 상당히 소급하여 그 원천이 이미 싹 트고 있었다고도 볼 수 있다. 조선조 초 이래의 농서류를 중요한 것들만 골라 그 편저의 경향 추이를 간단히 살펴보기로 한다.

우리나라의 농서는 중국 농서들(예『농상집요農桑輯要』)의 번역 또는 초역에서 시작되어(아마도 고려시대부터) 이 땅의 풍토에 맞는 것이 관찬 또는 개인 저편으로 간행되기에 이르렀는데 각기 강조한 대상에 차이가 있어 곡식농사 재배에 편중하다가 그 범위가 원포園圃(지금말로 원예)에 미치기도 하고 또는 목화를 비롯한 섬유작물과 약초류와 염색식물 같은 특용작물들이 포함되며 과목果木(지금말로 과수), 임목, 그리고 양잠(이것은 독립된 잠서류로 많이 간행되었음)·양봉·양축養畜도 합쳐지며, 농산가공(식품가공 포함)을 곁들이기도 하였다. 그 좋은 예로 구황법救荒撮要까지도 보태어 이미 간행된 3종의 농서들을 합본 간행한 것으로 유명한『농가집성農家集成』(1656년 효종 때)을 들 수 있는데 상술한 바와 같은 각 농서의 특징(또는 편중)이 균형있게 조화되었다고 볼 수 있다. 농령農曆(또는 월령식 농서)을 겸한 것으로『농가집성』에 함입된 사시찬요四時纂要와 고상언高尙顔이 저술한『농가월령農家月令』(광해군 때)은 24절별로 (양력에 해당함) 농사를 논술하여 농시農時를 정확히 알리는 데 역점을 둔다.

실학풍조의 성숙과 함께 실학자들의 농정론이 농업기술론을 아울러서 강력히 대두하였으니『반계수록』(유형원 저, 1670)·『농포문답農圃問答』(정상기 저, 영조 때) 같은 제도론적 서술, 그리고『색경穡經』(박세당 저, 1676)·『산림경제山林經濟』(홍만선 저, 숙종 때)와 같은 소백과를 겸한 광범위한 농업기술서를 볼 수 있다. 그리고 조선조 역대의 흉년빈발은 구황서적(『구황벽곡방救荒辟穀方』·『구황촬요救荒撮要』·『충주구황절요忠州救荒切要』등)의 간행과 중간이 자주 있게 하였는데 유지 인사들의 구황작물에 대한 관심은 조엄趙曮의 감저도입甘藷導入(1763)으로 이끌어졌다. 즉 그 이

후로 『강씨감저보姜氏甘藷譜』(강필이 저, 1765)·『감저신보甘藷新譜』(김장순
저)·『종저보種藷譜』(서유구 저) 등 많은 사람들의 고구마 재배법 연구발
표를 낳게 한 계기가 되었다.[4] 비슷한 무렵에 옥수수가 도입된 것 같
고(유중림의 『증보산림경제』에 옥수수 재배법이 기재되었음) 감자는 고구마보다
60년이나 늦게 함경도를 통하여 들어온 것이 불과 10년여에 전국의
재식을 보게 되었다(이규경의 『오주연문장전고』, 북저설). 이와 같이 영·정·
순英正純의 3왕대에서는 실용구시의 학풍과 일반기풍이 팽배하여진 가운
데에 인접국과의 교류가 이 땅의 농업에도 영향을 미치고 있었다.

   이러한 분위기 하에서 정조는 갖가지 권농책을 꾀한 중에 농서를
널리 구하여 40인(대부분이 야인)이나 응모한 적이 있었다(1798).[5] 이 중
에 박지원의 『과농소초』와 박제가의 『진북학의』가 들어 있었으니 연
암은 1780년에 연경을 다녀와 『열하일기』를 썼고, 초정은 1778년에
청을 다녀온 후에 『북학의』를 이미 지어 놓고 있었던 터다. 『과농소
초』의 내용은 수시授時·농기·경간耕墾·분양糞壤·수공水攻·택종擇
種·서치鋤治·비황備蝗·수확·양우養牛 등 각 항에 걸쳐 국내와 중국
의 농서를 널리 발초하고 자안自按을 부쳤는데 특히 농기에 힘을 많이
들였다. 수십 종의 농기류에 대하여 피아의 장단을 논하고 중국의 농
기류에서 본뜰 만한 것을 많이 추천하면서 농기제조에 영장令匠두기
를 진언하고 있다. 모내기移秧법을 신진대사 작용推陳致新과 잡초억제

---

4) 진북학의의 種藷 항은 고구마의 재식을 권장하는 내용으로 보고 싶다. 김한석 역
   의 『북학의』(48쪽)와 이익성 역의 『북학의』(273쪽)에는 감자에 관한 것으로 번역되
   어 있으나 이때에 감자는 도입되고 있지 않았으므로 감자로 생각할 수는 없다. 감
   저 도입(1763)과 『강씨감저보』(1765)가 이루어진지 30여 년이 지난 때이므로 박제
   가가 이에 주목하여 고구마 재식의 적지로 보이는 살곶과 밤섬(輕鬆한 토양으로
   된) 등에 많이 심기를 권하였다. 고구마 종자, 즉 씨고구마의 저장의 어려움과 비
   법도 아울러 언급하고 있다.
5) 『정종실록』 권50 22년조.

효과極省耘鋤之力로 합리화하였고,[6] 수차의 사용도 역설하였다.

진북학의는 앞서 언급한 바와 같이 이미 써놓았던 『북학의』에서 농에 관한 항들을 뽑아내고 이에 몇 항을 덧붙여 강화한 것으로 항목의 배열과 서술법이 산만한 듯이 보이나 내용은 예리한 비판으로 일관되어 있다. 즉 진북학의는 농업기술서가 아니라 조선 농업비판론에 해당한 것으로 하나하나의 비판대상이 중국의 그것과의 비교에서 이루어지고 있는 것이다. 『과농소초』가 체계있는 농업기술서인 데 비하여 진북학의는 중국에서의 견문을 토대로 이 나라의 농업의 후진성을 지적하고 그 대책으로 '중국 배우기'(간접법으로 서양 배우기)밖에 없다는 것이 그 결론이라 할 수 있다. 그러나 두 책 사이에는 공통점이 많아 수리론・이앙론 등에서도 의견이 일치되지만 특히 농기류에 대한 지대한 관심과 진언한 대책은 너무나 비슷하다.[7] 양 저자가 중국 견문을 통하여 체득한 우리나라의 농업관에는 차이가 없었으나 박제가의 사고에는 차원이 높은 데가 있었다.

6. 맺음말

이상으로 진북학의 내용의 개요를 더듬어 보고 그 속에 담긴 박제가의 농업관과 이를 이룩하게 한 요인을 찾아보고자 그가 네 번이

---

6) 大阜凶歲의 빈번으로 禁移秧 上請이 많았다.
7) 박지원이 추천한 수십 종 농기 중에서도 특히 그의 흥미를 끈 것은 櫌・榜(쇄토기 碎土器)・秧馬(논의 이앙기)・壁種(파종기: 황해도에서도 사용)・礰礋・礰碡(틀고 무래류)・鐵塔・輾・礱磨・石磨(틀방아) 등이 있다.(이춘녕,『이조농업기술사』, 73~74 참조)

나 다녀온 중국의 과학, 그리고『북학의』를 전후하여 나온 농서류를 비교하여 보았다.

박제가는 그 선배인(또는 사사한) 박지원을 필두로 홍대용・이희경・서상수・유득공・이덕무・서이수・서명응(『해동농서』를 쓴 서호수의 부친이며『임원경제지林園經濟志』를 편저한 서유구의 조부)・홍양호 등과의 교유가 두터웠는데 이들의 대부분(별표를 붙인 인사들)은 연경을 다녀온 경험이 있다. 실학자 내지 북학자를 이루는 이들과의 친밀한 접촉에서 박제가의 사상은 더욱 세련되었을 것이며 또 이들에게 준 영향도 적지 않았을 것이다. 청의 문화에 대한 흠모와 국내 제반문물에 대한 실망 그리고 강력한 대책의 갈구 등에서 공감이 컸던 것이다.『과농소초』와『북학의』의 공통점은 그 좋은 예가 된다.

이들 인사들이 왕방往訪하였던 중국은 국내의 완객頑客들이 생각하던 오랑캐의 나라가 아니라 한민족의 문화에 동화되면서도 더 나아가 서양의 과학과 기술을 대담하게 도입한 문명의 나라였다. 산업혁명 전야의 유럽의 기계문화가 중국의 산업에 깊숙이 침윤하고 있을 때이므로『북학의』의 저자는 청의 물질문화에 심한 충격을 받았던 것이다. 배청론이 여전하게 들끓고 있던 국내의 문물이 너무나 초라하게 보였고 인구의 대부분이 빈농인 이 땅의 군색窘塞을 탈각하기 위하여서는 근본적인 혁신책이 필요하다는 것을 현명한 그가 누구보다도 절감하게 되었다. 즉 유식자인 범유凡儒들을 농・공・상으로 돌려 인력의 효용에 이바지하게 하고 농・공・상을 활발화하기 위하여서는 기술을 향상시키는 것부터 시작하여야 하겠는데 중국문물을 배우고 본떠야 한다는 주장이었다. 그의 '중국배우기・서양배우기學中國・學西洋'는 기계의 제작과 활용에 집중되어 기계의 기본 단위인 수레바퀴 이용부터 논하기 시작한 것이다(『북학의』 내편 첫 항).

수레바퀴의 이용은 승용·운반용·관개배수용 및 제분용 등에 걸쳐 인력과 축력을 절감하여 수배의 능률을 낳게 하고 수력과 풍력을 원동력으로 이용할 수 있었다. 이와 같은 차륜활용의 발전은 그 재료 특히 철의 제련기술 향상이 필요하였고 이러하기 위하여서는 화력 좋은 연료인 석탄의 이용이 절실하였다. 기계류의 도입(구매)와 사용 그리고 제작 등의 기술습득의 필요성은 농기류에 집중되었고 이로 말미암아 공장工匠이 진흥되며 지역간의 거리단축(수레와 배 이용으로)과 아울러 상고商賈의 활발화가 기대되는 것이었다.

초정의 농론은 종래의 그것과는 달리 상·공과 연결되는 기본과제 즉 농업의 기계화(전근대적 수준의)를 제론한 것으로 볼 수 있다. 그리고 이는 태서泰西의 영향을 많이 받은 청의 농법(농정·영농·농기술)과 이를 둘러싼 제요소(상공·이재·국방 등)를 발판으로 국내사정을 냉철히 파악하고 적극적인 증산책을 내세운 것이다.

제10장

초정 박제가의 상업우위론*

초정은 서출양반으로서 문필이 뛰어나 그의 글씨는 조선 말기의 서풍과 추사체 형성에 큰 영향을 미쳤다. 간결한 필치에 맑은 문기文氣가 풍기는 그의 그림은 생동감이 넘치는 꿩 그림과 고기 그림으로 유명하다.

초정 박제가[1]는 효성이 지극했던 정조대왕의 총애를 받으면서 네 차례에 걸쳐 청나라의 물질문화를 관찰하고 『북학의』를 저술하여 밖으로는 정치제도와 사회제도를 개혁하여 신분차별을 타파하고 안으로는 생활도구를 개선하여 국민생활의 품질을 높이고 상공업 장려를 통하여 국부를 축적하여야 한다는 이용후생론利用厚生論을 전개하였다.

1. 정덕이용후생론

국가의 가장 큰 폐단이 가난이다.[2] 이를 극복하려면 덕목德目을

---

* 이훈섭, 경기대학교 경영대학 교수.
  원전 : 이훈섭, 『한국전통경영론』, 답21북스, 2004, 641~648쪽.
1) 초정楚亭은 갈대처럼 바람에도 꺾이지 않고 항거한 도인이었다(위항도인葦抗道人).

바르게 세워야 한다(正德). 덕목을 바로 잡으려면 성리학의 이념인 성명의리性命義理와 경학經學의 이념인 도덕윤리를 실현해야 한다. 성명의리와 도덕윤리의 실현은 인간생활의 풍요 속에서 가능하게 된다. 인간생활의 풍요는 기술과 도구의 개발을 수단으로 삼아야 이룩될 수 있다.3)

그런데 과거시험을 치를 때 성명의리4)를 빠트린 채 단순히 시문時文5)의 안목으로 육경六經6)과 고문古文을 장황하게 설명하는 것은 경서經書를 모반하고 옛 것을 모독할 뿐이다.7) 그리고 의식衣食이 부족하여 재화가 유통되지 아니하고 과거시험으로 말미암아 숭고한 학문이 손상되며 사람들의 기풍이 문벌에만 집착된다면 사람들의 견문이 넓어질 수 없고 재주와 식견이 열리지 못하면 문화가 사그라진다.

문화가 사그라지면 제도가 파괴되어 백성들의 수효가 날로 늘어나더라도 나라는 날로 허약하게 마련이다.8) 그러므로 서경書經에서 이른 대로 오로지 덕목을 바르게 하고 쓰임을 이롭게 하여 생활을 두텁게 해야 한다.9) 여기서 생활을 두텁게 한다는 것은 입을 것과 먹을 것이 풍족해야 한다는 뜻이다. 동시에 대학大學에서 이른 대로 재물을 생산하는 데에는 쓰임새의 이로움을 신속하게 하고 생활을 두텁게

---

2) 『北學議』外篇, 丙午所懷.
3) 김길환, 「박제가의 생애와 사상」, 『실학논총』, 전북대학교호남문화연구소, 1975, 496쪽.
4) 性理 : 性命義理·心性生命義理·人性生命義理.
5) 時文 : 시류에 편승한 문장.
6) 육경六經 ① 易經·詩經·書經·春秋·禮記·樂記.
　② 易經·詩經·書經·春秋·禮記·周禮.
7) 『北學議』外篇, 科學論.
8) 『北學議』進北學議, 農蠶總論.
9) 『北學議』進北學議, 農蠶總論.

할 수 있도록 의식을 풍족하게 만드는 대도大道를 취택해야 한다.[10]

이와 같이 초정은 이용후생의 본질을 성리학의 성명의리와 경학의 도덕윤리에서 출발하였다. 이는 18세기 이후 실학의 대상이 실제생활에 유용한 기술도구우선주의의 신사조에서 잉태되었다는 견해를 무색하게 만들기에 충분하다. 특히 실학을 현실적 의의가 있는 학문이라고 풀이할 때[11] 시대적 요청에 따라 이어 내려온 경세치용학파經世致用學派를 비롯한 이용후생학파와 실사구시학파實事求是學派를 묶어서 실학이라고 부르고 이를 성리학과 경학을 부정하는 반동적 사상이라고 인식하는 것은 실학의 체계 및 방법에 대한 무지와 유학의 내면구조 및 논리에 대한 몰이해의 소치다. 왜냐하면 실제생활에 유용한 실제사고는 기술·도구·물질을 추구하는 것만이 아니고 도덕과 윤리 등 정신 측면도 실제생활에 유용한 실제 사고思考에 포함되기 때문이다.[12]

2. 생산소비관계론

초정은 중국의 멸망원인이 사치에 있다면 조선의 쇠퇴원인은 지나친 검소에 있다고 진단하였다.[13] 왜냐하면 검소는 물건이 있음에도 허비하지 않는 것이지 자기에게 없는 것들을 스스로 끊어 버리는 것이 아니기 때문이다.[14] 그러므로 상민商民이 사·농·공·상 사민四

---

10) 『北學議』進北學議, 農蠶總論.
11) 역사학회편, 『실학연구입문』, 일조각, 1986, 3쪽.
12) 金吉煥, 「朴齊家의 生涯와 思想」, 『實學論叢』, 1975, 500쪽.
13) 『北學議』內篇, 市井.

民 가운데 하나에 불과할지라도 그 하나가 나머지 셋에 통하게 되어 10분의 3에 해당하는 몫을 차지하고 있는 것이다.[15]

특히 생산과 소비는 유기적 관계를 이루고 있다. 재물은 마치 샘 井과 같다. 샘 안에 고여 있는 물은 퍼내면 가득 차고 버려두면 말라 버린다. 마찬가지로 비단옷을 입지 않으면 나라 안에 비단 짜는 사람이 없어지게 되어 베 짜는 여인들이 쇠퇴한다. 그리고 사람들이 쭈그러진 그릇을 싫어하지 않아 기교를 숭상하지 않으면 나라 안에 공장工匠과 도야陶冶[16]의 할 일이 없게 되어 기예가 쇠망하게 된다. 기예가 쇠망하게 되면 농사가 황폐해져서 농사법이 사라지게 된다. 이에 따라 상리商利가 얇아져서 상업이 쇠퇴하게 되면 사민이 모두 곤궁해져서 구제할 길이 없게 된다.[17] 생산자와 소비자의 관계는 상호 도전자도 아니고 상호 대결자도 아닌 동반자와 동행자의 관계를 가진 오월동주吳越同舟격이다.

그런데 사람들이 쌀밥과 비단옷만을 먹고 입으니 나머지 물건들은 모두 쓸데없는 꼴이 되고 만다. 그러므로 쓸모없는 물건을 사용하여 유용하게 만들지 아니하면 유용한 부문이 한 쪽으로만 흘러들어가게 되어 전반적으로 유통되지 않아 결국 고갈되고 만다.[18] 왜냐하면 생산된 물자가 소비되어야 재생산이 가능하기 때문이다. 이에 덮어놓고 소비를 억제할 것이 아니라 생산진흥에 치중해야 한다. 따라서 무로써 유를 도울 수 있는 방안이 강구되어야 한다.[19]

---

14) 『北學議』 內篇, 市井.
15) 『北學議』 內篇, 市井.
16) 도야: ① 도자기를 구워 만드는 일과 주물을 만드는 일, ② 심신을 닦아 기름.
17) 『北學議』 內篇, 市井.
18) 『北學議』 內篇, 市井.
19) 『北學議』 外篇, 丙午所懷.

이러한 초정의 견해는 상인을 사·농·공·상의 사민 가운데 일
민─民으로 보아 서열적 신분개념이 아닌 직업의 분업적 산업구조에
서 상업의 중요성을 역설한 것이다. 이는 상업이 발달되어야 농업과
공업이 함께 발달될 수 있다는 중상주의적 경제관으로서 서양의 근
대경제학을 방불케 하는 독특한 이론이었다.[20]

3. 양반상인장려론

초정은 토정 이지함 선생을 비롯한 중봉 조헌 선생과 반계 유형
원 선생을 경모 사숙하였다. 초정의 놀라운 선경지명과 근대사상의
원류는 이들과 연관되고 있다. 중국 사람들은 가난하면 장사를 하는
데 진실로 현명한 일이다. 이러한 풍속과 명예는 스스로 갖고 있는
것이다. 그러므로 유생들이 거리낌 없이 직접 서점에 드나들면서 서
적을 구입하고 심지어 재상들도 친히 융복사隆福寺[21]에 가서 옛날의
골동품을 구입하고 있었다. 이는 청나라만의 풍속이 아니고 명나라
와 송나라 때부터 내려온 것이다.[22]

그런데 우리 한반도의 풍속은 쓸데없이 겉치레만 높이고도 거리
낌이 많으니 오히려 사대부들이 놀고 먹으면서 일을 하지 않는다. 들
판에서 농사짓는 것을 알아주는 사람이 없다. 짧은 저고리를 입고 대
나무껍질로 만든 삿갓을 쓴 채 시장을 다니면서 매매를 하고 줄자·

---

20) 金龍德, 「朴齊家의 北學議」, 『韓國의 實學思想』, 三省出版社, 1981, 275쪽.
21) 융복사: 골동품 등을 팔던 절이다.
22) 『北學議』內篇, 商賈.

먹통·칼·끌 등을 가지고 다른 사람의 집에서 품팔이하면 부끄러운 나머지 혼인까지 끊는 일이 있다. 그러므로 비록 집안에 돈 한 푼이 없더라도 모두 가장자리를 수식한 높은 갓에 넓은 소매의 옷을 입고 나라 안을 돌아다니면서 큰 소리만 쳐대고 있다. 어쩔 수 없이 세력에 의지하여 권세를 부리는 것이다. 따라서 청탁의 습성과 요행의 문이 열리는 날이 오면 시정의 사람들도 그들이 먹던 음식의 나머지를 더럽다고 내팽개칠 것이다.[23]

재물을 관리한다는 것은 위로 천시天時를 잃지 않고 아래로 지리地利를 잃지 않으며 가운데로 인화人和를 잃지 않는 것이다.[24] 이는 단군의 삼재사상三才思想에서도 엿볼 수 있다. 그러므로 놀고 먹는 사람들은 나라 안의 큰 좀벌레다. 놀고 먹는 날이 늘어날수록 사족士族이 날로 번성하게 된다. 이러한 무리들이 나라 안에 널리 퍼져 있게 되면 일개의 벼슬로는 모두를 수용할 수가 없다. 이 일을 처리해낼 술책이 있어야 뜬소문이 일어날 수 없고 나라의 정치가 잘될 수 있다.[25]

따라서 수륙으로 왕래하면서 교역하는 일은 모두 사족에게 맡겨 종사시켜야 한다. 이러한 사족에게는 자금과 장비를 빌려주고 전포를 지어준다. 그리고 능력이 현저한 사람을 선발하고 권장하여 날로 이득을 추구하게 만들면 점차 놀고 먹는 사람의 세력이 사라질 것이다. 오히려 이러한 상업을 유용한 직업으로서 즐기는 마음이 열리면 토호의 강한 권세가 소멸되어 놀고 먹는 사람들을 변화시키는 데 하나의 도움이 될 것이다.[26]

---

23) 『北學議』內篇, 商賈.
24) 『北學議』進北學議, 財賦論.
25) 『北學議』外篇, 丙午所懷.
26) 『北學議』外篇, 丙午所懷.

4. 용차론

수레는 하늘에서 나와 땅에서 돌아다닌다. 수레는 만물을 싣고 다니므로 이로움이 대단하다.[27] 수레에는 타는 것이 있고 싣는 것이 있다. 수레는 대소와 경중과 질서에 따라 구분된다.[28]

산골의 사람들은 돌배를 담갔다가 신맛을 취하여 된장 대용으로 사용하고 있다. 새우젓이나 조개젓을 보면 이상한 물건이라고 한다. 이처럼 가난한 것은 수레가 없기 때문이다.[29] 예컨대 영동에서는 꿀이 생산되지만 소금이 없고 관서에서는 철이 생산되나 감귤이 없으며 북도北道[30]에서는 삼麻이 풍성하지만 면포綿布가 희귀하다. 그리고 산골에서는 붉은 팥이 흔하지만 해변에서는 창란젓과 메기가 많다.[31]

그런데 전주의 상인이 처자를 데리고 생강이나 참빗을 짊어지고 걸어서 함경도나 의주까지 가서 팔면 이익이 갑절 이상이나 될지라도 걷는 일에 힘이 모두 빠져서 가족들에게 즐거운 것이 없다. 그리고 원산에서 다시마나 건어물을 실은 짐바리가 밤낮으로 북로에 뻗혀 있으나 말의 비용이 태반을 차지하므로 이익이 많지 않다.[32]

비록 한 마리의 말과 한 채의 수레가 운반하는 물량이 비슷할지라도 끄는 힘과 짊어지는 힘의 차이가 크다. 말의 병드는 정도가 다

---

27) 『北學議』進北學議, 車九則.
28) 『北學議』外篇, 丙午所懷.
29) 『北學議』進北學議, 車九則.
30) 북도: ① 경기도 북쪽에 있는 도, ② 大倧敎에서는 백두산 북쪽을 이르는 말이다.
31) 『北學議』進北學議, 車九則.
32) 『北學議』進北學議, 車九則.

른 것이다. 5~6필의 말이 수레를 끄는 것은 두 배 이상의 이익이 생긴다. 예컨대 수레가 투박할지라도 다섯 마리의 소가 15섬을 끌 수 있다고 하면 소 한 마리에 2섬을 싣는다고 하더라도 3분의 1이 이익인 셈이다.[33]

또한 미투리는 1백 리를 가면 뚫어지고 짚신은 십리를 가면 뚫어진다. 삼은 짚보다 10배나 비싸다. 그런데 가난한 백성들은 모두 짚신을 신고 있으므로 갈아 신기에 여념이 없다. 가죽신의 값을 미투리에 견주면 10배나 비싸다. 이것은 모두 수레가 없는 탓이다. 수레는 만민의 나막신에 징을 박은 것과 같다.[34]

따라서 초정은 상업이 발달되려면 운송수단이 편리해야 한다는 점에서 중국으로부터 수레를 구입하여 사용하든지 국내의 산야에서 얼마든지 조달할 수 있는 재목을 수레 만드는 데 이용하라고 주장하였다.

5. 해외통상론

초정은 토정 이지함(1517~1578) 선생과 반계 유형원(1622~1673) 선생의 영향을 받아 해외통상론을 전개하였다. 특히 초정은 토정 이지함을 흠모하여 아호를 초정으로 삼았다. 일찍이 토정은 전라도민의 가난을 구제하기 위하여 외국과의 통상을 주장한 일이 있었다. 이 주장은 반계의 열렬한 지지를 받고 계승되었다.[35] 그 후 수레와 배의 운

---

33) 『北學議』 進北學議, 車九則.
34) 『北學議』 進北學議, 車九則.

송효율성은 담헌 홍대용 선생(1721~1783)과 연암 박지원 선생(1737~1805)
에 의하여 적극 주장된 일도 있었다. 그러나 이러한 주장은 국내 지
역의 범주를 넘지 않았다.[36]

초정은 토정 이지함 선생이 일찍이 다른 나라의 상선 여러 척과
통상하여 전라도의 빈민을 구제하려고 하였으니 그의 탁견을 아무도
따를 사람이 없다고 감탄한 일이 있었다.[37]

우리 한반도는 삼면이 바다이고 서쪽으로 등래登萊(산동)까지 직선
6백 리이며 남해의 남쪽으로 중국의 오·초吳楚와 마주 바라보는 곳
에 위치하고 있다.[38] 나라의 크기는 작고 백성은 가난하다. 아무리
재빠르게 농사를 짓고 현명한 인재들을 통상혜공通商惠工[39]에 이용하
여 나라 안의 이익을 다 긁어모아도 부족할 것 같아 근심이 된다. 그
러므로 반드시 먼 지방과 물자를 통상한 후에야 재물이 번성하고 온
갖 일용품이 생겨날 것이다.[40]

그런데 1백 채의 수레에 물건을 실어도 배 한 척에 싣는 것에 미
칠 수 없고 육로로 천릿길을 가더라도 배를 타고 만 리를 가는 편리
함을 능가할 수 없다. 그러므로 통상通商(교역)에서는 수로를 귀중하게
여기는 것이다.[41]

그러나 안타깝게도 우리 한반도에서는 이미 수레를 이용하는 이
로움을 잃었고 배의 이용도 다하지 못하였다.[42] 송나라의 상선이 고

35) 金龍德, 「朴齊家와 北學議」, 「韓國의 實學思想」, 276쪽.
36) 劉元東, 『韓國實學思想槪論』, 正音文化社, 1983, 243쪽.
37) 『北學議』 進北學議, 通江南浙江商舶議.
38) 『北學議』 進北學議, 通江南浙江商舶議.
39) 통상혜공: 유통하는 상업과 은혜로운 공업.
40) 『北學議』 進北學議, 通江南浙江商舶議.
41) 『北學議』 進北學議, 通江南浙江商舶議.
42) 『北學議』 進北學議, 船四則.

려에 통상할 때에는 명주明州에서 7일이면 예성강에 정박하였으니 매우 가까운 거리인 것이다. 그럼에도 우리 조선에서는 4백 년 동안 외국과 배 한 척도 통상한 일이 없었다.[43]

돌이켜 보면 왜가 중국과 직접 통상하지 못하였을 때에는 우리나라를 통하여 연경燕京(북경)의 면사綿絲(무명실)를 사들였으므로 우리나라가 중간이익을 얻을 수 있었다. 그러나 왜가 교역하는 나라가 30여 개국에 달하고 있다.[44]

따라서 나라가 부강해지는 방법을 남에게 양보할 수는 없다. 나라 안에서 재주 있는 장인匠人들을 불러모아 배를 만들되 중국의 배처럼 견고하고 치밀하게 만들어야 한다.[45]

---

43) 『北學議』進北學議, 通江南浙江商舶議.
44) 『北學議』進北學議, 通江南浙江商舶議.
45) 『北學議』進北學議, 通江南浙江商舶議.

제11장
박제가의 통상개국론*

1. 머리말

초정 박제가는 네 차례나 연경을 다녀온 철저한 북학론자다. 그
는 상업의 중요성과 기술개량을 위해 학중국學中國할 것을 특히 강조
하였는데 이 방면에는 선학들의 연구가 다대하다.[1] 그러나 초정의
해외통상론에 대해서는 단편적으로만 언급되었으므로[2] 본고에서는
그의 통상개국론의 배경·동기·방법론 등을 고찰하여 실학의 근대
성과 개화파의 개국론의 자생적 일면을 찾아보고자 한다.

---

* 이상태, 국사편찬위원회 사료조사실장.
 원전 : 『소헌남도영박사정년기념사학논총』, 1984, 483~505쪽.
1) 김용덕, 「정유박제가연구」, 『조선후기사상사연구』, 을유문화사, 1977 ; 이성무, 「박
   제가의 경제사상」, 『이해남화갑논총』, 1970.
2) 이광린, 「강위의 인물과 사상」, 『동방학지』 17, 씨는 초정의 통상론을 '사변적 혹은
   靜的'이라고 주장했다 ; 김영호, 「실학과 개화사상의 연관문제」, 『한국사연구』 8,
   1972.

2. 통상개국론의 배경

1) 서양문물의 전래

조선사회가 서양문물과 접하게 되는 것은 서양인의 표류나 부경
사행赴京使行에 의한 문물의 전래3) 또는 부경사행과 청의 명사들과의
교유4), 그리고 사행과 서사西士와의 직접적인 접촉 등에 의해서 이루
어졌다.5) 그러므로 조선 중기 사회에 서양문물이 전래될 때 서양인
들이 직접 조선에 전래한 것이 아니라 부경사행에 의해서 능동적으
로 도입되고 연구되었다.6)

우리나라가 서양인을 처음 대면하게 되는 것은 선조 15년(1582)에
유럽인 마리이馬里伊가 제주도에 난파・표착해 온 것이 처음이었으며,7)
그 후 인조 5년(1627)에는 네덜란드인 벨테브레J. Weltevree가 일본 나가
사키長崎로 항해하다가 풍랑을 만나 전라도 해안에 표착하여 서울에
압송되었다. 그 후 벨테브레는 박연朴燕이라고 불렸으며, 조선 여성과
결혼하여 자녀를 낳고 영주하였다.

그 다음 효종 4년(1653)에 역시 네덜란드인 하멜Hamel 일행이 표류
해 왔는데8) 이들은 서울과 각 지방에 분산 수용되었다가 1666년에

---

3) 이능화, 『朝鮮基督教及外交史』, 한국학연구소, 2~8쪽.
4) 홍대용은 陸飛・潘庭均・嚴誠 등과 乾淨洞筆談을 기록하고 있으며, 박지원은 尹嘉
  銓・奇豊額・王民皥・赤成 등과 東中 두 나라의 문물, 제도를 논했으며, 박제가는
  紀昀・彭元瑞・翁方綱 등과 교류했다.
5) 『湛軒書』外集 卷7, 燕記 劉鮑問答.
6) 이원순, 「서양문물 한역학술서의 전래」, 『한국사』14, 국사편찬위원회, 1975, 50쪽.
7) 『宣祖修正實錄』卷16, 十五年 正月 庚申.
8) 『孝宗實錄』卷11, 4年 8月 戊辰.

하멜Hamel 이하 8명이 탈출 본국으로 돌아가 기행문을 통해 조선을 유럽사회에 처음 소개하였다.

이들 표류인들은 조선사회에 서양인의 존재를 구체적으로 보여준 인물들이었다. 그러나 그들은 모험무역에 종사하던 무역상선의 선원이었기 때문에 문화적인 측면에서 별다른 영향을 주진 못했다. 더욱이 우리나라는 지리적으로 동북아시아 깊숙이 위치하였고 역사적으로는 해금海禁정책을 추진하고 있을 때이므로 서양인이나 서양문물의 접촉도 자연 일본 중국보다 늦어졌고 또 대부분이 부경사행을 통하여 이루어졌다.9)

부경사행에 의한 서양문물 전래의 문화적 도관導管역할은 명청의 수도였던 북경에서 일어났다. 그 당시 북경은 이미 마테오 리치나 아담 샬 등의 활동에 의해서 청구淸歐문명이 발달했던 시기였다.10)

부경사행에 의하여 수입된 서양문물은 중종 3년(1508)에 전래된 서양포西洋布를 비롯하여11) 선조 36년(1603)에 이광정李光庭이 마테오 리치가 제작한 '곤여만국지도'를 가져왔는데12) 이 지도는 그 후 여러 갈래로 도입된 세계지도와 함께 쇄국조선사회의 지식인들에게 커다란 충격을 주었다. 홍대용은 의산문답에서 종래의 천원지방설天圓地方說을 비판하고 중국인은 중국으로서 정계正界를 삼고 서양으로서 도계倒界를 삼지만 서양인은 서양으로서 정계를 삼고 중국을 도계로 삼는다. 즉 둥근 지구상에서 사람들은 각기 자기 지역을 정계로 하고 남을 횡계橫界 또는 도계倒界라고 하지만 실은 횡계도 없고 도계도 없이

---

9) 이능화, 앞의 책, 1쪽.
10) 朴趾源,『燕岩集』, 盎葉記 利瑪竇塚. 박지원이 마테오 리치 묘를 찾아갔을 때 70여 명의 서양 선교사 무덤을 보았다.
11) 이능화, 앞의 책, 1쪽.
12) 이능화, 위의 책, 3쪽.

다같이 정계라는 세계인식 속에 화이일야華夷一也의 세계관을 가져와
당시 지식인의 의식 속에 일대 혁명을 가져왔다.13) 그 후 인조 8년
(1936)에는 정두원이 로드리케즈 신부로부터 『천문략天問略』과 『직방외
기職方外紀』 등 한역 과학서와 홍이포紅夷砲·천리경千里鏡·자명종自鳴鐘
등을 가지고 귀국하였고,14) 얼마 후 소현세자가 인조 14년(1636)에 흠
천감정이었던 아담 샬과 사귀면서 천주상天主像·천구의天球儀·천문서
등을 가지고 귀국했다.

　부경사행에 의한 서양문물의 수입은 그 후에도 더욱 촉진되었으
며 이렇게 수입된 서양문물들은 조선사회에 깊은 영향을 주었다.

　다음으로는 부경사행과 서사와의 직접적인 교류를 들 수 있는데,
당시 중국에는 예수회 선교사들이 포교의 수단으로 서양 과학기술을
이용하여 궁정과 밀착되어 있었으며,15) 그 대가로 포교가 허락되어
천주당을 건립할 수 있었다.16)

　북경에는 4천주당이 있었는데17) 우리 사행의 숙소인 옥화관玉河館
과 가까운 곳으로 조선의 부경사행원들이 북경에 체재할 때 반드시
관광 대상이 되었다.18) 영조 41년(1765)에 연경에 간 홍대용은 관상감
과 더불어 동천주당과 남천주당을 방문했으며19) 정조4년(1780)에 연
경에 간 박지원도 서천주당과20) 이마두총利瑪寶塚을 방문한 기행문을
남기고 있다.21)

---

13) 『湛軒書』 內集 卷4, 毉山問答.
14) 『仁祖實錄』 卷25, 9年 7月 甲申.
15) 『湛軒書』 外集 卷7, 燕記 劉鮑問答.
16) 『湛軒書』 外集 卷7, 燕記 劉鮑問答.
17) 『燕岩集』 黃圖紀略 風琴.
18) 『燕岩集』 黃圖紀略 風琴.
　　『湛軒書』 外集 卷7, 燕記 劉鮑問答.
19) 『湛軒書』 外集 卷2, 乾淨衕筆談.
20) 『燕岩集』 黃圖紀略 風琴.

이러한 전후 사정으로 미루어 볼 때 초정도 네 천주당을 방문했으며 서사들과 접촉하면서 유럽풍의 건축과 기물을 구경하고 서양에 대한 상당한 지식을 갖고 있었을 것이다.

2) 초정의 대외관

앞서 언급한 대로 서양문물은 거의 대부분이 부경사행을 통하여 수입되었는데 초정은 4차에 걸쳐 사행했기 때문에 누구보다도 청구清歐 문명 속에서 서양문물의 우수함을 직시하였을 것이다. 물론 홍대용만큼 서양의 과학 문물에 대해서 밝게 알지는 못했지만 초정도 서구와 일본사정을 비교적 잘 알고 있었다.

그는 서양에서는 벽돌을 사용하여 집을 짓기 때문에 천 년 동안이나 보수하지 않고서도 그대로 유지되며 비용이 절감된다고[22] 하였는데 이는 천주당 건축을 자세히 살펴본 결과일 것이다. 그는 중국에 갔을 때 서양의 의서를 구하려다가 구하지 못했지만[23] 서양에서는 사람의 재질을 네 등급으로 나누어서 상급은 의학을 가리킨다는 서양의 교육제도에 대해서도 알고 있었다.[24] 이는 알레니Alleni의 『직방외기』를 열독했기 때문이었을 것이다.[25]

초정의 견해 중 선진적인 것은 서사 초빙을 주장한 점인데 이는 앞에서 설명한 대로 북경의 서천주당을 방문하고 그들과 교유하여 서양 과학기술의 우수함을 너무나 잘 알고 있었기 때문이다. 그는 중

---

21) 『燕岩集』 盎葉記 利瑪竇塚.
22) 『北學議』 內篇, 甓.
23) 『北學議』 內篇, 藥.
24) 『北學議』 內篇, 藥.
25) 이원순, 「직방외기와 신후담愼後聃의 서양교육론」, 『역사교육』 11·12 합집호.

국의 흠천감에서 책력을 꾸미는 서양 사람들은 모두 기하학에 밝으
며 이용후생의 방법에 정통하므로 이들을 초빙하여 우리나라 자제들
에게 천문과 농업, 광업, 벽돌 만드는 법, 수레와 선박의 제작법과 이
용법, 신무기 제조와 사용법 등을 배워야 한다고 주장하고 있다.26) 그러
나 이들 선교사들이 적절하게 대우하지 않으면 초빙해도 오지 않을
까27) 걱정하였는데 초정의 서학관은 미숙하였다. 왜냐하면 초정은
천주교를 불교와 비슷하게 보고 있으며 서사들이 가지고 있는 열 가
지 재주를 배우고 포교만 금지하면 득이 된다고 생각하였는데28) 이
는 서사들의 고도의 목적이 포교임을 모르고 있기 때문이다.

다음으로 초정의 대 일본관을 살펴보면 모든 문물이 규모있게 운
용되며 중계무역이 발달한 점에 주목하고 있다.29) 그는 일본의 가옥
은 귀천을 막론하고 상하의 규모가 같으며 문짝 등이 어디에서 구입
하던 잘 맞는 규격품이기 때문에 매우 편리한데30) 이것은 일본에서
는 공장工匠이라도 기예가 천하제일이라는 이름을 얻기만 하면 상당
히 우대해 주는 사회 분위기 때문이라고 보고 있다.31)

특히 다른 실학자들이 주목한 것처럼 나가사키섬에 관해서 관심
을 기울이고 있는데 당시 이 섬은 청과 네덜란드의 상인들이 왕래하
면서 30여국과 중계무역이 발달했던 곳이다.32) 그러므로 초정은 이
미 중국말도 잘하고 중국 사정도 잘 알고 있으며 외국의 문물이 풍부
함을 자세히 전하면서33) 예전에는 중국과 일본과의 중계무역을 우리

---

26) 『北學議』外篇, 丙午所懷.
27) 『北學議』外篇, 丙午所懷.
28) 『北學議』外篇, 丙午所懷.
29) 『北學議』外篇, 通江南浙江商舶議.
30) 『北學議』內篇, 宮室.
31) 『北學議』內篇, 甕.
32) 『北學議』外篇, 通江南浙江商舶議참조.

나라가 독점하여 많은 경제적 이윤을 추구했던 사실을 상기하면서
우리나라의 잃어버린 경제적 이득을 되찾기 위해서는 중계무역과 해
외통상의 필요성을 강조하였다.

3) 황당선荒唐船의 출현

황당선이란 내양內洋에 출몰하던 외국 선박을 말하는 데 주로 당선
唐船을 지칭하고[34] 일본과 국교가 절단된 후에는 왜선도 포함하여 불
렀으며,[35] 정조 18년(1794) 이후에는 서양선도 출몰하는데 이는 이양선
異樣船이라고 지칭되기도 하였다.[36] 그러므로 황당선이라면 왜선·당
선·서양선을 통칭하지만 엄격히 말하면 중국선만을 지칭하였다.

황당선이 우리나라 근해에 출몰하게 되는 것은 일본과 무역 왕래
를 하거나 원양에서 어로하다가 풍랑을 만나 표류해 오는 경우가 대
부분이었지만 때로는 우리나라 근해에 와서 해삼을 채취해 가는 어
로행위를 하기 위해 적극적으로 근접해 오기도 하였으며,[37] 왜선들
이 당선을 가장하여 접근한 후 식량 등을 약탈해 가기도 하였다.[38]

그러나 후기에 오면 영국 등 서양 선박이 우리나라와 통상을 요
구하기 위해 접근해 왔다.[39] 그러므로 국초부터 엄격한 해금정책海禁
政策을 추진해 오던 조선왕조는 황당선이 출현하면 두려움이 앞섰으

---

33) 『北學議』 外篇, 通江南浙江商舶議.
34) 『中宗實錄』 卷92, 35年 正月 壬子.
35) 『宣祖實錄』 卷137, 34年 5月 乙巳.
36) 『純祖實錄』 卷19, 16年 7月 丙寅.
37) 『英祖實錄』 卷38, 10年 5月 辛巳.
38) 『英祖實錄』 卷45, 13年 閏9月 庚戌.
39) 『純祖實錄』 卷33, 33年 正月 丁卯.

며 일체 상륙을 허락하지 않고 '물령하륙勿令下陸'·'불배하륙不肯下陸',
'등륙금지登陸禁止'[40] 등의 강경한 행정조치를 취했으며, 만약 지방관이
이를 막지 못했을 경우 파직당하였다. 이것은 해금정책의 일환으로
국내사정이 외국에 알려지는 것을 막기 위한 조치였으며, 또 황당선
의 출몰로 해안가의 어민과 농민들이 막심한 피해를 입었기 때문이
었다.[41]

한편, 똑같은 황당선의 표류인이라도 처리기준이 달라 왜인의 경
우는 사살하거나 생포된 자는 억류시켜 왜국으로 송환치 않은 반면,
당인들은 표류선박이 온전한 경우에는 식량과 식수를 지급하여 돌려
보냈으며, 파선시에는 육지로 사행사신을 따라 호송하였다.[42] 그러나
점차 표류 당인의 숫자가 많아져 육로입송陸路入送의 경제적 부담이 과
중하는 등 폐단이 많았기 때문에 육지에 아예 접근하지 못하도록 쫓
아냈으며, 사신들의 자문을 통해 당인들이 내해에 접근하여 표류하는
일이 없도록 적극 막아줄 것을 청나라에 요청하기도 하였다.[43]

그러나 황당선의 수는 점차 늘어갔으며, 표류해 온 이들을 통해
외국의 문물을 접하게 되는 것은 자연스러운 일이었고, 심지어 관가
의 눈을 피해 민간에서는 사사로이 문물교환도 이루어지고 있는 형
편이었다.[44]

초정도 황당선을 중국 광동성 부근의 광령廣寧 각화도覺花島 주민
으로 보고 있으며,[45] 이들이 항상 4월에 황해도 지방에 와서 해삼을

---

40) 『明宗實錄』 卷4, 元年 7月 辛未.
41) 『景宗實錄』 卷4, 元年 6月 乙未.
42) 『中宗實錄』 卷92, 35年 正月 壬子.
43) 『肅宗實錄』 卷38, 29年 6月 辛丑.
44) 『肅宗實錄』 卷35, 27年 4月 丙辰.
45) 『北學議』 外篇, 丙午所懷; 『肅宗實錄』 卷38, 29年 6月 辛丑.

채취해 가지고 8월에 돌아가는데 관청에서 관리를 보내어 이들을 쫓아 버려도 이러한 어로 행위를 금지하기 어려운 실정이므로[46] 이 당인들을 적극적으로 유도하여 시장을 베풀고 무역할 것과 우수한 선박제도를 배울 것을 요구하고 있다.[47]

3. 통상개국론의 동기

1) 북학론

네 차례에 걸쳐 청을 다녀온 초정은 예리한 통찰력으로 우리나라와 중국과 문물 차이를 비교 설명하면서 먼저 명분적 북벌론을 타파하고 '학중국學中國'의 북학의식을 가져야 한다고 주장했다. 당시 조선 사회는 두 차례의 왜란과 호란을 겪었기 때문에 국가경제가 파탄지경이었으며 민생은 도탄에 빠졌었다. 그런데도 위정자들은

> 우리나라가 대명大明을 섬긴 지 이미 3백 년이나 되어 일국의 신민은 대명이 있음을 알 뿐이다. 우리가 쟁취하려는 바는 오직 대의일 뿐이니 승패존망은 논할 바가 아니다.[48]

라는 명분적 북벌론을 주장하면서 명의 숭정崇禎 연호를 계속 쓰고 청을 무조건 이적시하던 분위기였다.

---

46) 李重煥, 『擇里志』, 黃海道.
47) 『北學議』 外篇, 丙午所懷.
48) 宋時烈, 『宋子大全』 卷213, 三學士傳.

이러한 분위기에 반기를 든 사람은 박지원이다. 그는 『허생전』에
서 허생과 훈련대장 이완과의 대화를 통해 명분적 북벌론의 허구성
을 지적하고 있다. 여기에 박차를 가한 것이 초정이다. 『북학의』를
통해 청문화의 우수성을 소개하면서 적극 도입할 것을 주장하고 있
다. 그는 우리나라의 모든 것이 중국만 못한 데 그 중에도 특히 의식
이 풍족하지 못함을 다음과 같이 지적하고 있다.

> 중국 백성들은 비록 가난한 마을의 작은 집이라도 모두 회로 집을 지었
> 으며[49] 변경의 여자라 할지라도 화장을 하며 비단 신을 신고 다니는데
> 우리나라는 도시의 소녀라도 가끔 종아리를 드러내 놓고 다니면서도
> 부끄러워할 줄 모르고 또 어쩌다 새 옷을 입은 사람을 보면 창녀라고
> 쑥덕거리며 의심하였다.[50] 더욱이 중국은 서울과 지방의 차이가 별로
> 없어서 강남·오·촉 등지의 먼 곳이라도 번화한 문물이 황성보다 못하
> 지 않는데 우리나라는 도성 몇 리만 떨어졌어도 벌써 풍속이 시골티가
> 난다.[51]

고 하였다. 이러한 사실은 숙종 때 전라도 진도군민 김서 등 9인이 표류
하여 유구국에 머물다가 청나라를 거쳐 본국에 송환되었을 때 그들
이 겪은 중국의 여행담에도 잘 나타나 있는데, 황도에서 멀리 떨어진
복건성 지방인데도 황성과 조금도 다를 바 없는 의식주를 누리고 있
음을 말해주고 있다.[52]

이러한 상황인데도 지도층에 있는 선비계층들은 한번도 중국 땅
을 밟아보지 못했고 또 눈으로 직접 중국 사람을 만나보지 못했으며,

---

49) 『北學議』外便, 農蠶總論.
50) 『北學議』外便, 農蠶總論.
51) 『北學議』外便, 農蠶總論.
52) 『肅宗實錄』卷58, 42年 12月 壬辰.

나서 늙고 병들어 죽을 때까지 평생을 통해 이 나라 강토를 떠나본 적이 없기 때문에 식견이 얕고 기질이 편벽되어[53] 하등下等의 선비는 중국에도 오곡이 있는가 하고 묻고, 중등의 선비는 중국의 문장이 우리나라 보다 못하다 하며, 또 상등의 선비라도 중국에는 성리학이 없다고 단정하며[54] 중국을 호胡라는 한마디로 매도하고 있었다.[55]

그러나 초정은 북벌론을 실천하려면 옛날 영웅들이 원수를 갚으려고 호복을 입는 것조차 부끄러워하지 않았던 것처럼[56] 명나라를 위하여 원수를 갚고 남한산성의 부끄러움을 씻으려면 먼저 오랑캐를 알아야 하다고 역설하였다.[57]

현실적으로 청은 호족임에 틀림없지만 이미 중국을 차지한 지가 1백여 년이 넘었고 더욱이 문물은 중국의 옛 문물을 유습하고 있으므로 지금 중국을 지배하는 자들이 호족이라고 무조건 배우기를 거부하거나 부끄럽게 여기는 것은 잘못이며,[58] 설령 백 보 양보해서 오랑캐 문화라 할지라도 진실로 법이 좋고 제도가 훌륭하면 떳떳하게 받아들이는 것이 마땅하다고 하였다.[59]

더욱이 당시의 중국 문물제도는 청구문명이 발달하여 분명히 우리나라보다 선진문화였으며, 중국문화의 옛 전통을 고수하고 있으므로 주저할 필요없이 적극적으로 수용하여 부국강병을 이룩하자고 북벌론을 전개하였다.

초정이 연경에서 돌아오니 사람들이 잇달아 찾아와서 중국의 풍

53) 『北學議』序, 朴趾源撰.
54) 『北學議』外篇, 北學辨.
55) 『北學議』外篇, 北學辨.
56) 『北學議』, 外篇, 尊周論.
57) 『北學議』, 外篇, 尊周論.
58) 『北學議』, 外篇, 尊周論.
59) 『北學議』序, 朴趾源撰.

속을 들려주기를 청하자, 중국 비단의 우수함과 수레의 이용, 도성의
번화함 그리고 중국 부인들의 옷맵시의 우아함을 설명하면서 오히려
우리나라 부인들이 짧은 저고리에 긴치마를 입은 몽고 풍속을 이어
받고 있음을 들려주자 평소에 초정과 친했던 사람들일지라도 모두
허황되게 여겨 믿지 않으며[60] 언제나 그들이 가지고 있던 선입견대
로 만주 사람들은 말소리가 개 짖는 듯하여 그들의 음식은 냄새가 고
약하여 먹을 수 없으며 뱀을 실에 쪄서 씹어 먹고 황제의 누이는 역
졸과 몰래 통정할 정도로 풍속이 문란하다[61]고 하면 크게 기뻐하며
그 말을 옮기느라고 분주해 한다는 것이다. 이와 같이 사실과 다른
말을 수긍하는 이유는 조선사회의 지배계층들이 명분적 북벌론에 사
로 잡혀서 호胡라는 한 글자로서 바로 중국의 모든 것을 뭉개 버리려
는 그릇된 선입견 때문이었다.[62] 그들은 중국을 있는 그대로 설명해
도 호국胡國을 우단右袒한다고 말하며 우리나라의 우수한 점을 청나라
도 가지고 있다고 하면 반드시 발끈 화를 내면서 낯빛이 변하고 심한
사람은 그런 말을 한 사람을 벌주자고 주장하는 허황된 북벌론을 개
탄하면서 현실을 직시할 것을 주장하였다.

초정은 해외통상만이 이러한 고루한 사고를 바꿀 수 있다고 보았
다. 즉 외국과 통상하면 선진문물을 비롯하여 생활에 편리한 제도를
배울 수 있고 외국의 서적도 수입할 수 있으므로 이를 통하여 종래의
습속에 얽매인 선비들의 편벽되고 고루한 소견은 공격하지 않아도
저절로 타파되고 개국이 이루어지리라고 보았다.[63]

---

60) 『北學議』外篇, 北學辨.
61) 『北學議』外篇, 北學辨.
62) 『北學議』外篇, 北學辨.
63) 『北學議』外篇, 丙午所懷.

2) 구빈책

초정은 서울에서 태어나 유년시절을 경제적 어려움 속에서 자라
났으며 더욱이 서자로서 사회적으로 차별대우 받던 계층에 속했었
다. 그러므로 18세기 후반 한양을 중심으로 형성되어 가던 상인자본
계층에 대해서 깊은 이해와 관심을 갖게 되었을 것이다. 그래서 초정
은 북학파 중에서도 가장 강력히 상업의 장려와 중요성을 강조하면
서 당시 조선사회의 가장 큰 병폐는 국빈國貧으로 진단하고 그 원인을
다음과 같이 설명하면서 구빈하는 길은 해외통상에 있다는 무역입국
론을 제시하고 있다.[64]

첫째, 국내의 자원이 유통되지 못하기 때문이다.

우리나라는 동서의 거리는 천리이고 남북으로는 동서의 3배밖에
안되는데도[65] 문물이 유통되지 않아 두메산골에서는 돌배를 담가서
그 신맛을 메주 대용으로 쓰는 자가 있으며 또 새우젓이나 조개젓을
보고는 이상한 물건으로 여기는 정도이고[66] 영동에서는 꿀이 많이
생산되지만 소금이 모자라며 관서에서는 철은 풍부해도 밀감이나 유
자가 없는 형편이었다. 이와 같이 국내에서 생산되는 문물도 제대로
유통되지 못하기 때문에 상품이 제 가치를 못하고 국내경제가 침체
될 수밖에 없으며,

둘째, 수공업을 장려하지 않았기 때문이다.

조선은 국초부터 농본억말책農本抑末策을 추구하여 수공업을 국가 주
도하에 두었기 때문에 공장들의 창의성이 발휘되지 못하고 기예가

---

64) 『北學議』外篇, 丙午所懷.
65) 『北學議』內篇, 車.
66) 『北學議』內篇, 車.

태만해지고 거칠어져 백성들이 눈으로 반듯한 것을 보지 못했고 또
손으로 정교함을 익히지 못해 만사가 거칠고 조잡하게 만들어지며[67]
과학기술이 발달할 소지가 없었고,

셋째, 영농방법이 비과학적이기 때문이다.

조선시대에는 농자천하지대본이라는 농업관에서 권농정책을 적극
추진하여 많은 농서도 편찬하고 저수지를 개축하는 등 농업에 힘썼지
만 초정이 생각하기에는 아직도 미흡한 점이 많았다. 그는 농토의 효
율적 활용, 농사시기를 잃지 말 것, 농기구의 개량 등을 주장하였다.

> 중국에서는 세 줄 심는 토지의 면적에 우리는 두 줄을 심으니 사방 천리
> 의 면적을 가졌다 해도 이용하는 면적은 6백여 리밖에 안되는 셈이며[68]
> 종자를 뿌릴 때에도 중국에서는 구전법에 의해 뿌리기 때문에 종곡의
> 훼손이 없는데 우리는 손실이 많다.[69]

고 보았다. 그래서 초정은 연암과 마찬가지로 중국의 농기구 10종을
들여다가 둔전에서 시험 사용한 후 전국에 보급시키자고 하였다.[70]

넷째, 목축을 게을리하기 때문이다.

초정은 목축을 나라의 큰 정사政事로 보고 국가산업의 기본으로 생
각하였다. 즉 농사일은 소를 기르는 데 있고 군사일은 말을 훈련시키
는데 있는데[71] 사람들이 도무지 이런 일을 익히려 들지 않으므로 가
축을 제대로 다루지 못하며 짐승을 제어하는 방법이 궁색해지니 나
라가 부강하지 못하고 궁색해진다고 보았다.[72]

---

67) 『北學議』 內篇, 宮室.
68) 『北學議』, 進北學議, 財賦論.
69) 『北學議』, 進北學議, 財賦論.
70) 『北學議』 進北學議. 農器六則.
71) 『北學議』 內篇, 畜牧.

다섯째, 상업적 생산활동이 부족하기 때문이다.

그 당시 조선사회에서는 금은을 가지고 시장에 들어가도 떡을 살수가 없었다.[73) 이것은 국가에서 장려하는 검소한 풍속 때문이 아니라 물건을 이용하는 방법을 모르기 때문이라고 보았다. 백성들이 이용할 줄 모르니 생산할 줄 모르고 생산할 줄 모르니 백성은 나날이 궁핍할 수밖에 없다고 생각하였다.[74)

초정은 생산재는 우물물과 같아 퍼 쓸수록 가득 차고 이용하지 않으면 말라 버린다고 하였다.[75)

그러므로 박제가는 구빈하기 위해서는 성리학적 산업관을 타파하고 과학적이고 상업적인 영농과 목축을 적극 장려해야 하며 수공업도 장려하여 균형 있는 산업발전을 도모하여 물화를 늘리고 이를 수레와 선박을 이용하여 적극 유통시켜야만 하며 여기에서 축적된 국력을 바탕으로 해외와 통상개국할 수 있다고 보았다.

4. 통상개국의 방법론

1) 국내 시장의 단일화

북학파는 이용후생을 정덕보다 우선해야 한다고 생각하였으며 초정은 가장 적극적이었다.

---

72) 『北學議』 內篇, 畜牧.
73) 『北學議』 內篇, 市井.
74) 『北學議』 內篇, 市井.
75) 『北學議』 內篇, 市井.

그는 우리나라가 동서로는 천리이고 남북으로는 삼천리이지만 한양이 그 한복판에 있기 때문에 사방에서 모여드는 물자의 유통거리는 가로로는 5백 리에 불구하고 세로로는 1천 리에 불과하며 육로로 통상하면 한양까지는 멀어야 5~6일 정도이고 가까우면 2~3일밖에 안 걸리는 짧은 거리라고 생각하였다.[76] 이 정도의 거리인데도 유통경제가 발달되지 않아 물화가 편중되고 상품이 제 구실을 하지 못함을 안타까워했다.

그러므로 북도에는 삼이 있으나 무명이 귀하고, 두메산골에는 붉은 팥이 흔하지만 해변에는 젓갈과 생선이 흔하고, 영남 고찰에서는 과거 볼 때 쓰는 명지名紙를 생산하고, 청산·보은에는 대추가 많이 나고, 강화에서는 감이 많이 나지만[77] 백성들이 이런 물자를 서로 교환 유통시켜 쓰임새를 풍족히 하고 싶지만 운반하는 힘이 모자란 점을[78] 지적하고 있다.

그러므로 국가에서 운송 수단인 수레와 선박을 적극 개발하여 기존의 생산되어 있는 물자만이라도 충분히 유통시켜 사용할 수 있도록 하자고 하였다. 물자란 이용할 줄 모르면 생산이 안되고 국가경제는 더욱 궁핍해지며 또 쓸모있는 물건이라도 유통시키지 않으면 한 곳에 편재되어 나중에는 모자라게 된다고[79] 보았다. 그래서 초정은 배와 수레를 만들어 험하고 막힌 곳을 유통시키는 것이[80] 국가경제의 급선무로 생각하였다.

그런데 우리 수레는 함경도에서 쓰는 자용거自用車가 있고 군문軍門

---

76) 『北學議』 內篇, 車.
77) 『北學議』 內篇, 車.
78) 『北學議』 內篇, 車.
79) 『北學議』 內篇, 市井.
80) 『北學議』 內篇, 市井.

에서 사용하는 대거大車가 있으며 준천사濬川司에는 사거沙車가 있는데 모두 북방의 몽고 제도를 따온 것이라서 조잡하고 실용하기에 어려움이 많았다.[81] 우선 수레 자체의 무게가 너무 무거워 빈 수레로 가도 소가 지칠 정도였으므로[82] 화물을 많이 실을 수가 없었으며 또 수레바퀴가 높을수록 속력이 빨라지는데 우리 수레바퀴는 나무를 깎아서 둥글게 만들었는데 크기가 주발만 하기 때문에[83] 바퀴가 작아 자주 도랑에 빠지고 속력도 낼 수 없었다.

그러므로 초정은 솜씨 좋은 공인工人들을 선발하여 중국에 보내 수레 만드는 기술과 운용 방법을 배워오고 또 실제로 중국의 수레를 사신들을 통하여 사다가 설치한 후에 이 수레를 시험적으로 신구 수령이 교체할 때나 사신이 지나갈 때에 이용시켜 수레 만드는 법과 그 사용법을 충분히 익히도록 하자고 하였다.[84]

이와 같이 수레를 실용화할 수 있으면 자연히 도로도 발달하며[85] 각 지방의 필요한 물자를 상통시킬 수 있고 또 이 지방에서 불필요한 것이라도 저 지방에서는 유용할 수 있으니 모든 재화가 유용해져 생산 의욕을 드높이고 물자가 점점 풍부해져서 국력이 튼튼해지고 국내 시장이 단일화되리라고 보았다.

2) 용선론用船論

초정은 구빈하는 길이 구국의 길이며 부국강병의 길이라고 믿었

---

81)『北學議』內篇, 市井.
82)『北學議』內篇, 市井.
83)『北學議』內篇, 市井.
84)『北學議』內篇, 市井.
85)『北學議』內篇, 市井.

다. 그 방법은 농업을 장려하고 통상과 혜공惠工하여 물화를 많이 생산하고 이를 먼 지방까지 골고루 유통시키는 것이 매우 중요하다고 보았다.[86]

그런데 물자가 유통되려면 육지에서는 수레를 이용해야 하고 해로에는 선박을 사용해야 했다. 그 중에도 수레보다 선박의 이용이 더욱 유리하여 수레 백 대에 싣는 물량을 배 한 척에 실을 수 있으며 육로로 천리를 가는 것이 뱃길로 만리를 가는 것보다 편리하지 못하였다.[87]

그러므로 통상자는 반드시 수로를 귀히 여겼다.[88] 더구나 우리나라는 삼면이 바다로 둘러싸여 있고 과거 고려시대에는 송나라와 통상하면서 선박을 이용할 때 중국의 명주에서 예성강까지 7일밖에 안 걸리는 가까운 거리였다.[89] 그러나 초정이 본 우리나라의 선박제조 기술은 어떠했던가?

배 만드는 기술이 정밀하지 못해 판자 틈으로 새어드는 물이 배 안에 가득했으며 항해하는 동안 한 사람이 계속 퍼내야만 했고 곡식을 실을 때에는 선창 밑에 짚을 곱절이나 깔고 실었는데도 물이 계속 스며들어 썩을 염려가 있었다. 또 배 안에는 가로로 펴놓은 판자가 없어서 사람과 화물을 함께 실어야 하기 때문에 짐을 많이 싣거나 높이 싣지 못했다.[90]

이와 같이 배 만드는 기술이 뒤떨어졌기 때문에 중국의 선진 기술을 받아들이기 위하여 다음과 같이 설명하고 있다.

---

86) 『北學議』 進北學議, 通江南浙江商船議.
87) 『北學議』 進北學議, 通江南浙江商船議.
88) 『北學議』 進北學議, 通江南浙江商船議.
89) 『北學議』 進北學議, 通江南浙江商船議.
90) 『北學議』 內篇, 船.

중국에서 배 만드는 방법은 세로로는 긴 판자를 사용하여 판판하기가
거울 같으며 겹으로 되어 있다. 틈을 유회油灰와 역청瀝靑으로 꼭 때웠
다. 그러므로 배 안이 건조하고 깨끗하여 한 방울의 물도 없기 때문에
곡식을 실을 때 배 바닥에 그대로 쏟아 실을 수 있으며 사람이나 말은
가로로 펴 놓은 판자 위에 앉을 수 있으며 멀리 가는 배는 모두 지붕이
있고 혹 다락이 있어 3층으로 되어 있다.91)

고 하였다. 초정은 연행사의 일원으로 연경에 갔을 때 이덕무와 함께
직접 산동 독무관督撫官 하유성何裕城의 배에 올라가 샅샅이 살피면서
선주와 함께 필담을 나누었다. 그는 발을 친 선창 밖으로 갈매기가
날고 구름이 흘러가는 낭만적인 풍경을 바라보면서 마음이 한가로워
져서 마치 물위에 있다는 것을 잊고 산림 사이에 우거하면서 자연의
풍경을 두루 보는 것 같았다고 술회하고 있다.92) 이와 같이 훌륭한
시설을 갖춘 선박으로 항해한다면 풍파 치는 만릿길을 가더라도 위
험이 없으며 꺼릴 것이 없다고 하였다. 그러므로 중국인들이 선박을
이용하여 멀리 여행하는 자가 많은 것은 당연하다고 보았다.

그러면 우리나라는 언제부터 해상활동이 좌절되었을까? 일찍이
백제는 중국의 남조와 황해를 통해서 활발히 교류하였으며, 신라 말
의 장보고는 신라인의 우수한 조선술을 바탕으로 서해 및 남해의 제
해권을 장악하였다. 고려시대에는 조운제漕運制 때문에 선박이 건조되
었으며 특히 두 차례에 걸쳐 실시된 일본 원정시에는 대소 선박 9백
여 척이 건조되었다. 이러한 조선술을 바탕으로 유명한 벽산도에서
흑산도를 거쳐 양자강에 이르는 새 항로가 개척되고 해상활동이 활
발히 전개되었다.

---

91) 『北學議』 內篇, 船.
92) 『北學議』 內篇, 船.

그러나 고려시대의 이와 같은 활발한 해외진출 기상은 조선시대에 들어오면서 쇄국적인 정부시책에 따라 점차 위축되어 갔다. 더구나 여말부터 횡행하기 시작한 왜구 때문에 해금정책을 실시하여 민간인의 해외왕래는 허용되지 않았고 중국 측과의 공식적인 왕래도 육로를 통하였으며 일본측과는 몇 번의 통신사행이 있었을 뿐이었다.

그러므로 조선시대의 해상활동은 내해지역에 한정된 것이었고 선박건조도 조운선과 주로 일본측에 대비한 전선戰船과 근해 어로와 내륙 지방의 도강渡江에 이용된 어선·진선津船이 고작이었다. 따라서 선박의 규모도 어느 정도를 넘어서지 못하였고 조선술 역시 일정한 한계를 벗어나지 못하였다.[93]

위에서 살펴본 대로 우리 민족의 해상활동은 고려시대까지 활발하였는데 조선시대에 들어와서 침체되었음을 알 수 있다. 그래서 초정은 해상활동을 강화하기 위해서는 우수한 선박의 제조가 급선무임을 알았다.

그는 중국의 선진 조선술을 받아들이기 위해서는 풍파에 표류한 배를 이용하자고 하였다. 풍파선이 고을에 닿으면 그 배 안에 반드시 있을 조선 기술자를 통하여 우리나라의 솜씨있는 공인들로 하여금 중국의 조선술을 익히도록 하고 반드시 그 기술을 다 습득한 후에 본국으로 돌려보내자고 하였다.[94]

중국 제도를 본떠서 견고하고 치밀하게 선박을 만든 후에는 과거에 표류해 본 경험이 있는 선원이나 대청도大靑島 등 해안가의 어민들을 모집하여 선원을 삼고 국가에서 적극 개입하여 관원을 시켜 중국에 가서 상선을 인도하여 황해도에 이르도록 하여 중국의 비단과 우

---

93) 강만길,「李朝造船史」,『한국문화대계』Ⅲ, 고려대민족문화연구소, 1970, 880~881쪽.
94)『北學議』內篇, 船.

리나라의 토산물과 교환시키자고 주장하였다.[95]

3) 통상개국의 방법론

가난한 나라를 구하는 길은 학중국學中國하는 길이며 국내의 유통
구조를 개선하여 상품을 전국적으로 상통시켜야 하고 그 운송수단인
수레와 선박의 개량을 주장하였다.

초정의 구상대로 국내물품의 생산량이 증가하고 유통기구인 수레
와 선박도 개선시켰으면 다음은 궁극적으로 외국과 통상하여 국부를
이룩하고 외국문물과 접하면 고루한 쇄국정책이나 북벌론의 의식구
조가 자연히 타파되고 개국이 이루어지리라 믿고 다음과 같이 단계
적이고 구체적인 외국과의 통상개국론을 전개하였다.

첫째, 통역관을 양성해야 한다.

우리나라 조정의 사대부들은 청이 건국된 이후로는 중국어를 사
용하는 것을 부끄럽게 여겨 매년 사행을 하는 수없이 보냈지만 일체
의 사정과 문서·언어 등 모든 거래를 통역에게만 의지하였다.[96]

그러나 사신은 해마다 딴 사람을 보내니 중국의 사정에 생소할
수밖에 없고 전적으로 통역관에게 의지하게 되는데 만약 하루아침에
전쟁이라도 일어나면 어떻게 대처할 것인가? 통역관의 입만 쳐다보
고 있어야 하는가?[97]

그러므로 사대부들이 직접 한어·만주어·몽고어·왜어 등을 몸
소 배워 사신들이 직접 상대방과 의사를 통할 수 있어야 하며,[98] 중

---

95) 『北學議』外篇, 丙午所懷.
96) 『北學議』內篇, 譯.
97) 『北學議』內篇, 譯.

간에 낀 통역관들의 농간도 막을 수 있다고 하였다. 또 통역관을 선택할 때 엄격하고 공정하게 실력위주로 선발하여 우수한 통역관을 확보할 것도 아울러 주장하였다.[99]

둘째, 사족의 무역참여를 강조했다.

실학자들은 누구보다도 유식자를 싫어하였다. 초정은 유식자를 성호와 마찬가지로 나라의 큰 좀이라고 생각하였으며,[100] 특히 사대부들이 겉치레만 힘쓰며 꺼리는 일이 많아 놀고 먹는 것을 개탄하였다.[101]

그렇지만 당시의 사회적 분위기에서 사대부가 가난하다고 들에 나가서 농사하거나 시장에 나가서 물건을 판매하거나 칼과 끌을 가지고 남의 집에 품팔이하는 수공업에 종사하게 되면 모든 사람들이 우습게 여기며 심지어 혼인길마저 막히게 되었다.[102] 그러므로 집에 한 푼도 없는 사대부라도 높다란 갓에 넓은 소매 달린 옷을 입고 나라 안을 어슬렁거리며 큰소리만 치게 되고 의식주를 공급받을 수 있는 길은 권력에 기대는 수밖에 없기 때문에 청탁하는 버릇이 생기고 과거에 요행을 바라게 되어[103] 시골에서 보이던 하찮은 과시課試에도 시권試券을 바치는 자가 여차하면 천 명이 넘고 서울에서 보이는 대동과에는 가끔 수만 명이 응시하며 놀고 먹는 계층이 생긴다고 보았다.

그래서 초정은 이들 사대부들을 우선적으로 무역에 종사시키자고 하였다. 이들 유식 사대부들은 자본금도 없으므로 국가에서 자금을

---

98) 『北學議』 內篇, 譯.
99) 『北學議』 內篇, 譯.
100) ① 『北學議』 外篇, 丙午所懷.
　　② 李瀷, 『星湖僿說』 卷12, 人事門六蠹.
101) 『北學議』 內篇, 商賈.
102) 『北學議』 內篇, 商賈.
103) 『北學議』 內篇, 商賈.

대부해 주고 가게를 설치해 주어서 좋은 성과를 올린 자에게는 그 능력을 인정하여 높은 벼슬에 발탁시키자는 파격적인 제안을 하고 있다.[104] 이와 같이 되면 국가에서는 유식계급이 줄게 되어 좋고 또 무역에 지배계급을 참여시켜 상업에 대한 백성의 인식을 크게 바꿔 놓을 수 있는 일석이조의 효과를 거둘 수 있었다.

셋째, 통상 수단으로 사용하는 은을 아껴야 한다고 하였다.

조선시대에는 명과의 세공歲貢문제로 모든 광산을 폐광시켰기 때문에 은의 축적은 왜국과의 직접적인 교역과 왜·청간의 중계무역으로 이득을 취하므로 가능하였다.[105] 그 후 왜·청 서의 나가사키섬 교역이 열리게 되어 왜은의 대량 획득이 어렵게 되었고 은의 비축량이 격감되어 국내 광은鑛銀을 충당하고자 노력하였으나 산출량이 여의치 못했다.[106] 이러한 상황인데도 부경사행들은 일찍부터 다량의 은을 가지고 중국에 들어가 궁중이나 사대부들이 필요로 하는 사치품만을 수입해 왔으며,[107] 조선중기 이후에는 사행과 병행해서 사무私貿활동도 활발해져 은의 유출이 더욱 심해졌다. 영·정조 때만 해도 1회 연행의 공용은公用銀이 팔천 냥이었으며 여기에 편승한 사무역을 통해 유출되는 은자가 십만 냥에 이르렀다.[108]

그러므로 실학자들은 은의 유출을 매우 걱정하였다. 성호는 금과 은이란 한 번 광에서 나오면 늘 있게 되는 것이고 외국으로 유출시키지 않는다면 왜 쌓이지 않을리가 있겠는가 하고[109] 반문하였다. 그는

---

104) 『北學議』 外篇, 丙午所懷.
105) 『星湖僿說』 卷6, 萬物門銀貨.
106) 이원순, 「赴燕使行의 經濟的一考」, 『역사교육』 제7집, 133쪽.
107) 『中宗實錄』 卷93, 35年 7月 甲寅.
108) 이원순, 앞의 책, 130쪽.
109) 『星湖僿說』 卷6, 萬物門銀貨.

은으로 비단 사오는 것을 가장 해롭게 생각했으며 좋은 약이니 식품 등을 사려고 소중한 은화를 잠깐 동안에 써버림을 애석해 하면서 "비록 병에 쓰는 약품이지라도 못 사오도록 막아야 된다"[110]고 하였다.

초정도 성호와 마찬가지로 은의 유출을 매우 염려하여

우리나라에서는 해마다 수만 냥의 은을 중국에 수출하고 약재와 주단 따위를 사들여 온다. 그런데 저 쪽은 은을 우리나라 물건으로 바꿔 가는 일이 없다. 은은 천 년이 지나도 변하지 않는 물건이다. 그러나 약은 반나절이면 몸에 흡수되어 버리고 주단은 사람을 장사지낼 때 쓰는데 반년이면 썩어버린다. 이와 같이 천 년이 지나도 변하지 않는 물건을 반나절이나 반년이면 없어지는 물건과 바꾸며, 한정된 산천의 재원을 한 번 보내면 다시 돌아오지 않는 지역으로 내다버리니, 은이 점점 귀해질 수밖에 없는 것이다.[111]

천년이 지나도 없어지지 않을 물건을 가지고 반나절 반년이면 없어질 비단이나 약재와 교역함이 불가함을 역설한 것이다. 이것은 서양의 중상주의자들이 은을 중시하였던 사상과 일맥상통하는 선진적 사상이었다. 초정은 해외통상의 기본원칙이 부의 축적을 통한 부국강병이었기 때문에 무역품의 선정에도 신중을 기하고자 하였다.

넷째, 황당선을 통상에 이용하고자 하였다.

황당선은 앞에서 설명한 대로 대개가 등주 등의 중국인이므로[112] 이들을 금지시킬 수 없을 바에는 시장을 개설하고 후하게 대접하여 그들과 사귄 후 교역하자고 하였다.[113]

---

110) 『星湖僿說』卷6, 萬物門銀貨.
111) 『北學議』內篇, 銀.
112) 『正祖實錄』卷41, 18年 11月 己丑.
113) 『北學議』外篇, 丙午所懷 참조.

배에 올라가 교역할 때에는 시끄럽게 지껄이거나 물건을 날치기 하는 것을 막아 신의를 지켜 중국인들에게 조소와 업신여김을 받지 않도록 하고 선주를 후하게 대접해 보내면 황당인들은 초청하지 않아도 스스로 올 것이라고 내다보았다.[114]

만약 저들이 오지 않는다면 우리가 적극적으로 나서서 외국 상선을 인도하여 내선시켜 통상하도록 하자고 하였다.[115] 통상 대상국을 선정할 때 왜국은 간사하여 항상 이웃 나라를 넘겨보며 또 안남·유구·대만 등지는 모두 험하고 멀어서 통할 수 없으므로 남중국을 택하여 민중·절강·교주·광동 등 지역과 교역해야 한다고 보았다.[116] 왜냐하면 이 지역은 다른 여러 나라와 중계무역이 활발하고 거리적으로도 가깝기 때문이었다. 등주·내주는 우리나라로부터 직선거리, 6백여 리 밖에 안되기 때문에 지난날 송선宋船이 고려와 통상할 때 명주明州에서 예성강까지는 이레밖에 안 걸리는 매우 가까운 거리였다.[117] 중국과 통상할 때에는 등주와 내주의 배는 장연에 닿도록 하고 금복·해성·개평 지방의 배는 선천에 교역할 수 있도록 하며 강주江州·절강浙江·천주泉州·장주漳州 지역의 배는 은진과 여산 등지와 교역하도록 하되 이것마저 불가능할 때에는 요양遼陽지방의 배만이라도 통상하도록 하자고 주장하였다.[118]

왜냐하면 요양에서 우리나라의 압록강까지는 철산鐵山 한 모퉁이만을 사이에 두고 있으므로 전라도에서 경상도 가는 거리밖에 안되므로 국내에서 조운하는 거리보다 훨씬 짧은 거리로 별다른 어려움

---

114) 『北學議』 進北學議, 通江南浙江商舶議.
115) 『北學議』 進北學議, 通江南浙江商舶議.
116) 『北學議』 進北學議, 通江南浙江商舶議.
117) 『北學議』 進北學議, 通江南浙江商舶議.
118) 『北學議』 外篇, 丙午所懷.

이 없으리라고 믿었다.[119]

이와 같이 초정은 막연한 통상론이 아니라 당시에도 해금정책만 바꾸면 금방 현실 가능한 실용적이고 실질적인 통상개국론을 제시하였다.

다섯째, 단계적이고 자주적인 통상개국론을 주장하였다.

초정은 통상개국하기 위해서는 통역관을 적극 양성하여 외국 사정에 능통해야 하며 사족인 지배계층이 무역에 참여하므로 종래의 농본억말적인 산업관을 바꿔야 하고 황당선을 이용하여 우선 중국과 통상하고자 하였다. 그러나 이것은 조선의 국력이 미약하기 때문이지 통상개국의 정론은 아니라고 보고, 지금 중국만 통상하고 다른 해외제국과 통상하지 않는 것은 한때의 방책이지 정론은 아니며 국력이 부강해지고 민업이 안정되면 차례로 해외제국과 통상하는 것이 마땅하다고 하였다.[120]

이 얼마나 훌륭한 탁견이며 선진적 견해였던가? 그러나 당시 사회는 이러한 훌륭한 정견을 포용하지 못하고 쇄국론만 고집했기 때문에 강화도 조약을 강요당하고 단계적 통상개국이 아닌 일방적 강요와 준비없는 개국이었기 때문에 자주적 자생의 길을 걷지 못하고 민족적 비극을 초래하게 된 것이다.

5. 맺음말

서양인의 표류와 황당선의 잦은 출현 등은 지금까지 중국과 일본

---

119) 『北學議』 進北學議, 通江南浙江商舶議.
120) 『北學議』 進北學議, 通江南浙江商舶議.

만을 대상으로 육로로만 교류하던 대외관에 커다란 변화를 초래하였다. 더욱이 연행사에 의한 서양문물의 전래는 이러한 의식세계의 확대를 더욱 촉진시켰으며, 그러한 서양문물의 수용이 수동적이 아니라 능동적으로 이루어진 점이 주목된다.

당시 조선사회는 왜란과 호란으로 국민경제가 파탄지경이었음에도 불구하고 명분론적 북벌론 때문에 청의 문물을 호족의 문화라고 무조건 배척하며 구빈을 소홀히 하였다. 그러므로 여러 차례 사행하여 발달된 청구문명을 몸소 체험한 초정은 청의 선진문물과 서양문물을 적극 도입하여 국내 산업의 균형적 발전을 도모하고 국내시장을 단일화하며 유통구조를 개선하여 국부를 이룩하고자 하였다. 그는 이와 같이 축적된 부를 바탕으로 먼저 중계무역지인 남중국의 강남, 절강과 해로로 통상을 열고 점차적으로 해외의 모든 나라와 통상개국 하자고 주장하였다. 이러한 초정의 개국론은 물론 그 당시 다른 실학자들의 주장처럼 정책에 반영되지는 못했다. 그러나 이러한 개국론은 그 후 이규경과 최한기에 의해서 다시 주장되며 인맥적으로는 초정의 제자였던 김정희를 통하여 그의 제자인 강위에 전수되었다.[121] 강위는 강화도조약 체결을 비롯하여 개국 당시 큰 영향을 준 인물이다. 그러므로 초정의 통상개국론은 바로 정책에 반영되지 못했지만 우리나라 개국론의 횃불이었다.

---

121) ① 이광린, 「강위의 인물과 사상」, 『동방학지』 17, 1976, 26쪽.
     ② 김영호, 「실학과 개화사상과의 연관문제」, 『한국사연구』 8, 74쪽.

제12장
초정 박제가의 유통통상론*

1. 머리말

초정은 조선 후기 실학자인 박제가의 아호로 그의 사상에 대해서
는 이미 학계에서 다각도로 연구된 바 있다. 1947년 박제가의 주저인
『북학의』가 처음 번역된 이래[1] 2003년 현재까지 한글 번역본이 여러
권 출판된 바 있고, 개별 연구에서도 여러 학자들이 다양한 관점에서
그의 사상을 분석하였다. 초정의 학문과 사상에 대해 처음으로 체계
적으로 연구한 사람은 김용덕이었다.[2] 김용덕은 초정의 경제사상을

* 김성준, 한국해양대학교 전임연구원; 오세영, 동덕여자대학교 경영경제학부 교수.
  원전 :『해운물류연구』, 제39호, 2003, 1~28쪽.
1) 박제가(김한석 역),『북학의』, 협동문고, 1947.
2) 김용덕, 「정유박제가연구: 제1부 박제가의 생애」,『중앙대논문집』제5집, 1961,
   1~28쪽; _____, 「정유박제가연구: 제2부 박제가의 사상」,『사학연구』제10호,
   1961, 299~322쪽; _____, 「박제가의 사상」,『한국사상』제5집, 1962, 71~93쪽;
   _____,『조선후기사상사연구』, 을유문화사, 1977; _____, 「연암의 경제사상: 박제
   가와의 비교를 중심으로」,『진단학보』제44호, 1977, 153~158쪽; _____, 「박제가
   의 경제사상-기적의 선각자」,『진단학보』제52호, 1981, 153~156쪽.

중심으로 연구하여 사치용인론奢侈論과 상업진흥론·무역입국론 등 당
시로서는 혁신적인 주장을 폈다는 점에서 "그의 존재 자체가 우리 사
상사의 기적이었다"[3]고 평가하였다. 진단학회는 1981년 9월 제3회
한국고전심포지엄을 열고 초정의 경제사상, 사상적 위치, 농업론, 문
학론 따위를 〈정유집의 종합적 검토〉란 주제로 다룬 바 있다. 그밖에
이성무·송주영·홍덕기와 김광진은 경제론, 이상태는 통상개국론,
이춘령은 농업론, 정옥자와 이경수는 문학론, 주칠성과 나우권은 철
학사상, 그리고 이훈섭은 구빈론을 중심으로 초정의 실학사상을 각
각 연구한 바 있다.[4] 이처럼 초정의 실학사상에 대해서는 이미 철
학·문학·경제·통상 그리고 농업 등 이미 다양한 관점에서 연구가
이루어졌다.

이러한 상황인 데도 불구하고 해운물류학계에 초정 박제가의 존
재와 사상이 잘 알려지지 않았다는 사실은 다소 의외라고 생각된다.
왜냐하면 초정이 가장 중시한 분야가 유통통상론이었기 때문이다.
앞에서 언급한 연구자들은 초정사상의 핵심이 유통론과 해외통상론
이라는 점을 인식하고 있으면서도, 이를 실학이라는 큰 틀에서 접근

---

3) 김용덕, 『기적의 선각자』, 153쪽.
4) 이성무, 「박제가의 경제사상」, 『이해남박사화갑기념사학논총』, 1970, 283~297쪽;
송주영, 『한국실학사상대요』, 박영사, 1979, 175~246쪽; 홍덕기, 「정유 박제가의 경
제사상: 상업론을 중심으로」, 『호남문화연구』 제13집, 1983, 485~363쪽; 김광진,
『북학의』, 김광진·김광순·변낙주, 『한국경제사상사』, 이성과현실, 1989, 295~311
쪽; 이상태, 「박제가의 통상개국론」, 『소헌남도영박사화갑기념사학논총』, 1984,
483~505쪽; 이춘령, 「진북학의를 통하여 본 박제가의 농업론」, 『진단학보』 제52호,
1981, 157~166쪽; 정옥자, 「문학사적 측면에서 본 정유집」, 『진단학보』 제52호,
1981, 167~178쪽; 이경수, 「박제가론」, 정양모 외, 『조선후기한문학작가론』, 집문
당, 1984, 231~262쪽; 주칠성, 박제가의 철학과 실학사상, 『실학파의 철학사상』, 예
문서원, 1996, 182~193쪽; 나우권, 「박제가의 실학사상」, 한국사상사연구회 편저,
『실학의 철학』, 예문서원, 1996, 318~334쪽; 이훈섭, 『한국전통경영사연구』, 보경문
화사, 1992, 252~260쪽.

하였다. 이러한 접근 방법은 초정의 사상을 전체적으로 이해하는 데
는 도움이 될지 모르지만, 농업론·상업론·과거론 따위를 한데 아울
러 다루기 때문에 그의 핵심 사상이 무엇인지를 파악하는 데 혼란을
줄 우려도 있다.

따라서 이 논문에서는 초정의 핵심이론인 유통통상론을 중심으로
살펴보고자 한다. 이를 위해 초정의 생애를 간단히 살펴보고 그의 사
상 체계를 정리한 다음, 『북학의』에 나타난 초정의 유통통상론을 고
찰한다. 마지막으로 초정의 유통통상론이 역사적으로 어떤 의의가
있었는지를 살펴보기 위해 초정과 동시대인이었던 실학자들과 아담
스미스Adam Smith(1723~1790)의 통상론을 비교할 것이다. 이 연구는 우
리 역사에서 물류론을 가장 깊이 있게 개진한 초정의 사상을 재음미
해 봄으로써 오늘날 우리의 물류 현실을 반성해 보는 계기를 제공한
다는 데 의의가 있다.

2. 초정 박제가의 삶과 북학론

1) 삶5)

박제가는 밀양 박씨로서 자는 재선·수기·차수이며, 호는 초정,

---

5) 박제가의 생애에 대해서는 이익성 옮김, 『북학의』, 을유문화사, 1971의 해제, 3~8
   쪽; 이석호 옮김, 『북학의』, 대양서적, 1972의 『북학의』 해설, 69~75쪽; 김길환, 박
   제가의 생애와 사상, 이을호 편, 『실학논총』, 전남대학교 출판부, 1975, 493~501쪽;
   이경수, 박제가론, 231~262쪽 그리고 김승일 옮김, 『북학의』, 범우사, 1995, 연보;
   안대회 옮김, 『북학의』, 돌베개, 2003, 박제가 연보; 박정수 옮김, 『북학의』, 서해문
   집, 2003, 연표를 참조하여 정리하였다.

위항도인葦杭道人 · 정유貞蕤 · 뇌옹穎翁 등을 사용하였다. 초정은 1750년 11월 5일 우부승지 박평의 서자로 서울에서 태어났다. 당파로는 소수파인 소북에 속했으며, 서울에서 태어나고 자란 서울내기였다. 초정은 열한 살 때인 1760년(영조 36) 아버지 박평이 사망한 뒤 홀어머니인 전주 이씨 밑에서 가난하게 살았다. 초정은 1766년(영조 42) 17세에 이순신의 5대손인 이관상본관 덕수의 서녀와 결혼하였다. 초정은 이 무렵부터 종로의 백탑 부근에 사는 이덕무(1741~1793) · 유득공(1749~1807)과 교류하였다. 1768~1769년 무렵 박지원(1737~1805)이 백탑 북쪽으로 이사오자 초정은 이덕무 · 유득공 · 이서구(1754~1825)와 함께 그의 집에 드나들며 교류하였다. 초정은 이덕무 등과 1778년(정조 2) 사은진주사 채제공의 수행원으로 청나라 연경에 가서 이조원과 반정균 등 청나라 학자들에게 새 학문을 배웠다. 귀국 후 가을에 경기도 통진6)에서 『북학의』 초고를 완성하였다.

초정은 1779년(정조 3) 서른 살에 유득공 · 이덕무 · 서이수와 함께 규장각의 초대 검서관으로 임명되어 『무예도보통지』 등 많은 서적을 편찬하였다. 초정은 유득공과 함께 1790년(정조 14) 정월 건륭제의 팔순제를 축하하는 진하사 황인점의 수행원으로 연경을 다녀와 정삼품 군기시정이 되고, 다시 같은 해 9월에 다시 정조의 특명으로 사은의 자문咨文을 휴대하고 동지사를 수행하여 청나라에 다녀왔다. 초정은 1792년 외직인 부여현감으로 부임하였으나, 1794년 2월 춘당대무과 별시에 장원으로 뽑혀 오위장에 임명된 뒤 이듬해 1795년(정조 19) 영평현감으로 부임하였다.

초정은 1798년(정조 22) 농서를 구하는 왕의 뜻에 응하여 『북학의』

---

6) 현재 경기도 김포시 통진면.

중 농업과 관련한 부문만 추려 응지진북학의소應旨進北學義疏와 함께 바
쳤다. 그는 1801년(순조 1) 2월 사은사 윤행임의 일행으로 주자서를 구
하기 위해 유득공과 함께 연경에 다녀왔다. 초정은 연경에서 돌아온
뒤 9월 동남 성문 밖 흉서사건에 사돈인 윤가기가 주모자로 지목되
어 처형되고, 윤가기의 종인 갑금이란 자의 "박제가도 연루되어 있
다"는 진술에 따라 투옥되어 고문당한 뒤 종성으로 유배되었다. 초정
은 이 곳에서 2년 반 동안 유배생활을 하다 1804년 2월 풀려나 1805
년 3월에 서울로 돌아왔으나 그 해 4월 56세를 일기로 작고하였다.[7]

2) 『북학의』

초정은 『북학의』를 오랜 세월에 걸쳐 수정을 거듭하였고,[8] 『북학
의』 자체도 당시로서는 혁신적인 사상을 담고 있었기 때문에 출간되
지 못하고 필사본으로 전해지고 있을 뿐이다. 현재까지 알려지기로는
통문관 주인 이겸로씨가 소유했던 박제가 친필 『북학의』가 가장 믿을
만한 정본으로 밝혀지고 있다. 이 친필고본親筆藁本에는 내·외편 2책
에 외편 끝에 박지원의 북학의서가 첨부되어 있으나, 이 친필고본은

---

7) 초정이 귀양에서 풀려나 서울로 돌아온 뒤의 소식은 문집을 통해서나 다른 곳에서
  찾아볼 수가 없다. 김한석의 해제에는 출처를 밝히지 않고 "순조 5년에 졸하였고
  그의 묘는 경기도 광주 엄현에 있다 한다"라고 적고 있는데(『북학의』, 1947), 대부
  분 이 설을 따르고 있다. 순조 15년(1815)에 죽었다는 주장이 있기는 하나, 귀양에
  서 돌아온 뒤 10여 년 동안의 동정이 문집에 전혀 나타나 있지 않은 것으로 보아
  믿기 어렵다(김용덕, 「정유박제가연구」, 64쪽).
8) 안대회의 연구에 따르면, 초정은 1차 연행에서 돌아온 1778년 가을 내편을 탈고하고,
  이후 2~3년 뒤에 외편을 완성한 뒤 연암과 서명응에게 서문을 받았고, 1786년에 다시
  병오년 정월 이십이일 조참시 전설서별제 박제가 소회丙午所懷를 외편에 추가시켰으
  며, 1798년에 다시 진북학의를 완성하였다(안대회, 「열린 사회를 위한 개혁 개방론」,
  『북학의』, 2003, 289~290쪽).

현재 행적이 묘연한 상태다. 숭실대학교 기독교 박물관에 소장되어 있는『북학의』가 내외편 목록도 친필고본과 같고, 본문의 비점批點도 같은 것으로 미루어 친필고본을 필사한 것으로 추정되고 있다.[9]

현재까지 간행된『북학의』원문 대본으로는 국사편찬위원회가 1962년에 간행한『정유집』에 포함되어 있는『북학의』와, 한국학문헌연구소가 1981년에 간행한『농서』에 포함되어 있는『북학의』가 널리 알려져 있다.『정유집』은 박제가의 시문을 모아 놓은 것으로 여기에『북학의』가 합본되어 있으며,『농서』는 서울대학교 도서관에 소장되어 있는『북학의』필사본을 박지원의『과농소초』와 합본하여 엮어 놓은 것이다. 이 두 판본을 비교해 보면,『정유집』속의『북학의』는 내편과 외편으로 나눈 뒤 진북학의를 맨 뒤에 배열하였으나,『농서』의『북학의』에는 진북학의를 내편과 외편 사이에 넣었다. 그리고 내용 면에서도『농서』의『북학의』에는 과거론과 북학변의 일부가 생략되어 있는 반면,『정유집』의『북학의』에는 병오소회와 선4칙이 빠져 있다.[10]

그 동안『북학의』한글본이 몇 가지 출간된 바 있다. 이익성·이석호·안대회가 번역한『북학의』는 모두 국사편찬위원회 판본을 저본으로 삼았고, 박정주가 번역한『북학의』에는『정유집』과『농서』의『북학의』에 빠져 있는 부분을 모두 망라하여 수록하였다.『북학의』의 체제를 정리해 보면 다음과 같다.[11]

---

9) 안대회,『열린 사회』, 294~295쪽.
10) 박정주·안대회의『북학의』해제 참조.
11) 이익성·이석호·안대회·박정주의 번역본을 참조하여 정리하였다. 번호는 필자가 임의로 붙인 것이며, 판본에 따라서는 순서가 뒤바뀐 것도 있다. 이 논문의 집필에는 원전을 충실하게 재현하면서도 현대 어투에 맞게 번역한 안대회 번역본을 기본으로 하되, 이해하기 어려운 부분은 다른 번역본과 원문을 참조하였다. 그리고 원문은 이익성과 이석호 번역본에 포함되어 있는 것을 참조하였으며,『북학의』에서 인용한 부분은 본문 가운데에 그 조항을 적어 넣었다.

(내편)

1. 수레車, 2. 배船, 3. 성城, 4. 벽돌甓, 5. 둑 또는 저수지齊・水庫, 6. 기
와瓦, 7. 옹기甕,12) 8. 대자리簟, 9. 가옥宮室, 10. 창호窓戶, 11. 섬돌階
砌,13) 12. 도로道路, 13. 다리橋梁, 14. 목축畜牧, 15. 소牛, 16. 말馬, 17.
나귀驢, 18. 안장鞍, 19. 구유槽, 20. 저잣거리市井,14) 21. 장수商賈, 22. 은
銀, 23. 돈錢, 24. 철鐵, 25. 목재材木, 26. 여자의 옷女服, 27. 연극劇戱, 28.
중국어漢語, 29. 통역譯, 30. 약藥, 31. 장醬, 32. 인장印, 33. 담요氈, 34.
저보邸報,15) 35. 종이紙, 36. 활弓, 37. 총과 화살銃矢, 38. 자尺, 39. 문방
구文房之具, 40. 골동품과 서화古董書畵

(외편)

1. 밭田, 2. 거름糞, 3. 뽕과 과일桑菓, 4. 농사와 누에치기農蠶總論, 5. 이
희경의 농기도 서문附李喜經農器圖序, 6. 용미차에 대한 이희경의 설명附
李喜經龍尾車說, 7・8. 과거론科擧論 Ⅰ・Ⅱ, 9. 정유년 증광시에 제출한 시
사책附丁酉增廣試士策, 10. 관직과 녹봉官論・祿制, 11. 재부론財賦論, 12. 절
강 상선과 통상하는 문제通江南浙江商舶議, 13. 장례葬論, 14. 군사론兵論,
15. 중국에 대한 존대尊周論, 16・17・18. 북학변北學辯 Ⅰ・Ⅱ・Ⅲ, 19. 병
오년 정월 이십이일 조참 때에 전설서별제 박제가가 올린 소회丙午所懷

(진북학의)

1. 임금님의 뜻에 따라 『북학의』를 올리는 상소應旨進北學議疏, 2. 수레 9

---

12) 이익성・이석호・안대회・박정주는 모두 甕을 '자기'로 번역하였으나, 이는 옹기
의 오역이다.
13) 안대회・박정주는 '돌층계'로 번역하였으나 '섬돌'이 타당할 듯하다.
14) 이익성과 박석호는 '저자'로, 안대회는 '시장과 우물'로, 박정주는 '시장'으로 각각
풀이하였다.
15) 저보는 京邸에서 本郡에 보고하고 통지하는 문서다. 서울에는 중앙과 지방의 연
락 기관으로 전국 각 군현에 邸舍를 설치하였는데, 이를 경저라 하였고, 이 경저의
아전이 처리한 일을 저보를 이용하여 본군에 알렸다.(안대회 역, 『북학의』, 119쪽
각주 86)

칙車九則, 3. 밭田, 4. 거름糞, 5. 뽕桑, 6. 농기구 6칙農器六則, 7. 철鐵, 8.
볍씨稻種, 9. 곡식이름穀名, 10. 지리地利, 11. 논水田, 12. 수리水利, 13. 늙
은 농부老農, 14. 구전區田, 15. 모내기注秧, 16. 고무마 파종種藷,16) 17. 말
리末利, 18. 유생의 도태汰儒, 19. 둔전비용屯田之費, 20. 하천의 준설濬河,
21. 창고짓기築倉, 22. 배船, 23. 노하운선기潞河運船記, 24. 오행이 사라졌
다는 의미五行汩陳之義, 25. 번지와 허행樊遲許行, 26. 영원한 생명을 얻기
위한 기도祈天永命, 27. 농사와 누에치기農蠶總論, 28. 재부론財賦論, 29. 절
강 상선과 통상하는 문제通江南浙江商舶議, 30. 중국에 대한 존대尊周論

3. 북학론

초정이 청 나라를 방문하고 돌아와서 깨달은 바는 조선의 큰 병
폐는 가난하다는 것이었다(丙午所懷). 초정은 현재 백성들의 생활은 날
이 갈수록 곤궁해지고, 재물의 쓰임새는 날이 갈수록 궁핍해지고 있
다고 지적하고,『북학의』에서는 오늘날의 병폐가 발생한 근원에 대해
특별히 정성을 기울였다고 밝히고 있다(北學議序). 초정은 가난을 구제
할 수 있는 길은 선진국인 청의 풍속으로부터 일상생활에 편리한 것
들을 배워 실행에 옮기고(北學議序), 청과 통상하는 것(丙午所懷)이라고
생각했다.『북학의』에 소개된 여러 항목은 청의 문물제도의 장점을
논하고, 조선의 문물제도의 단점과 폐해를 지적하는 것으로 일관되

16) 이익성・이석호・박정주는 '씨감자'로, 안대회는 '감자심기'라 번역하고 있으나, 박
   제가가 진북학의소를 썼던 1798년 당시 조선에는 감자가 전래되지 않았다. 감자가
   조선에 전래된 것은 19세기였고, 박제가 생존시에 조선에서 재배되고 있었던 것은
   1763년 말 즈음에 전래된 고구마였다.(김재승,「고구마의 조선 전래」,『동서사학』
   제8집, 2001. 9, 104쪽 참조)

어 있다고 해도 지나친 말이 아니다.

초정은 조선의 사대부들이 허례허식에 빠져 뒤돌아보며 꺼리는 일이 너무 많은 것이 가난의 큰 원인이라고 보고(商賈, 아무 일도 하지 않고 놀고 먹는 사대부들을 '나라의 좀벌레'라고 신랄하게 비판하였다丙午所懷. 그는 조선의 습속이 이렇게 된 데에는 네 가지 기만과 세 가지 폐단이 있기 때문이라고 진단하였다丙午所懷. 네 가지 기만은 첫째, 인재가 드문 데도 인재를 양성할 방도를 구하지 않고 재물이 나날이 없어지건만 유통시킬 방법을 생각하지 않으면서, 세상이 그릇되고 백성이 가난한 탓이라고 핑계를 대는 것(나라 스스로의 기만), 둘째, 지위가 높을수록 세상일을 살피는 일을 점점 게을리하면서 그들은 관아에 머물러 모든 일을 아랫사람들에게만 시키고, 서울을 떠나면 이속들에게 모든 일을 위임해 두고 체모를 소홀히 해서는 안된다 하여 이들로 하여금 좌우로 옹위하게만 하는 것(사대부 스스로의 기만), 셋째, 마음은 과거시험 문제疑義에만 얽매여 있고 정력은 미사여구에 소진하고 나서는 천하의 글을 한데 묶어 볼 만한 것이 없다는 학문 태도(공령문 짓는 자 스스로의 기만), 넷째, 아버지를 아버지라 부르지 못하는 사람이 있고 형을 형이라 부르지 못하는 사람이 있으며 노인이 아이들의 아랫자리에 앉기도 하고 손자뻘 되는 자가 어른을 꾸짖는 일도 있는데도, 오히려 우쭐대며 온 세상은 오랑캐이고 자신의 행실은 예의바르다고 하는 것(습속 스스로의 기만)이다. 그리고 세 가지의 폐단은 국법이 사대부에게는 시행되지 않는 폐단(사대부의 폐단), 과거는 좋은 인재를 뽑으려는 것이데, 오히려 인재의 선택이 과거 때문에 망가지는 폐단(과거의 폐단) 그리고 서원이 선현의 제사를 받들고 학문을 강론하기보다는 군역기피자 따위나 숨겨주고 술이나 빚어 범법을 일삼는 폐단(서원의 폐단)이 그것이다.

초정은 조선의 폐단과 가난을 극복할 수 있는 방법으로 농업론·
유통론·통상론을 제기하였다고 할 수 있다. 초정은『북학의』내편
과 외편에서 일부 농업론을 개진한 바 있으나, 1798년 정조에게 올린
응지진북학의소에서 이를 보다 체계화하였다. 초정은 밭·거름·뽕·
볍씨·논·수리·모내기·고구마 파종·농사와 누에치기를 상세히
논하면서 청의 농사법과 농기구를 도입하여 농업을 진흥시킬 것을
역설하고 있다. 그는 응지진북학의소에서 농업을 진흥시키기 위해서
는 첫째, 과거시험에 응시하지 않으면서도 농업에 종사하지 않는 유
생들을 도태시키고, 둘째, 수레를 널리 사용할 것이며, 셋째, 청의 각
종 농기구를 들여다 보급할 것을 진언하였다(應旨進北學議疏).

초정은 조선이 부강해지기 위해서는 농업만으로는 부족하고, 상
업을 통해 부를 축적해야 하며, 상업을 발달시키기 위해서 수레와
배, 화폐를 개선하여 국내 유통을 활성화하고 해외, 특히 청과 통상
해야 한다고 주장하였다. 초정의 유통통상론은 다음 절에서 상세히
살펴볼 것이므로, 여기에서는 그의 '쌀30만섬비축론'에 대해서만 논
급하기로 한다. 초정은 응지진북학의소에서 율곡의 10만양병설에 견
주어 나라의 근본을 튼튼하게 하기 위해 '쌀30만섬비축론'을 제기하
면서 다음과 같이 주장하였다.

> 한양의 민호 4~5만이 먹을 식량과, 만조백관과 군사의 녹봉에 충당할 곡
> 식은 모두 삼남에서 바다로 운반되어 오는 10여 만 섬의 곡식에 기대고
> 있습니다. 사사로이 자기들이 먹기 위해 저장해 놓은 것을 제외한다고
> 해도 반드시 20만 명의 사람이 여러 달 동안 먹을 양식을 비축해야만 다
> 급한 사태가 발생하더라도 안심할 수가 있습니다.(應旨進北學議疏)

초정은 쌀 30만 섬을 비축하기 위한 시행방안으로 첫째, 배를 개

선하여 조운을 강화할 것, 둘째, 수레를 통행시켜 육로의 수송을 강
화할 것, 셋째, 둔전을 시행하여 농업기술을 교육할 것을 제안하였다
(應旨進北學議疏). 이렇게 보면 초정의 쌀30만섬비축론은 농업의 생산성
을 제고하고, 국내상업을 통해 이를 유통시킴으로써 궁극적으로 국
부를 증진시키려는 계획이었다고 할 수 있다.17) 초정이 농서를 구하
는 정조의 뜻에 따라 올린 진북학의에서도 그의 궁극적인 관심은 농
업 자체보다는 상업에 있었음을 확인할 수 있다.18)

초정의 학문관은 기본적으로 유통과 통상을 이용하고 이를 통하
여 후생하여 유학의 근본목표인 정덕을 이루는 데 있었다. 이용·후
생·정덕은 『서경』의 대우모大禹模편에 나오는 말로, 유학의 삼사를
이루는 것이다.19) 조선 중기 이후 유학은 시가와 문장이나 사변적인
성리학에 치우쳐 있었다. 이는 조선의 성리학이 유학의 삼사 가운데
정덕을 중심에 두어 현실과는 유리된 관념적인 허학에 빠지게 되는
결과를 초래하였다. 박지원·홍대용·박제가·이덕무·유득공 등의
북학파 실학자들은 북학을 통해 이용후생할 것을 주장했다. 하지만
이들이 이용후생을 주장한 것은 그것 자체로서 목적이 있었던 것은
아니었다. 이용후생을 통해 결국 유학의 최상위 목표인 정덕으로 나
아가기 위한 것이 이른바 북학파 실학자들의 궁극적인 목표였다.20)

---

17) 이성무, 「박제가의 북학의」, 『실학연구입문』, 역사학회, 일조각, 1973, 283쪽.
18) 이런 견지에서 보면 『북학의』를 통해 초정의 농업론을 살펴보려 하는 것은 그의 사
　　상의 본질을 제대로 읽어내지 못한 것이라고 할 수 있다(이춘령, 「박제가의 농업론」).
19) 덕을 바로 잡고 쓰임을 이롭게 하려면 먼저 생활을 넉넉하게 하는 일부터 힘써야
　　한다(正德·利用·厚生·惟和).
20) 강재언, 『근대한국사상사연구』, 미래사, 1983, 27쪽. 초정 박제가도 다음과 같이
　　썼다. "이용과 후생은 한 가지라도 갖추어지지 않으면 위로 정덕을 해치는 폐단을
　　낳게 된다. 따라서 공자께서는 '백성의 수가 많아졌으면 부유하게 해주고, 부유해
　　졌으면 가르쳐야만 한다'고 말씀하셨던 것이고, 관중은 '옷과 먹을 것이 풍족해진
　　다음에야 예절을 차리는 법이다'라고 말했던 것이다."(北學議序)

흔히 실학은 몰락을 거듭하고 있던 봉건사회를 재정비하여 근대
를 지향하고자 한 의식이자 민족주의적인 사상으로 여겨지고 있다.[21]
하지만 실학자들은 아직 민족이나 근대라는 개념도 인식하지 못하고
있었다. 그들이 지향하고자 했던 것은 정덕에 치우쳐 허학화한 조선
의 학문을 이용과 후생을 통해 물질생활을 풍요롭게 한 뒤에 성리학
의 이념인 성명의리와 경학의 이념인 도덕윤리를 실현하려는 것이었
다.[22] 위의 인용문에서 확인할 수 있는 것처럼, 초정도 이 점에서 예
외는 아니었다. 초정은 조선의 현실을 개혁하기를 바랐지만, 어떤 혁
신적인 방법을 통해 그것을 이룩하려고 했던 것은 아니었다. 초정이
이용후생을 말하면서 정덕을 빼놓지 않고 강조한 점과 과거론에서
성명의리를 소홀히 할 수 없고 경학을 존중해야 한다고 말한 것은 그
의 실학정신이 정덕의 실현을 목표로 삼고, 이용후생을 그 수단으로
생각했음을 의미한다.[23]

초정이 『북학의』에서 논하고 있는 것들은 바로 이용후생할 대상
들이라고 할 수 있으며, 그 구체적인 방법은 바로 북학, 즉 조선의
선비들이 오랑캐로 업신여기며 무시하고 있는 청의 문물과 제도를
배우는 것이었다. 박지원은 『북학의』에 붙인 서문에서 "학문의 방법
은 다른 것이 없다. 모르는 것이 있으면 길가는 사람이라도 붙잡고
물어보는 것이다. 그것이 올바른 학문의 방법이다.… 이용후생에 필
요한 도구가 날이 갈수록 곤궁한 지경에 처해 있다. 이러한 원인은
다른 데 있지 않다. 학문할 줄 모르는 잘못에 있다. 잘못을 깨달아
제대로 학문을 하고자 한다면 중국을 제쳐두고 어디로 갈 것인가?"라

---

21) 정창렬,「실학연구의 쟁점과 과제」, 조명기 외,『한국사상의 심층연구』, 우석, 1986,
310~311쪽.
22) 이훈섭,『한국전통경영사연구』, 보경문화사, 1992, 253쪽.
23) 김길환,『박제가의 생애와 사상』, 496쪽.

고 지적하고 있다. 초정 또한 왜 북학을 해야 하는지를 다음과 같이
밝히고 있다.

> … 수개월 동안 청에 머물면서 평소에 듣지 못한 새로운 사실을 들었고,
> 중국의 옛 풍속이 여전히 남아 옛 사람이 나를 속이지 않았음을 확인하
> 고 감탄을 금치 못했다. 그들의 풍속 가운데 본국에서 시행하여 일상생
> 활에 편리하게 할 만한 것이 있으면 발견하는 대로 글로 기록하였다.…
> 그리고 『맹자』에 나오는 진량의 말24)을 빌려다가 책의 이름을 『북학의』
> 라고 지었다.(北學議序)

초정이 『북학의』에서 청을 배우자고 주장했다는 사실 그 자체는
그렇게 큰 의미가 있는 것이 아닐 수도 있다. 하지만 당대 조선의 분
위기를 감안하면 이는 용기가 필요한 일이었다. 임진왜란이 끝난 뒤
중국 대륙에서는 명이 망하고, 만주족이 세운 청이 대륙을 통일하였
다. 조선의 입장에서 보면 명은 임진왜란 때 군사를 파견하여 도와준
은인의 나라이며, 청은 명을 멸망시켰을 뿐만 아니라 조선을 침략한
오랑캐의 나라였다. 조선은 청나라와 사대관계를 맺고 정기적으로 연행
사절을 파견하고 있었지만, 내부적으로는 존명양이尊明攘夷의 풍조가
만연하여, 북벌론까지 일어나기에 이르렀다. 이러한 사회적 분위기에
서 이른바 박지원·홍대용·박제가 등의 북학파들이 청나라를 배우
자고 주장한 것은 실로 기득권 세력들에 대한 이데올로기 투쟁이자
공공연한 도전이었다고 할 수 있다.25)

초정은 정조에게 『북학의』를 올리면서 죽음을 무릅쓰고 북학을 해

---

24) 진량의 고사는 『孟子』의 滕文公上에 나오는 기사다. "진량은 (남방의) 초나라 출
   신이다. 주공과 공자의 도를 좋아하여 중국 북쪽으로 가서 공부하였다. 그 결과 북
   방의 학자로서 진량보다 나은 자가 없었다."
25) 강재언, 『근대한국사상사연구』, 19쪽.

야 한다고 주장하였지만,[26] 받아들여지지 않고 오히려 당벽에 사로잡혀 있다는 비판을 받았다.[27] 이러한 비판이 전혀 근거가 없는 것은 아니었다. 초정은 『북학의』에서 동전을 주조하는 데 드는 비용으로 청의 돈을 수입하여 사용하는 것이 훨씬 더 이익이 될 것이라고 말하기도 하고(內篇: 錢), 우리나라 말을 버리고 중국말을 사용해야 동쪽 오랑캐라는 치욕적인 말로 불리는 신세를 면할 수 있을 것이라고 주장했다(內篇: 漢語). 그러니 초정의 벗인 이덕무조차 "정유의 성벽이 우뚝 솟아 있고, 중국과 거리가 먼 습속을 좋아하고 만주인과 형제같이 친교를 맺고 있으니, 세상에서 그를 당벽·당한唐漢으로 지목하고 있다"고 비판하면서, 성의를 다하여 자송문을 지을 것을 충고하였던 것이다.[28]

하지만 초정의 북학론에 사대적 측면이 있다고 비판하는 것은 온당한 평가가 아닌 듯하다. 왜냐하면 그가 북학론을 주장한 것은 청을 오랑캐로 얕잡아 보고 있던 당대의 사회적 분위기에서 나온 것이었기 때문이다. 그의 북학론은 청나라에 편향적인 모방론을 보여주는 것 같지만, 근본적으로 자주적인 자강론을 강조하고 있다는 점에서 또 하나의 사상적 예속화를 조장하는 것과는 구별되어야 할 것이다.[29] 결론적으로 초정의 『북학의』는 선진적인 청의 문물을 배우자는 단순한 주장만을 담고 있는 것이 아니라, 18세기 조선의 현실에 대한 뼈아

---

26) "우리나라 사람들은 오늘날의 중국淸이 과거의 중국明이 아니라고 생각하면서 서로 모여 비난하고 비웃기를 너무 심하게 합니다. 그런데 이제 제가 올린 진언은 전부터 저들이 비난하고 비웃는 여러 말 중에 하나에 불과합니다.… 신은 황공하고 두려운 마음을 이기지 못하오며 삼가 죽음을 무릅쓰고 글을 올립니다."(應旨進北學議疏)
27) 초정은 정조 16년(1792) 文體反正이 일어났을 때 자신의 문체에 대해 自訟文을 써 올리도록 명받았다.
28) 김용덕, 『연암의 경제사상』, 155~156쪽 참조.
29) 금장태, 『한국실학사상사연구』, 집문당, 1987, 65쪽.

픈 자각과 통찰의 저작이요, 위기에 봉착한 조선사회의 현실과 미래
에 대한 통렬한 자기 부정의 저서라고 평가할 수 있을 것이다.[30]

4. 초정 박제가의 유통통상론

1) 상업유통론

이 절에서는 먼저 박제가의 생산과 소비에 대한 견해를 살펴본
뒤, 상업유통론을 고찰하기로 한다. 초정의 유통론은 이른바 '우물론'에
서부터 시작한다. 그는 다음과 같이 주장하였다.

> 재물이란 우물에 비유할 수가 있다. 퍼내면 늘 물이 가득하지만 길어내
> 기를 그만두면 물이 말라버림과 같다. 화려한 비단옷을 입지 않으니 나
> 라에는 비단을 짜는 사람이 없어졌고, 그 때문에 여자들의 길쌈질女功이
> 없어졌다. 쭈그러진 그릇을 사용하기를 꺼리지 않고, 기교를 부려 물건
> 을 만드는 것을 숭상하지 않아 나라에는 공방의 장인도 사라지고, 도자
> 기 가마와 대장간도 없어졌다. 그러므로 기예가 사라졌다.(內篇: 市井)

이와 같이 박제가는 부라는 것은 쓰지 않고 단순히 모아놓음으로
써 축적되는 것이 아니라, 이를 투자하고 유통시켜 소비함으로써 더
많은 부를 쌓을 수 있다는 사실을 자각하고 있었다. 다시 말해 초정
은 생산과 소비의 유기적 관계를 밝히고 그 매개적 구실로서의 상업
의 중요성을 역설하고 있는 것이다. 초정은 "무릇 돈이란 돌고 돌아

---

30) 안대회, 『열린 사회』, 283쪽.

야 한다고 말하면서, 그렇지 않다면 진흙으로 빚은 소가 바다 속으로
들어가는 것[31]과 무엇이 다르겠는가?"라고 반문하기까지 하였다(內篇:
銀). 초정은 상업이 발달하면 농업과 공업도 더불어 발전한다고 생각
하였다고 할 수 있다.

초정은 여기서 한 걸음 더 나아가 사치를 억제할 것이 아니라 적
극적으로 조장해야 한다고 주장하였다.

> 다른 나라는 사치 때문에 망한 곳도 있지만 우리나라는 검소하기에 쇠
> 퇴한 것입니다. 화려한 비단옷을 입지 않으므로 나라에는 비단을 짜는
> 베틀이 존재하지 않습니다.(丙午所懷)

초정은 또한 검소하다는 것은 물건이 있어도 남용하지 않는 것을
일컫는 것이지, 자신에게 물건이 없다 하여 스스로 단념하는 것을 말
하지 않는다고 검소에 대해 새롭게 정의 내리면서(內篇: 市井), 소비는
단순한 소비에 그치는 것이 아니라 재생산을 자극하는 것이라는 점
을 다음과 같이 설명하고 있다.

> 지금 나라 안에 구슬을 캐는 집이 없고 시장에 산호 따위의 보배가 없
> 다. 또 금과 은을 가지고 가게에 들어가도 떡을 살 수가 없는 형편이다.
> 이것이 참으로 검소한 풍속 때문이라고 할 수 있겠는가? 아니다. 이것은
> 물건을 쓰는 법을 모르기 때문이다. 쓸 줄 모르니 생산할 줄도 모르고
> 생산할 줄 모르니 백성은 나날이 궁핍해 가는 것이다.(內篇: 市井)

---

31) '진흙소가 바다로 들어간다'는 말은 한번 가서 돌아오지 않아 아무런 소식도 없는
   것을 비유하는 표현으로 『景德傳燈錄』 潭州龍山和尙에 나오는 말이다. "洞山和尙
   이 또 무슨 이치를 깨달았기에 이 산에 머무는가라고 묻자 龍山和尙이 답하였다.
   나는 두 마리 진흙소가 싸우다가 바다로 들어가는 것을 보았소. 지금까지 아무런
   소식이 없더이다."(안대회 역, 『북학의』, 99쪽, 각주 79)

한편 초정은 말리未利, 즉 상업의 중요성을 강조하면서, 아무 일도
하지 않는 사대부를 비판하는 것으로 나아가고 있다. 그는 다음과 같
이 쓰고 있다.

중국 사람은 가난하면 장사를 한다.… 이러한 풍습은 청나라의 풍습이
아니라 송나라나 명나라 때부터 그러했던 것이다. 우리나라는 풍속이
허례허식만을 숭상하고 주위를 돌아보고 금기하는 것이 너무나 많다.
사대부는 놀고 먹으면서 하는 일이라곤 없다.… 집안에 동전 한 푼 없는
자라도 모두가 높다란 갓에 넓은 소매가 달린 옷을 입고 어슬렁거리며
큰소리만 치고 다닌다.(內篇: 商賈)

초정은 이에 대한 해결책으로 사대부들을 상업에 종사하게 하여
야 한다고 주창하였다. 제2장 제3절에서 살펴본 대로 초정은 대개 놀
고 먹는 자는 나라의 좀이라고 할 수 있는데, 이렇게 놀고 먹는 자들
이 나날이 불어나는 것은 이른바 사대부들이 늘어나기 때문이라고
지적하고 있다(丙午所懷). 초정은 이들 사대부들은 농사는 짓지도 않고
모두 농민을 부려먹고 있으니, 이들을 줄이려면 이들에게 밑천을 대
주어 상업을 할 수 있도록 하고, 그들 가운데 좋은 성과를 내는 자를
발탁하여 벼슬을 내리기를 권하였다(丙午所懷).
초정은 이어 상업을 영위하는 상인의 중요성을 역설하고 있다.
그는 상인은 사민의 하나이므로 사·농·공에 통하는 것으로 나머지
셋과 함께 전체를 이루는 것이니, 마땅히 상인의 수가 전체인구의 10
의 3을 차지해야 한다고 지적하였다(內篇: 市井).
초정은 상업이 발달하려면 재화의 유통이 활발하게 이루어져야
한다고 생각했다. 그는 "현재 나에게 쓸모없는 물건이라도 쓸모있는
다른 사람의 물건과 바꾸어 써야 하며, 만약 이렇게 하지 않으면 쓸

모있는 물건도 장차는 모두 한 곳으로 치우치게 되어 제대로 유통하지 못한 채 한 쪽에서만 이용하게 됨으로써 모자라기 십상"이라고 주장하였다(內篇: 市井). 초정은 "중국이 크게 번성한 것은 한 두 점포가 우리나라의 점포 보다 부유해서가 아니고 재물이 유통되느냐 유통되지 못하느냐에 따른 결과"라고 지적하고 있다(內篇: 市井).

초정이 유통의 중요성을 강조하였다면, 상품의 유통을 촉진시킬 수 있는 여러 방안을 모색하는 것이 논리의 자연스러운 귀결이다. 그런데 초정은 조선의 가장 큰 폐단으로 가난을 꼽았다. 그는 조선이 가난한 것은 수레가 없기 때문이라고 진단하였다. 그는 "농사는 사람의 창자이고 수레는 혈맥과도 같다"고 역설하면서 수레를 국가에서 먼저 사용할 수 있도록 힘써야 한다고 강조한다(應旨進北學議疏). 이러한 인식 아래 초정은 조선의 유통현실을 다음과 같이 개탄하고 있다.

> (우리나라에서) 육지로 통행하여 장사하는 사람은 아무리 먼 곳이라도 5~6일이면 충분히 목적지에 도달할 수 있고, 가까운 곳이라면 2~3일 걸리게 된다. 한 쪽 끝에서 다른 쪽 끝까지 간다 해도 그 두 배 정도의 시일이면 충분하다.
> … 두메산골에 사는 사람들은 풀명자 나무의 열매를 담갔다가 그 신맛을 된장 대신 사용하며 새우젓이나 조개젓을 보고는 이상한 물건이라 생각한다. 그들의 가난한 형편이 이 지경인 것은 대체 무슨 까닭인가? 나는 단연코 수레가 없기 때문이라고 말하겠다.
> … 영동에서는 꿀이 많이 나지만 소금이 없고, 관서 지방에서는 철이 생산되지만 감과 귤이 없으며, 함경도에서는 삼이 흔해도, 무명은 귀하다. (內篇: 車)

따라서 초정은 이와 같은 조선의 현실에서 상품유통을 촉진시키는 데 필요한 수레·배·도로·다리·화폐를 개량해야 한다고 주장하였다. 그는 『북학의』 내편의 처음 두 장을 수레와 배에 할애하고 있다. 초정은 말 한 마리와 수레 한 대가 운반할 수 있는 짐이 비록 비슷하다고 하더라도 수레가 훨씬 유리하다는 사실에는 더 말할 나위가 없다고 주장하였다. 왜냐하면 짐을 끌어당기는 데에 소요되는 힘과 등에 싣고 가는 데에 소요되는 고달픔과는 아주 다르기 때문이다. 그런 까닭에 수레를 쓰면 말이 병들지 않게 되는 것이다. 하물며 대여섯 마리의 말이 운반하는 것을 수레 하나로 다 운반할 수 있으니 이는 몇 곱절이나 이익이 있다는 셈이라고 그는 지적하고, 우리나라에서도 통행이 가능한 곳만이라도 수레를 통행시켜야 한다고 주장하였다(內篇: 車). 초정은 또한 수레를 자기들 마음대로 만들도록 내버려두어서는 안되고, 중국의 수레를 본떠서 만들되 한 자 또는 한 치라도 차이가 나지 않게 똑같은 치수로 만들어야 한다는 점도 덧붙이고 있다(內篇: 車).

한편 초정은 수레가 말에 비해 이점이 있지만, 수레는 배의 이점에는 비교할 수 없다는 점을 명확히 간파하고 있었다. 그는 다음과 같이 적고 있다.

> 수레 백 대에 물건을 싣는 것은 배 한 척에 싣는 것에 미치지 못하고, 육로로 천리를 가는 것이 뱃길로 만리를 가는 것보다 편리하지 않다. 따라서 통상을 하려는 상인은 반드시 수로로 가는 것을 좋아한다.(外篇: 通江南浙江商舶議)

초정은 우리나라는 수레의 이점을 전혀 모르고, 배도 제대로 이용하지 못하고 있다고 비판하고, 우리나라 배의 단점을 조목조목 지적한 데 이어 중국의 배의 장점을 논한 뒤 우리 배를 개혁해야 한다고 제안하였다.[32] 초정이 상품의 유통수단인 수레와 배를 얼마나 중요하게 생각했는지는 다음 시를 통해 확인할 수 있다.

신라는 바닷가에 위치한 나라
오늘날의 8분의 1에 불과하였지.
고구려가 위쪽에서 침범해 올 때
당은 아래에서 출병했는데
창고에는 곡식이 넉넉했기에
군사를 먹이는 데 부족하지 않았네.
그 까닭을 곰곰이 생각해 보니
배와 수레를 사용한 데 있었네.
배로는 외국과 통상할 수 있고
수레로는 말과 노새를 편하게 하였네.
이 두 기구를 다시 사용하지 않는다면
관중管仲이나 안자晏子도 어쩔 수 없다네.(外篇: 財賦論)

이 시는 『정유각시집貞蕤閣詩集』 제2권에 수록된 '효좌서회曉坐書樓' 7
편 중 하나로, 초정이 연행에서 돌아온 뒤 통진에 머물며 『북학의』
저술을 구상할 당시의 심경을 적은 것이다.[33] 홍대용과 박지원도 배
의 유용성에 대해 논급한 바 있지만, 배를 이용한 무역이 부국강병에
중요한 역할을 한다는 사실을 지적한 사람은 초정이 유일하였다.

초정은 유통을 원활하게 하기 위해 도로와 다리도 개량해야 한다
고 주장했다. 그는 조선에서 길을 닦을 때에는 항상 땅 표면만을 긁어
서 흙 색깔만을 새롭게 할 뿐이라고 비판하고 있다. 그는 길을 새로
닦더라도 실제로는 몇 발자국도 평평하게 만들지 못하고, 또 돌을 간
길도 평평하지 못하고 울퉁불퉁하여 넘어지기 쉽다고 조선의 도로의

---

32) "중국 배의 내부는 깨끗하여 물 한 방울도 새지 않으며, 곡식을 실을 때는 바로
   배 바닥에 쏟아 붓고, 그 위에 가로로 판자를 펴놓아 갑판을 만들어 사람이나 말을
   태울 수 있다.… 혹시 바다에서 표류하다 우리 해안에 정박하는 외국배가 있으면
   장인에게 시켜 그 배의 제도와 기술에 따라 배를 만들게 해야 한다."(內篇: 船)
33) 안대회 역, 『북학의』, 173쪽, 각주 133.

문제점을 지적했다(內篇: 道路). 초정은 또한 한양의 다리가 모두 평평하여 큰 비가 내리면 언제나 물에 잠기고, 고을 사이를 통하는 큰 길에도 한 해를 무사히 넘기는 다리가 없다고 비판하고, (중국의) 다리는 무지개 형상을 하고 있어 큰 다리는 돛배가 지나갈 수 있고, 작은 다리라도 작은 배는 통과할 수 있다고 그 장점을 논했다(內篇: 橋梁).

초정은 상업의 수단이 되는 화폐에 대하여도 관심을 기울였다. 그는 중국의 화폐는 두껍고 윤기가 있으며 크기도 일정하다고 그 장점을 논하고, 조선에서 만든 돈은 크기가 일정하지도 못하고 또 주석이 많이 섞여서 결이 성글고 약해서 쉽게 꺾어질 정도라고 그 단점을 지적한 뒤 그 해결방안을 다음과 같이 제시하였다.

> 최상책으로는 현재 동전이 많이 있으므로 굳이 새로 주조할 필요가 없다. 다음 계책으로는 동전을 주조하는 본을 같게 뜨고 질은 반드시 정밀하게 해야 할 것이다. 마지막 계책으로는 동전을 주조하는 데 드는 비용을 중국의 동전을 수입하는 데 사용하는 것이다. 그러면 몇 배의 이익이 생길 것이다.(內篇: 錢)

2) 해외통상론

초정이 말리의 이익을 적극적으로 옹호하고 유통의 중요성을 강조하였지만, 그가 부국강병을 이룰 수 있는 궁극적인 방법으로 생각한 것은 해외통상이었다. 초정은 조선의 빈한한 현실을 지적하고, 이를 극복하기 위해서는 해외통상을 적극적으로 추진해야 한다고 주장하였다. 초정은 조선은 건국 이래 거의 4백년이 흘렀는데 다른 나라와의 배 한 척 왕래한 적이 없다고 비판하고, 나라가 부강하게 되기 위해서는 장사하는 배를 이용해 무역을 해야 하며, 무역할 대상은 중국밖에 없다고 주장하였다(外篇: 通江南浙江商舶議).

초정은 중국과 통상을 하게 되면 우리가 그들에게로 찾아가지 않아도 그들이 스스로 우리를 찾아올 것이므로 여러 이익을 얻을 수 있다고 지적하였다. 초정은 통상할 대상으로는 중국밖에 없다고 생각하였다. 왜냐하면 왜인들은 약삭빨라서 늘 이웃나라의 틈새를 엿보고, 안남·유구·대만과 같은 나라는 뱃길이 험하기도 하고 또 너무 멀어서 그들 나라와 모두 통상하기 어렵기 때문이다. 그는 이렇게 주장하면서도 중국하고만 통상하고 다른 나라와는 통상하지 말자고 주장한 것은 일시적·편의적 책략에 불과한 것이며, 국력이 강해지고 백성들의 생업이 안정을 얻은 뒤에는 다른 나라와도 통상을 맺어야 한다는 점도 덧붙이고 있다. 초정은 다른 나라와 통상으로 그들의 발달된 기술과 풍속을 배워 견문을 넓혀야 한다고 주장한다. 그래야 세상이 넓다는 것과 우물 안 개구리의 부끄러움을 알 수 있고, 그러면 교역을 통해 얻는 이익뿐만 아니라 세상의 법도를 밝히는 데도 도움이 될 것이라는 것이다(外篇: 通江南浙江商舶議).

이상에서 살펴본 바와 같이, 초정은 재물이란 쓰면 쓸수록 축적되는 것이고, 산업을 발전시키기 위해서는 검소할 것이 아니라 사치를 허용해야 한다고 보았으며, 당시 말리末利라고 업신여겨지고 있던 상업을 적극적으로 옹호하였다. 그는 상업이 원활하게 이루어지기 위해서는 수레와 배를 적극적으로 활용해야 하며, 이를 위해 조선의 수레와 배, 도로와 다리를 개선하고, 화폐의 질을 개량해야 한다고 주장했다. 그는 조선이 부강해지기 위해서는 국내 상업만으로는 부족하고 해외통상을 적극적으로 추진해야 한다고 보았고, 해외통상을 통하여 국내의 빈곤을 구제함은 물론 닫혀진 사상을 열려진 사상으로 전환시킬 수 있다고 보았다.

5. 실학자와 아담 스미스의 유통통상론 비교

앞에서 살펴본 바와 같이 초정의 유통·통상론은 서양의 중상주의mercantilism를 연상시킬만큼 상업과 유통, 통상을 중시하였다. 그렇다면 그의 유통통상론을 어떻게 평가할 수 있을까? 초정의 유통통상론을 두 가지 차원, 즉 당대 실학자들과 아담 스미스의 견해와 비교해 보자.

1) 실학자들의 유통통상론

초정은 경세치용학파·이용후생학파·실사구시학파로 대별되는 실학의 유파[34] 가운데 이용후생학파의 대표적인 실학자로 꼽히고 있다. 이용후생학파에 속하는 실학자 중에는 홍대용(1731~1783)과 박지원이 유통관을 피력한 바 있고, 유수원(1694~1755)도 독특한 상업론을 개진한 바 있다. 그리고 서양의 경우 18세기의 대표적인 경제학자로 아담 스미스Adam Smith를 꼽을 수 있을 것이다. 따라서 여기에서는 이들의 유통론 또는 상업론을 살펴봄으로써 초정의 유통통상론의 의미와 한계를 살펴보고자 한다. 먼저 시기적으로 초정보다 한 세대 전에 살

---

34) 이우성, 「실학연구서설」, 역사학회 편, 『실학연구입문』, 일조각, 1973, 6쪽.

았던 유수원의 상업관부터 살펴보기로 한다.

유수원은 『우서迂書』35)에서 행정·재정, 농·공·상업 개혁 방안과 농·공·상민들에 대한 이용후생책을 제안하고 부국안민을 도모할 것을 주장하였다. 그는 우리나라의 상인들이 상업을 경영할 방법을 알지 못하고 있기 때문에 얻는 이익이 적고, 따라서 상업은 크게 번성하지 못하고 있다고 개탄하면서 상업경영의 혁신론을 주장하고 있다.

> 옷과 음식·물자에서는 우리나라처럼 풍요한 나라도 없는 것 같다.… 그런데 오늘날 우리나라의 상업판매를 보면 말은 있으나 노새가 없고, 배는 있으나 수레가 없으니, 선상船商보다는 마상馬商이 많고 마상보다는 부상負商이 많다. 이것은 소달구지를 사용할 줄은 알아도 말달구지나 노새달구지를 알지 못하고, 소와 말을 키울 줄을 알아도 노새를 번식시킬 줄을 모르며, 홀로 장사할 줄은 알아도 자본을 모아 힘을 합하는 것이 장사하는 데 가장 이익이 크다는 것을 알지 못하기 때문이다.(總論四民)

유수원은 무릇 장사의 도리라는 것은 반드시 좌상할 수 있는 점포가 있은 뒤에야 돌아다니는 행상이 이익을 얻을 수 있는 것인데, 우리나라 지방에는 점포가 전혀 없으니 교역이 어찌 번창할 수 있겠는가라고 반문하고, 조선의 상업을 진흥시키기 위해서는 상업자본을 대형화해야 한다고 주장하였다(總論四民).

점포라는 것은 반드시 대상大商이 있어서 자본을 많이 내어 점포를 크

---

35) 『迂書』의 글자 자체의 뜻은 '세상 물정에 어두운 책'이다. 우서의 어원은 司馬光 (1019~1086)이 자신의 저술을 낮게 평가하는 사람들이 '迂濶하여 쓰이기 어려우니 세상에 이익이 하나도 없다'고 하자 자신의 저서 41편의 서명을 『우서』라 하였다고 한 데서 유래하였다.(한영국 해제, 한영국 역, 『우서』Ⅰ, 민족문화추진회, 1981, 8쪽)

게 차려야만 물화가 다투어 몰려들어 비로소 번성할 수 있는 것이다.…
중국에서는 대상이 많은 자본을 내어 점포를 세우고, 소매상은 거기서
상품을 파는 용보庸保(위탁상) 노릇을 한다.… 그러므로 대상은 자본이
풍성하지 않을 수 없고, 자본이 풍성한 까닭에 이익 역시 많게 된다. 그
리하여 점주(자본주)가 되는 사람은 그 이익을 거두어서 용보에게 임금工
銀을 나누어주니, 이로부터 점주와 용보가 모두 편하고, 가난한 사람인
용보와 부자인 점주가 서로 이익을 얻게 되는 것이다.… 우리나라는 이
러한 풍속이 없어서… 자본이 적은데 이익이 그 어디서 많이 날 수 있겠
는가?(總論四民)

유수원은 상업은 영리를 목적으로 한 것이니 영업규모가 어느 정
도 커야 하며 그러기 위해서는 첫째로 상업하는 방법을 개선하여 부
상負商보다는 마상馬商, 마상보다는 선상船商으로 다량의 물화를 갖고 상
업하여야 하고, 둘째로는 자본을 늘려야 하는데, 자본은 혼자의 힘으
로 어려우면 여러 사람으로부터 자본을 모으는 방법, 즉 오늘의 합자
회사 같은 조직을 권장한 것이다. 셋째로는 중국에서 보는 바와 같이
거상들이 자본을 부담하고 그들이 설치한 점포와 상품을 갖고 판매를
담당하는 위탁경영제도 또는 오늘날의 연쇄점과도 흡사한 자본주와
경영인이 서로 합작하는 경영방식을 구상하고 있었던 것이다.[36]
유수원은 수레가 없고 노새가 없으면 무엇으로 행상할 수 있겠는
가라고 반문하고, 상업을 원활하게 하기 위해서는 수레와 배를 활용
해야 한다고 주장하면서 이렇게 말하고 있다.

배와 수레는 성인聖人이 만들어낸 것이다.… 수레를 이용하자고 한 것도
반드시 한 수레를 가지고 서울에서 시골로, 시골에서 서울로 왕래하자는

---

36) 조기준, 『한국자본주의성립사론』, 75쪽.

것이 아니다. 중국에서는 수륙 교통의 요지로서 사람과 물화가 많이 모여드는 곳에 반드시 참차站車와 참려站驢가 있어서 바닷가나 강가로 다른 지방의 상인들이 물화를 실어 오면 차주가 운임을 받고 이를 도회지로 운반한다. 그러면 도회지에는 또한 이들 물화를 사들이는 큰 상인들이 있어서 이들이 그 물화를 각지로 분송하니, 이와 같이 되어야만 교역의 길이 비로소 성행될 수 있는 것이다.(總論四民)

이용후생학파의 태두격인 홍대용과 박지원도 유수원에 비할 바는 아니었지만 유통에 관심을 표명한 바 있다. 먼저 선배격인 홍대용의 견해부터 살펴보기로 하자. 홍대용은 1765~1766년 연간에 중국을 방문한 뒤 그 경험담을 연기燕記로 기록하였는데,[37] 그는 운수의 장점을 다음과 같이 밝히고 있다.

운수의 편리함을 말하면 사람이 말만 못하고, 말이 수레만 못하고, 수레가 배만 못하다. 그러므로 수천 리 되는 운하는 배로 운반하는 편리함과 그 이익이 십 배 백 배나 되니 개착開鑿하는 공과 준설하는 비용을 아낄 필요가 없다.(器用)

박지원도 1780년 연경에 다녀와서 그 여행담으로 저술한 『열하일기熱河日記』에서 일찍이 담헌(홍대용)과 더불어 수레제도에 대하여 이야기한 적이 있다고 밝히고, 수레의 효용성에 대해 다음과 같이 적고 있다.

수레는 천리로 이룩되어서 땅위에 행하는 것이다.… 나라의 쓰임에 수레보다 더한 것이 없으니, 그러므로 주례周禮에 임금의 가멸함을 물었을 때 수레의 많고 적음으로써 대답했다 한다.… 수레는 백성들에게 가장 중요한 것이어서 시급히 연구하지 않으면 안된다.(馹迅隨筆: 車制)

---

37) 洪大容, 外集10卷 燕記: 器用, 『湛軒書』 IV, 민족문화추진회, 1967.

박지원은 우리나라는 길이 험하여 수레를 쓸 수 없다는 주장에
대해 나라에서 수레를 쓰지 않으니까 길이 닦이지 않을 뿐이지, 만일
수레가 다니게 된다면 길은 저절로 닦일 것이라고 반박하였다. 그는
(중국에서는) 층이 진 곳, 막힌 곳, 험한 곳, 가파른 곳 모두 수레가
다니지 않는 곳이 있느냐고 반문하고, 중국에 재물이 풍족한 것은 모
두 수레를 사용함으로 물자를 골고루 유통시키기 때문이라고 진단하
였다. 이어 박지원은 조선의 유통 현실을 다음과 같이 적나라하게 비
판하였다.

> 영남 어린 아이들은 새우젓을 모르고, 관동 백성들은 아가위를 절여서
> 장 대신 쓰고, 서북 사람들은 감과 고구마의 맛을 분간하지 못하며, 바
> 닷가 사람들은 새우와 정어리를 거름으로 밭에 내건만 서울에서는 한
> 움큼에 한 푼을 하니 이렇게 귀함은 무슨 까닭인가?… 이는 오로지 멀리
> 실어 나를 힘이 없기 때문이다.(馹迅隨筆: 車制)

연암은 사방이 겨우 몇 천리밖에 안되는 나라에 백성의 살림살이
가 이다지 가난한 것은 수레가 다니지 못한 때문이라고 진단하고,
(중국의) 다양한 수레들을 연구하여 우리나라에 도입한다면 가난함
도 극복할 수 있을 것이라고 주장하였다(馹迅隨筆: 車制).
연암의 상업관은 흔히 허생전許生傳으로 알려져 있는 옥갑야화玉匣
夜話에 잘 녹아나 있다. 청빈한 선비 허생은 변 부자에게 빌린 만 냥
으로 안성에서 과일을 도고하여 열 배의 이문을 남긴 뒤 다시 제주도
로 가서 말총을 도고하여 몇 십 배의 이문을 남겼다. 이어 허생은 도
둑들을 데리고 무인도에 정착한 뒤 나가사키와 무역을 하여 은 백만
냥을 거두었다. 허생은 번 돈을 모두 나누어주고 남은 돈을 변씨에게
갚은 뒤 남산의 본가로 은거하였다. 어떻게 돈을 벌었는지 묻기 위해

찾아온 변 부자에게 허생은 다음과 같이 대답하였다.

> 우리 조선은 배가 외국과 통하지 않고, 수레가 국내에 두루 다니지 못하
> 는 까닭으로 온갖 물건이 이 안에서 생겨서 곧 이 안에서 사라져 버리지
> 않나.… 대체로 만 금만 가지면 족히 한 가지 물건을 다 살 수 있으므로
> 수레에 실린 것이면 수레를 모조리 도매할 것이며, 배에 담긴 것이라면
> 배를 온통 살 수 있겠고, 한 고을에 가득 찬 것이라면 온 고을을 통틀어
> 서 살 수 있을 것이네.… 그러므로 뭍의 산물 중 어떤 하나를 슬그머니
> 독점해 버린다든지, 어류 중에 어떤 하나를 독점한다든지, 의약재료 중
> 에서 어느 하나를 독점해 버린다면, 그 한 가지 물건은 한 곳에 갇히매
> 모든 장사치의 손속이 다 마르는 법이니, 이는 백성을 못살게 하는 방법
> 이야. 뒷세상에 나라 일을 맡은 이들이 행여 나의 이 방법을 쓰는 자가
> 있다면 반드시 나라를 병들게 하고 말 걸세.(玉匣夜話)

위에서 살펴본 바와 같이 유수원·홍대용·박지원은 모두 상업의
중요성을 인식하고 유통수단인 수레와 배를 적극적으로 활용해야 한
다고 주장하였다는 점에서 초정의 선구자로서의 면모를 지녔다고 할
수 있다.

실학파, 특히 유수원의 주장에서 주목되는 것은 사민론이다. 조선
에서는 사대부가 지배계층이고, 나머지 농·공·상의 백성은 피지배
계층을 지칭하고 있었다. 실학자들은 이와 같은 봉건사회의 사민四民
의 질서원리에 비판을 가하고 그 개혁방안을 논하였다. 유수원은 나
라가 허약하고 백성이 가난한 원인을 사민의 직업이 나눠지지 않은
데 있다(總論四民, 『迂書』)고 보고, 사민의 직업을 철저하게 전문화하여
천업관(賤業觀)이 타파되면 사민의 자손이 모두 한 가지로 행세하여 높
고 낮은 사람이 없는 사회가 실현될 것이라고 생각했다. 그는 상공업
을 천시하는 천업관이 타파되어 상공업자가 전문 직업인으로서의 위

치를 확보하게 되면 그들의 사회적 지위는 양반 신분과 대등하게 될 것이고, 이렇게 되면 양반도 주저 없이 상공업에 종사하게 되어 상공업이 발전하게 되고, 그 결과 나라와 백성이 모두 부강하게 될 것이라고 생각했다.

하지만 유수원은 기본적으로 '농자천하지대본農者天下之大本'이라는 관념을 견지하고 있었고, 상업론에서도 대자본 상인의 특권 상인화와 상인 허가제를 주장하였다.38) 그의 상공업천업관타파론도 당시 조선 사회가 받아들이기에는 너무 혁신적인 주장이었고,39) 유수원 자신이 역모죄에 연루되어『우서』자체도 대역죄인의 저서로 지목되어 널리 유포되지 못하였다.40) 따라서 그의 책과 사상은 1970년을 전후해서야 겨우 역사학계에 알려질 정도였다.

이에 대해 홍대용과 박지원은 초정의 스승 뻘로서 초정의 학문 형성에 큰 영향을 주었다. 초정은 박지원의 집을 드나들며 학문적 교류를 하던 1768~69년 무렵부터 홍대용과도 교류를 맺기 시작하였다.41) 초정 자신은 홍대용과 박지원을 "휘황하게 하늘에 달린 동방의 큰 별"이라고 표현하기까지 하였다.42) 초정이 수레에 대해 묘사한 글은

---

38) 강만길,『실학파의 상공업 발전론』, 370~371쪽.
39) 영조도『우서』를 읽고 난 뒤 "내용 중에 우활하여 시행할 수 없는 것이 많으니, 이름을『우서』라 한 것은 참으로 맞는 말이다."(『승정원일기』, 영조 13년 10월 28일조)라고 평가하였다(한영국, 해제,『우서』, 8쪽).
40) 유수원은 영조 31(1755)년 나주의 괘서사건에 연루되어 그 해 5월 체포되어 대역 부도죄로 사형되었다(『英祖實錄』卷84, 英祖 31年 5月 己丑). 그러나 유수원이 실제로 모역에 가담했는지는 명확하게 밝혀지지 않고 있다. 다만 그에 뒤이어 같은 죄목으로 처형된 심악이 "수원이 사형된 것은 흉언으로 말미암은 것이지 대역으로 말미암은 것은 아니다."(『英祖實錄』卷84, 英祖 31年 5月 己亥)라고 심문에서 답한 것으로 미루어 직접 역모에 가담하지는 않았던 것으로 보인다(한영국, 해제,『우서』, 22쪽).
41) 김태준,『홍대용 평전』, 민음사, 1987, 73쪽.
42) 김태준,『홍대용 평전』, 75쪽.

홍대용의 글을 연상시키며, 박지원 또한 북학의서에서 "내가 『열하일기』에 쓴 내용과 조금도 어긋남이 없어 마치 한 사람의 손에서 나온 듯하다"고 평가하고 있다. 그러나 홍대용의 주된 관심은 지구자전설과 같은 과학이론이었고(毉山問答, 『湛軒書』), 박지원의 실학사상 또한 일부 상업론이 엿보이기는 하지만 근본적인 면에서는 중농주의적이었다.[43]

2) 아담 스미스의 유통통상론

앞 절에서는 초정의 유통통상론을 동시대 조선의 대표적인 실학자인 유수원·홍대용·박지원의 그것과 비교하여 보았다. 그 결과 유수원·홍대용·박지원의 상업론은 그 범위나 깊이 면에서 초정의 유통통상론에 미치지 못하였음을 확인할 수 있었다. 그렇다면 초정의 유통통상론을 당대 학자 가운데 가장 뛰어난 것이었다고 평가할 수 있을까? 이에 대해서는 초정의 유통통상론을 그와 동시대인이자 근대 경제학의 아버지라 일컬어지고 있는 아담 스미스Adam Smith의 그것과 비교한 뒤에야 대답할 수 있을 것이다.

스미스의 『국부론』은 중상주의적인 규제와 통제 정책을 비판하고, 자유방임주의에 입각하여 "국민과 국가 모두를 부유하게 할 것"[44]을 목적으로 국부의 성질과 원인을 탐구한 책이다. 『국부론』의 주요내용은 '분업론 ⇒ 화폐론 ⇒ 가치론(사용가치·교환가치) ⇒ 가격론(자연가격·시장가격) ⇒ 분배론(임금·이윤·지대) ⇒ 자본론(고정자본·유동자

---

43) 유원동, 「실학사상의 근대적 특색」, 『한국학보』 제6집, 1977, 167쪽.
44) Adam Smith, *An Inquiry into the Nature and Causes of the Wealth of Nations* (1776) ; 김수행 역, 『국부론』 상, 동아출판사, 1992, 407쪽.

본) ⇒ 정부의 역할'로 짜여져 있다. 따라서 유통통상론은 스미스의 경제이론에서 특별한 위치를 차지하고 있지는 않다고 할 수 있다. 그러나 아담 스미스는 경제학을 독립과학으로 체계화시킨 대학자답게 유통통상 분야에 대해서도 논리 정연한 견해를 제시하고 있다.

스미스는 자본은 ① 원재료 구입, ② 원재료의 가공·제조, ③ 물품의 운송, ④ 상품의 소매 등 네 가지 방식으로 사용되며, 각각에 사용되는 자본을 ① 모든 사람의 자본, ② 제조업자의 자본, ③ 도매상의 자본, ④ 소매상의 자본으로 구분하였다. 그는 네 가지 방식 중 어느 한 방식으로 사용하는 사람을 생산적 노동자라고 밝히고,[45] 도매상의 자본은 두 가지 측면에서 소매상의 자본보다 우월하다고 평가하였다. 첫째, 원재료와 제조품을 그에게 판매하는 농업가와 제조업자의 자본을 이윤과 함께 보상하고, 그렇게 함으로써 그들로 하여금 각각의 사업을 계속할 수 있게 한다. 둘째, 그의 재화를 한 지역에서 다른 지역으로 수송하는 선원과 운송인을 고용하고, 그 재화의 가격을 그 자신의 이윤과 그들의 임금의 가치만큼 증가시킨다.[46]

스미스는 도매업을 국내상업, 국내소비용 외국무역, 운송거래로 구분하고, 각각의 국민경제적 효용을 다음과 같이 평가하였다.

ⅰ. 국내상업: 상인의 거주지로부터 일정한 가치의 상품을 보내고 그 대신 적어도 동일한 가치의 다른 상품을 되돌려 받는 거래를 통해 두 개의 별개의 자본을 보상함으로써 생산적 노동을 계속 유지할 수 있게 한다.

ⅱ. 국내소비용 외국무역: 국내산업의 생산물을 교환해 외국재화를 구매하여 두 개의 별개의 자본을 보상하지만 그 중 하나만이 국내산업을 유지하는 데 투자되므로 국내소비용 외국무역의 자금회전이 국내상업의 그

---

45) Smith, 『국부론』 상, 347쪽.
46) Smith, 『국부론』 상, 347~348쪽.

것보다 빠르다 할지라도 거기에 투자된 자본은 그 나라의 산업과 생산
적 노동에 반만큼의 자극밖에 주지 못한다.
iii. 해외운송: 이 거래에 투자된 자본은 자기 나라의 생산적 노동을 유지하
는 것에서 빠져 나와 외국의 생산적 노동을 유지하는 데 사용된다. 그것
은 한 거래에서 두 개의 별개의 자본을 보상하지만, 그들 중 어느 것도
자기 나라에 속하지 않는다.… 운송거래가 자기 나라의 토지와 노동의
연간 생산물에 첨가되는 것은 이윤뿐이다.[47]

스미스는 국내상업에 투자된 자본은 때때로 외국무역에 투자된
자본이 하나의 거래를 끝낼 때 열두 번 거래를 하므로 자본량이 같다
면 전자는 그 나라의 산업에 대해 후자에 비해 24배나 많은 장려와
지원을 제공할 것이라고 보았다. 이와 같은 견지에서 그는 국내상업
에 투자된 자본은 일반적으로 국내소비용 외국무역에 투자된 같은
액수의 자본보다 많은 양의 생산적 노동을 유지·장려하며 연간 생
산물의 가치를 더 크게 증가시킨다고 보았다. 그러므로 국내상업보
다 국내소비용 외국무역에 우선권을 주거나, 그것을 장려해서도 안
되고, 이 양자보다 해외운송을 장려해서도 안된다고 주장하였다.[48]
　홍미로운 사실은 스미스가 자본은 절약parsimony에 의해 증가하고,
낭비와 잘못된 행동에 의해 감소한다고 보았다는 점이다. 그는 그 이
유를 다음과 같이 설명하였다.

---

47) Smith, 『국부론』 상, 353~356쪽. 역자인 김수행은 'carrying trade'를 '중개무역'으로
　　옮겼으나, 여기에서는 '해외운송'으로 옮겼다.
48) Smith, 『국부론』 상, 356~357쪽. 스미스는 제4편 제4장 환급세금을 논하는 장에서
　　는 "해외운송은 특별히 선호될 필요는 없으나, 다른 모든 사업과 마찬가지로 배제
　　해서도 안되고 자유롭게 방치되어야 한다. 그것은 한 나라의 농업·제조업·국내
　　상업·국내소비용 외국무역에서 사용처를 찾을 수 없는 자본들에게 투자처를 제공
　　한다"고 밝히며 자유방임주의를 강조하였다(Smith, 『국부론』 상, 478쪽).

한 개인의 자본은 오로지 그의 연간 수입·이득 중에서 그가 저축하는 것에 의해 증가될 수 있듯이, 한 사회의 자본도 오로지 동일한 방식으로 증가할 수 있다. 근면이 아니라 절약이 자본을 증가시키는 직접적 원인이다. 사실상 근면은 절약에 의해 축적되는 대상을 제공한다. 그러나 근면이 무엇을 획득하든 절약을 통해 저축하지 않으면 자본은 더 커질 수 없다. 절약은 생산적 노동자를 부양할 자본을 증가시킴으로써 생산적 노동자의 수를 증가시키는 경향이 있다. 따라서 절약은 한 나라의 토지·노동의 연간생산물의 교환가치를 증가시키는 경향이 있다.[49]

결론적으로 스미스는 정부는 단지 국방·사법·공공사업의 유지로 한정하고,[50] 모든 경제활동은 개인의 자유의사에 맡겨야 한다고 주장하였다. 왜냐하면,

각 개인이 최선을 다해 자기자본을 국내산업의 지원에 사용하고, 노동생산물이 최대의 가치를 갖도록 노동을 이끈다면, 각 개인은 필연적으로 사회의 연간수입을 그가 할 수 있는 최대치가 되게 하려고 노력하는 것이 된다.… 그는 이렇게 함으로써 보이지 않는 손invisible hand에 이끌려 그가 전혀 의도하지 않은 목적을 증진시키게 되기 때문이다.[51]

이와 같은 논리 속에서 스미스는 수상운송의 이점을 다음과 같이 설명하고 있다.

두 사람의 마부와 여덟 마리의 말이 끄는 사륜마차는 4톤의 화물을 싣고 런던과 에든버러를 약 6주에 왕복한다. 거의 동일한 시간에 6~8명의 선원이 런던과 리스Leith 사이를 운항하는 배는 2백 톤의 화물을 싣고 왕

---

49) Smith, 『국부론』 상, 324~325쪽.
50) Smith, 『국부론』 하, 제5편 제1장.
51) Smith, 『국부론』 상, 434쪽.

복한다. 그러므로 6~8명이 해상운송의 도움에 의해 동일한 시간에 1백 명의 마부와 4백 마리의 말에 의해 움직여지는 50대의 사륜마차가 싣는 화물을 런던과 에든버러 사이에서 왕복시킬 수 있다. 2백 톤의 화물을 런던에서 에든버러까지 가장 값싼 육상운송으로 운반하는 경우 3주간 1백 명의 생활비와 4백 마리의 말과 50대의 사륜마차의 유지비와 마멸비가 가산되어야 한다. 그러나 수상운송의 경우에는 6~8명의 생활비, 2백 톤을 실은 배의 마멸비, 중대한 위험 부담비 또는 육상수송과 해상운송 사이의 보험료 차이만을 가산하면 된다. 그러므로 두 도시 사이에 육상운송만이 존재한다면, 무게에 비해 가격이 매우 높은 상품들만 운송될 수 있을 것이므로, 현재 두 도시 사이에 존재하는 상거래의 작은 부분만이 실현될 수 있다. 그러므로 현재 두 도시가 서로서로 상대방의 산업에 제공하고 있는 격려의 일부만이 주어질 것이다. 또한 세계의 멀리 떨어진 지역들 사이에는 상업이 존재할 수 없을 것이다.… 수상운송의 이점 利點이 이처럼 크기 때문에 수상운송이 편리해 세계 전체가 각종 노동생산물의 시장으로 개방되어 있는 곳에서 기술과 산업의 최초의 진보가 이루어지고, 그 진보가 훨씬 뒤에야 비로소 한 나라의 내륙지방으로 미치게 되는 것은 매우 당연하다.52)

하지만, 스미스는 상업을 편리하게 하는 공공재를 건설하고 유지하는 비용을 국가가 지급할 필요가 없다고 주장하고 있다. 도로·다리·운하들은 대부분 그것을 이용하는 마차들에 대해 약간의 통행료를 거두는 것에 의해 건설되고 유지될 수 있으며, 항구의 경우도 거기에서 화물을 싣거나 부리는 선박의 톤수에 약간의 항만세를 부과함으로써 건설되고 유지될 수 있다고 본 것이다.53)

이상에서 살펴본 바와 같이, 스미스는 자본의 종류 측면에서는 상업자본도 생산적 자본으로 보았으나, 해외무역 보다 국내상업을

---

52) Smith, 『국부론』 상, 26~27쪽.
53) Smith, 『국부론』 하, 222쪽.

더 중시했음을 알 수 있다. 이는 중상주의를 비판하는 그의 기본관점에서 비롯된 것이라고 할 수 있다. 스미스는 수출장려와 수입억제를 통해 무역수지의 흑자를 실현하여 나라를 부유하게 하려는 중상주의로부터 이익을 본 집단은 상인과 제조업자였고, 소비자의 이익은 전적으로 무시되었다고 비판하였다.[54]

이처럼 스미스는 해외통상에 대한 장려책으로서 중상주의를 비판하였지만, 초정은 통상을 적극적으로 장려하여 국부를 증진시켜야 한다고 주장하였다. 또한 스미스는 절약을 통해 자본이 축적된다고 주장하였지만, 초정은 오히려 사치와 재물의 활발한 유통을 통해 부가 늘어난다고 보았다. 다리와 도로와 같은 공공재 건설과 유지에 대한 견해도 상반된다. 스미스는 공공재 건설과 유지의 비용을 이용자들에게 부과하는 것이 정당하다고 본 반면, 초정은 명시적으로 표현하지는 않았지만 다리와 도로를 개량하는 데 정부가 책임이 있음을 암시하였다(內篇: 道路; 橋梁).

6. 맺음말

이상에서 살펴본 바와 같이, 초정은 네 차례에 걸친 중국 여행을 통해 청의 발전상을 확인하고, 청을 오랑캐라고 업신여기던 당대의 풍토를 비판하고 청의 앞선 문물과 제도를 도입해야 한다고 주장하였다. 초정은 조선의 가장 큰 폐단인 가난을 극복하기 위한 당면 대

---

54) Smith, 『국부론』하, 139쪽 및 158쪽.

책으로 『북학의』를 저술하였다. 초정이 『북학의』에서 제기한 여러 방안 가운데 국부를 증진시키는 근본적인 수단은 국내상업과 해외통상이었다. 이와 같은 상업활동이 효율적으로 이루어지기 위해서는 필연적으로 운송수단의 발달이 뒷받침이 있어야 했기 때문에 초정은 수레를 적극적으로 도입하여 활용하고, 조선의 배를 개선하여야 한다고 주장했다. 당대 실학자들 가운데 유수원이나 박지원도 상업활동을 긍정적으로 바라보기도 하였지만, 이들을 포함한 거의 모든 실학자들은 근본적으로 상업보다는 농업을 중시하였다. 하지만 초정은 농자천하지대본이라는 문구를 전혀 사용하지 않았다.[55] 이 점에서 초정은 실학자들뿐만 아니라 조선의 사상사에서 특별한 위치를 차지하고 있다고 할 수 있다.[56]

초정의 경제론에서 가장 특출한 것은 역시 재물을 우물에 비유한 '우물론'과 사치를 허용해야 산업이 발전한다는 '사치용인론'이 아닐까 한다. 송주영은 초정의 정책론 가운데 재물을 우물과 같은 것으로 본 견해는 가장 훌륭한 탁견으로 평가하고, 이는 공급이 수요를 창출한다는 세(Jean Baptiste Say, 1767~1832)의 법칙을 역으로 표현한 것으로 보고 있다.[57] 보통 '아담 스미스의 수제자'[58]로 평가되고 있는 세는 1803년 펴낸 『정치경제학요론(Traité d'économie Politique)』에서 "일반적인 과잉생산이 불가능하다"는 판로의 법칙(law of markets: Débouchés)을 주창하였다. 그는 이를 다음과 같이 설명하고 있다.

상품은 생산되기가 무섭게 시장에서 다른 상품과 교환된다. 왜냐하면

---

55) 송주영, 『한국실학사상대요』, 176쪽.
56) 박충석, 「초정의 사상사적 위치」, 『진단학보』, 제52호, 1981, 353쪽.
57) 송주영, 『한국실학사상대요』, 237쪽.
58) 박기혁, 『경제학사』, 법문사, 1974, 201쪽.

상품의 생산자는 그 상품의 가치가 그의 수중에서 감소하지나 않을까
두려워하여 그 상품을 즉시 처분하기를 원하기 때문이다. 한편 상품을
판매한 대가로 받은 화폐 역시 가치가 감소될 수 있으므로 생산자는 이
를 곧 처분하기를 원하게 되는데 화폐를 처분하는 유일한 방법은 그 화
폐를 가치고 다른 생산물을 구매하는 길밖에 없다. 그러므로 한 상품을
생산한다는 것은 곧 다른 상품에 대한 판로를 제공해 주는 것이며, 화폐
는 재화를 구매하는 외에 다른 기능을 가지고 있지 않다.[59]

세의 논리대로 한다면 공급자가 상품을 공급하면 반드시 수요를
불러일으키게 되므로 일시적인 공급과잉은 발생할 수 있으나 일반적
인 공급과잉은 없게 된다. 즉 "공급은 수요를 창출한다"는 것이다. 그
런데 초정은 "재물이란 우물과도 같다. 우물은 퍼서 쓸수록 자꾸만
가득 채워지는 것이고, 길어내기를 그만두면 말라버리고 만다"고 주
장한다(內篇: 市井). 즉 초정은 물자는 소비해야 생산이 더 활발하게 일
어난다고 본 것이다. 이는 결국 세의 법칙을 거꾸로 표현한 것으로
그 내용은 동일한 것이다.[60]

초정은 청과 통상할 것으로 주장하였으나, 그 궁극적인 목적이
금을 국내에 비축한다든지(초기 중상주의), 단순한 무역차액만을 중시
(후기 중상주의)한 것이 아니었다. 초정이 통상을 통해 이룩하고자 했던
것은 국내에 물화가 풍부해지고 그에 따라 백성이 넉넉하게 살게 되

---

59) J.B. Say, *Traité d'économie Politique*(1803), trans. by C.R. Prinsep & Introduction
in new American ed. by Clement C. Biddle, *A Treatise on Political Economy or
the Production, Distribution and Consumption of the Wealth*, Philadelphia, 1880,
Chap. XV, p.57.
60) 세의 판로의 법칙은 케인즈(John Maynard Keynes, 1883~1946)에 의해 틀린 이론
으로 밝혀졌다. 하지만 후대의 이론으로 선대의 이론을 비판하는 것은 온당하지
않다. 왜냐하면 현재 진리로 받아들여지고 있는 이론이나 진리도 현재까지의 한시
적 진리에 불과하기 때문이다.

는 것이었다. 이 점에서 보면 아담 스미스가 중상주의를 신랄히 비판
하면서 외국에 금은이 유출되는 대신 유용한 물자가 국내로 들어오
면 하등의 손해가 없다고 주장한 것과 일맥상통한다.[61]

하지만 사치용인론에 이르면 초정은 스미스와는 다른 길을 걷게
된다. 사치를 용인해야 기술과 산업이 발달할 수 있다고 본 초정과는
달리, 스미스는 근검·절약에 의해 자본이 축적된다고 보았다. 18세
기 동시대인으로서 지구의 정반대편에 살았던 두 학자는 부(또는 자본)
의 축적 방식에 관한 견해에서 정반대의 견해를 취하고 있었다. 18세
기라는 시대적 조건 속에서 스미스는 자유방임주의라는 깃발을 들고
시대를 선도하였지만, 부의 축적에 관해서는 점차 다가오는 산업화
시대에 따라가지 못했다. 이에 대해 초정은 18세기 조선의 현실에 적
용하기에는 너무나 앞선 이론을 주장함으로써 당대에서조차 잊혀진
존재가 되었다. 하지만 그의 유통통상론은 유통과 물류가 기업이나
국가의 경쟁력을 좌우하는 주요 요소가 된 21세기에도 적용될 수 있
는 이론이었다. 물론 그의 이론에는 아직 계급적 제약성과 봉건적 외
피를 완전히 벗어던지지 못한 결함이 있다는 점도 부정할 수 없다.[62]
하지만 초정은 당대에 가장 예리한 비판적 정신의 소유자이자 앞날
을 내다보는 혜안을 가진 선구자였다는 점 또한 부정해서는 안될 것
이다.

---

61) 송주영, 『한국실학사상대요』, 241쪽.
62) 김광진 외, 박제가, 310쪽.

제4부
박제가의 사상사적 의의

제13장

기적의 선각자 박제가의 경제사상*

정유 박제가, 그의 존재자체가 우리 사상사상의 기적이다. 나는 박제가를 공부한 지 20년이 넘지만 최근까지도 그의 발군의 재식은 인정하면서도 그렇게까지는 생각하지 않았다. 근자 개화기의 사상을 훑다보니 그 답답함에 비하여 1백여 년 전의 박제가의 사상의 선진성이 새삼 돋보이고 기적이라는 느낌이 샘솟는 것이었다.

사치를 억제하자, 금하자는 논의는 조선시대로부터 구한말에 이르기까지 예외없이 공통되는 의견이었다. 성호·다산은 물론이요 김옥균 같은 개화파도 마찬가지다. 나라의 흥망은 사검奢儉여부에 달려 있다던가, 오늘의 급무가 '억사치抑奢侈'1)에 있다고 천편일률 이구동성인데 유일한 예외는 정유뿐이다.

박제가만이 용사론容奢論을 주장한다. 그는 기술이 발달하여 생산성이 높아져 민중의 살림이 넉넉해진 다음에야 사람마다 비단을 입

---

* 김용덕, 전 중앙대학교 사학과 교수, 작고

　원전 : 『진단학보』, 제52집, 1981, 153~156쪽.
1) 『星湖僿說類選』卷3下, 興亡係奢儉; 金玉均 治道略論. 임오군란 직후 상소를 올린
　자 가운데 약 1/6만이 개화사상가에 속하며 그 중에는 이근호의 상소도 들어 있다
　고 이광린의 『조선개화사연구』(51쪽)에 있는데, 승정원일기 고종19년 11월 11일조
　에 실린 그의 상소를 보면, 외국인을 초빙하여 기술을 배울 것을 주장하는 개화적
　인 그도 사치에 대한 견해는 성호와 다를 바가 없음을 알 수 있다.

고 집집마다 금벽金碧으로 꾸미는 사치를 한들 걱정할 필요가 없다고 하였다.[2] 오히려 '태검太儉'은 '민불락民不樂'할 뿐 아니라 쓸 줄을 모르면 만들 줄도 모르니 비단을 입지 아니하므로 나라 안에 비단 짜는 사람이 없게 되었으며 일그러진 그릇을 마다 않고 쓰니 공장工匠과 도야陶冶하는 일이 없게 되어 인하여 모든 교묘함을 일삼는 기술이 사라졌다고 하였다. 그의 유례없는 용사론은 그의 독자적이고도 독창적인 경제관에서 유래하고 있는 것이다.

수요의 억제와 금사절검禁奢節儉이 경제의 안정책이란 전통적인 시각에 대하여 생산의 확충과 유통의 원활, 즉 충분한 공급이 해결책이라는 것이다. 따라서 중점을 전자가 아니라 말하자면 Supply Side에 두어야 마땅하다는 근본적인 금사론禁奢論 반대인 것이다.

그는, '대저 재물은 우물과 같다. 퍼 쓸수록 물은 샘솟아 가득 차고 이용하지 않으면 말라버리는'[3] 것같이, 생산된 것이 소비되어야 재생산이 가능하지 소비억제만 하면 생산 자체가 시들고 만다는 경제관을 피력하고 있다.

능률적인 재생산을 위해서는 각종 선진 기술기구의 습득수입이 선결문제였다. 이리하여 허망한 명분론에서 청나라를 오랑캐라 하는 시대착오적인 북벌론의 여운이 가시지 않던 당시, 용감한 북학론─청조문명은 호족의 보잘것없는 것이 아니라 그 땅은 중화의 땅이요, 그 문명은 중화문명을 이은 것이니 그 선진성을 인정하여 적극 학중국學中國할 것─을 주장하였을 뿐만 아니라 지금 북경에 와 있는 서양 선교사들은 모두 훌륭한 과학기술자들이니 그들을 초빙하여 우리의

---

2) 『北學議』, 進北學議 財賦論.
3) 『北學議』 內篇 市井. 丙午所懷에도 동일한 취지의 글이 있다. 그의 경제관은 생산·소비를 활성화하여 생산품의 질을 높이고 소비수준을 올리는 것이 경제적 활기의 원천이 된다는 데 있는 것 같다.

과학기술교육을 진흥시키자는 실로 파격적인 '학서양學西洋'의 상소를 올리고 있다(1786).

천주교를 이단시하던 당시에 이러한 상소는 결사의 각오없이는 표명될 수 없는 소회다. 그는 자기 생명을 걸고 소신을 밝힌 것이고 그럴 가능성은 없었겠지만 만약 채용되었더라면 일본에 앞서 서구과학이 순조롭게 이 땅에 뿌리를 내렸을지도 모를 순간이었다.

그의 수발한 견식도 견식이려니와 감연히 그것을 표명하는 그의 헌신적 용기와 애국심이 새삼 우러러 보인다.

그의 해외통상론에 이르러 우리는 그가 전무후무한 이용후생학의 천재였음을 잘 알 수 있다. 동양에서는 18세기 말엽까지 무역에 대한 개안이 없었으니 '중국에는 모든 산물이 없는 것 없이 풍영豊盈하니 외이外夷와 유무상통할 필요가 없는 것'이라 하여 외국과의 일부 교역도 사이四夷를 무육撫育한다는 자선慈善이 취지였다.[4] 농본주의적 자급자족을 이상적인 사회형태로 알았던 당시 중국과의 해로무역이 우리의 유일한 구빈·부국책임을 역설하였으니[5] 놀라운 식견이며 무역대상국도 국력의 정비를 기다려 서양제국에까지[6] 넓혀야 한다고 하였으니 쇄국의 시대에 있어서 개국통상을 부르짖은 것이다.

일찍이 토정이 전라도의 가난을 구하기 위하여 유구국과 통상하

---

4) 陳舜臣,『실록 아편전쟁』, 30쪽. 청국정부는 대외무역 등에는 전혀 관심이 없었다.
5)『北學議』進北學議, 通江南浙江商舶議.
6)『北學議』進北學議, 通江南浙江商舶議.『북학의』에서의 모든 논책은 모두 박제가의 것인데 유독 이 해외통상론에만 '齊家自識'이란 서명이 있는 이유는 무엇일까? 지금 규장각에 있는『북학의』에는 丙午所懷와 進北學議疏 등이 있는 것으로 보아 초고본이 아니다. 박제가는 끊임없이『북학의』를 추고하고 있었는데, 후고를 기다려야겠지만 초고시에는 강남절강에 통하기 어려우면 우선 遼陽에라도 수로로 통할 것을 말하는 등 현실성 있는 타협성을 보였는데(규장각본『北學議』), 아마 서양제국과의 통상론은 후일의 추가첨필이 아닌가 한다. 중요한 보필이므로 저자 자신의 보필임을 명시하기 위하여 '齊家自識' 넉 자를 서명한 것이 아닌가 한다.

자는7) 제한된 주장을 한 것 외에는 유례없는 아이디어다. 정유의 탁견은 여기서 그치지 않는다. 그는 해외통상은 직접적인 교역 이외에 새로운 기술을 배울 수 있는 기회가 되며, 국민의 견문을 넓히며, 외국의 도서를 수입하여 우리의 고루한 견식을 깨우칠 수 있는 막대한 파급효과가 있다고 하였다.8) 이와 같은 교역의 효용에 관한 깊은 통찰은 전근대에 있어서 유례없는 서리犀利한 것이었다.

흔히 박제가를 연암의 제자라고 하여 심지어 '연암학파'9) 속에 박제가를 넣는 경우도 있으나 심한 오해다. 젊은 시절 한때 그들은 북학의 동지요, 사제였다. 그러나 그것은 한때의 일이었다. 이미 『열하일기』와 『북학의』만 보더라도 똑같다는 것 즉 '여출일수如出一手'라는 것은 용차·용벽 등 북학에 관한 것에 한할 뿐, 두 책은 성격이나 내용이 크게 다르다.10) 일기는 기행문·필담록·소설 등이 포함된 것이고, 북학의는 북학을 집중적으로 논하여 "시행함으로써 얻을 수 있는 이로움이 무엇인지, 그렇지 않을 때 생길 손해는 무엇인지"11)를 역설한 것이다. 특히 상업에 대한 관심의 농담濃淡이 다르니 『북학의』 시정市井조와 『열하일기』의 시사市肆조를 비교하면 하는 상가 풍경에 대한 스케치요 하나는 본격적인 상업진흥론이라 하더라도 상업에 대한 양자의 관심도의 차이가 역력하다.

---

7) 『五洲衍文長箋散稿』 上 卷32.
8) 『北學議』進北學議, 通江南浙江商舶議; 外篇 丙午所懷. 해외통상의 파급효과에 관한 이와 같은 탁견은 1888년 저 박영효 상소가 있을 때까지 유례를 찾기 어려운 경륜이다(역사학회 편, 『한국사자료선집』 五, 내정개혁에 대한 건백서, 54쪽).
9) 이우성, 「실학연구서설」, 역사학회 편, 『실학연구입문』, 13쪽.
10) 다기한 내용에 걸친 『열하일기』와 『북학의』 전체가 같을 수도 없는 것이고, 같다는 것은 북학에 관한 것뿐이다. 코스모폴리탄적인 『북학의』 한어漢語와 민족주의적인 嬰處稿序(燕岩集 卷7)을 비교하여도 대조적임을 알 수 있다.
11) 『北學議』 自序.

세월이 흐를수록 두 사람의 사상적 거리는 멀어만 갔다.[12] 정조 23년(1799) 두 사람이 왕지를 따라 농서를 올릴 때, 즉 진소본북학의와 『과농소초』를 올릴 때는 완전히 대조적인 상반된 입장에 있었다. 박제가는 "이번에 올리는 이 글도 전날 세상의 비웃음을 받았던 것이지만 이외에는 또 할 말이 없사옵니다"[13]라는 감개어린 것이었는데 연암의 것은 보수적 입장에서 서서 전날 일기에서의 '술기逑奇의 죄'를 자속自贖하는 것이었다. 그것은 철저한 농본주의에 입각한 농서이며 농사에 힘쓰는 것이 인심을 순박하게 하여 치안을 위해서도 근본[14]이 된다는 우민정책적인 이해가 있어 박제가의 해외통상이 국민계몽을 위해서도 필요하다는 의견과 대조적이다.

대조적인 사상을 갖고 있었음은 정조홍거 후 64세의 연암은 양양부사로 영전되고 박제가는 벽파의 박해로 간신히 죽을 고비를 넘기고 종성에 유배된다는 대극적인 인생행로를 걸은 곳에서도 명시되어 있는 것이다.

2백 년 전 이미 무역입국론을 주장한 기적과 같은 선각자 정유 박제가의 사상이 오늘날 바르게 인식 평가되어 『북학의』가 영원한 고전이요, 거기 제시된 여러 방안은 오늘에 있어서도 생명을 갖는 것임이 인정되어 이 선각자를 기념하는 동상이 약진한국의 여러 곳에 세워지기를 고대한다.

---

12) 점점 '唐魁'의 지목이 집중되어 가는 그와 朱門을 謹守하는 쪽으로 기우는 연암과의 거리는 갈수록 넓어만 갔을 것이다. 이미 정조 10년 병오소회에서 서사 초빙이며 해로통상을 논한 박제가와의 거리는 메우기 어려웠을 것이다. 이때 올린 548건의 所懷는 대부분 절검론, 농본사상에 입각한 상공업억제론, 班常의 別을 고수해야 한다는 명분론이었으니 正祖丙午所懷騰錄 전부와 그의 건의를 대비하여 볼 때 더한층 그의 외로운 시류에서 멀리 솟아난 식견에 경탄을 금할 수 없다.

13) 『北學議』 進北學議, 進北學議疏.

14) 課農小抄諸家總論. 연암도 민중이 현명해지는 것好智을 바라지 않고, 專制를 위해선 민중이 단순해지는 것童樸을 바라는 우민정책에 左祖하는 것 같다.

제14장
정유와 연암*

1. 머리말

박제가에 대하여 대개는 이미 주지되어 있다. 나는 이 기회에 정유와 연암의 사상적 차이점을 밝히는 데 치중하여 지금껏 통용되어온 '연암학파'란 용어와 개념이 시정되어야 한다는 지론을 역설하고자 한다.

북학파의 대표적 학자로서 연암을 들고 박제가를 비롯한 일군의 학자들을 연암학파라 부르는 것이 잘못이라고 본인이 이의를 제기한 것은 1975년 12월 역사학회 발표회에서였으며(다산의 상업관 연구, 『역사학보』 제70집), 이어 1977년 진단학회의 고전심포지엄 『연암집』(『진단학보』 제44호)에서 이 취지를 더욱 강조하였고, 1981년 10월 진단학회 고전심포지엄 『정유집』에서는 실학연구서설(역사학회 편, 『실학연구입문』, 1973)에서 연암학파란 용어와 개념을 사용한 이우성 교수와 직접 토론을 벌였으나 시원하게 시비를 가리지 못하였으므로 이번 기회에

---

* 김용덕, 전 중앙대학교 사학과 교수, 작고.
　원전 : 단국대학교 동양학연구소 편, 『조선후기문화: 실학부문』, 단국대출판부, 1988, 397~406쪽.

졸견을 다시 천명하고자 한다. 그것은 자설自說의 고집이 아니라 실학
사상의 유파流派를 다시 정리하여 그들의 올바른 좌표를 세우기 위해
서도 종래의 설은 시정되어야 한다고 믿기 때문이다.

2. 편력과 정견定見

고전심포지엄에서 이우성 교수는 "설령 사상적으로 연암에 비해
다소 전진적인 위치에 있었다 하더라도 후배가 선배보다 사상적으로
발전하는 것은 당연한 일이지 사상적으로 좀 발전했다고 해서 완전히
다르다는 것 또한 있을 수 없는 일입니다. 우리가 헤겔Hegel파하면 전
부 헤겔사상 그대로냐 하면 그렇지 않고 더욱 스승의 학설을 발전적
으로 계승한 예도 얼마든지 볼 수 있습니다"(『한국고전심포지움』 2집 378
쪽, 일조각, 1985. 3)라고 한 바 있다.

정유와 연암의 차이는 종래의 설처럼 '좀 발전한' 정도의 것인지
여부가 검토되어야 할 것이다. 즉 주장이 좀더 철저하더라도 동일차
원의 것인지 그렇지 않은지를 따져봐야 할 것이다. 졸견으로는 연암
이 『북학의』 서문을 쓰던 정조 2년에는 두 사람은 북학의 동지였지
만, 20년 후인 정조 22년(1798) 『과농소초』와 진북학의소를 올릴 때에
서는 정반대의 경륜, 즉 중농과 중상을 주장하는 대조적인 사상을 갖
고 있었다고 생각한다.

후에 다시 논급하겠지만 박제가의 주장은 '비난을 받더라도 이밖에
또 할 말이 없다'라고 전저前著 『북학의』 내외편과 사상적 변화가 없는
것이고, 여기에 비하여 『과농소초』나, 함께 올린 한전명전의限民名田議

는 그 내용이 『열하일기』와는 현격한 차이를 보이고 있는 것이다.

한민명전의란 농민생활의 안정을 위하여 점전다과占田多寡의 차이를 없애는 '한전限田'을 주장하였고, 그 방법은 토지매매에 일정한 제한을 둠으로써 점진적으로 정전井田의 효과를 얻으려는 것이 그의 기본 경륜이었으며, 그 취지방법에 이르기까지 성호의 '균전론均田論'(『곽우록藿憂錄』)과 같은 것이다.

정유의 무역입국론과 연암의 농업입국론은 동일차원이 아니며, 사실 이때의 연암의 사상은 '상공업의 유통 및 생산도구 일반 기술면의 혁신'을 지표로 하는 주장과는 많은 차이가 있었으니, 광무본光武本(1900)『연암집』연보에는 과농소초는 『열하일기』에서의 '술기述奇의 죄'를 자속自贖한 것이라고 논평하고 있다.

정유와 연암의 이러한 사상적 입장은 집권층에게도 잘 판별된 모양이다. '당괴唐魁'의 지목이 집중하는 속에서 생명을 걸고 용감하게 해외통상론·서양선교사 초빙론 등 세상이 놀랄 만한 구국의 경륜을 주장한 박제가는 일찍부터 보수파의 질시의 과녁이었으니 그의 피화被禍는 조만간 예기되던 일로 신유사옥에 연루된 그를 필사의 땅으로 몰려는 벽파의 추궁은 가혹하고도 집요하였다. 반면 정조훙거 후 연암은 양양부사로 영전하는 대극적인 인생행로를 걷고 있는 것이다.

연암이 사십대에 쓴 『열하일기』와 60대에 쓴 『과농소초』 사이에는 대조적이라 할 만한 차이가 있는 것이다. 이와 같은 경향, 즉 소장시절의 사상과 만년노성晩年老成의 사상 사이에는 흔히 진보에서 보수로의 경사傾斜를 볼 수 있으며 더 심한 경우도 흔하다. 청년시절 공산당원이었던 김준연은 대한민국 초대 법무장관으로서 저명한 반공주의자가 되었고 일본에서도 하야시林房雄와 같이 소장시절의 좌익이론가가 그 후 우익이데올로그가 된 경우가 적지 않으며 한때의 공산당원이 후에 대회사의 경영주가 된 사람도 있다. 사람도 인심도 세월 따라 변하는 것이며 이 세상에 영원불변의 것은 없고 '무상'한 것이 오히려 존재하는 모든 사물의 본연의 자태일런지도 모른다.

젊어서 한때 연암은 정유의 스승이었고 서로 경도하는 북학의 동지들로 원각사터 근처의 연암의 우거寓居를 중심으로 한 그들의 우정은 우리나라의 이용후생학의 꽃을 피게 한 온실이었거니와 세월과 더불어 정유의 '태예자용太銳自用'·'입론지과고立論之過高'며, '기고지책奇高之策'은 북학의 동지들 사이에서조차 이해를 얻지 못한 것 같다. 즉 그만큼 북학의 주장은 철저해졌음에 비하여 다른 사람은 점점 '근수정주문호謹守程朱門戶'하려는 쪽으로 돌아간 모양이다.

우리는 과도하게 한때의 사제관계에 구애될 필요는 없을 것이다. 생각건대 사상가·학자에게서 연령과 더불어 익어가는 노성기老成期의 견해를 그의 정견으로 간주하고 소장시절의 주장은 그의 사상적 편력에서의 한 시기의 것, 한 이정표로 보는 것이 타당할 것이다. 재언하거니와 연암의 경제사상의 중심은 한전법에 있었으니 심지어 『과농소초』에서는 "농사는 민심을 순박하게 하여 '제치보방制治保邦'의 근본이 되는 반면, 상업은 민심을 교활하게 만드는 온상이라"고 하였다. 노년의 연암의 농업관·상업관이 이러할진대 구빈의 첩경이 해외통상에 있다는 무역입국론자인 정유를 같은 '연암학파' 속에 포함시킬 수는 없지 않은가.

3. 정유와 연암

『열하일기』와 『북학의』만 보더라도 연암이 『북학의』 서문에서 '여출일수如出一手'라 한 것은 용차·용벽 등 북학에 관한 것에 한할 뿐 두 책은 성격이나 내용이 크게 다르다. 『열하일기』는 기행문·필담록· 소설(허생전) 등이 포함된 것이고, 『북학의』는 농잠총론·재부론·통 강남절강상박의 등 북학을 집중적으로 논하여 북학을 실천하여 얻어 지는 국익과 이를 안함으로 인한 폐단을 역설한 것이다. '여출일수'라 는 것은 북학에 한정된 것이고 『열하일기』와 『북학의』에서조차 크게 다른 점을 볼 수 있다. 『북학의』 한어조에는 온 나라 사람들이 본국 의 말을 버리고 중국을 따른다 해도 안될 것이 없다는 놀랍게 민족의 식이 결여된 모화사상 내지는 일종의 세계주의를 볼 수 있는 데 비하 여, 연암은 이와는 정반대로 『열하일기』 도강록에서 민족적 주체성이 약한 『삼국사기』의 편찬방침을 비판하고 요동이 '본조선고지本朝鮮故地' 임을 강조하고 한사군의 반은 요동에, 반은 여진땅에 있었다고 주장 한다. 평양이 요동에도 있었다던가 패수浿水는 요동에서 찾아야 한다 는 설은 단재 신채호의 삼한사군 문제해석에 시사를 주었을 것이라 고 생각된다. 연암은 또 『과농소초』 권수卷首에서 '단군지립 실여요병 檀君之立 實與堯並'이라는 일연과 같은 역사의식을 보이고 있으며, 『연암 집』 영처고서嬰處稿序에서는 '우리나라는 중국과 산천·언어·풍속이 다른만큼 무턱대고 중국을 따르면 그 문체의 외양이 같을수록 운치 는 없는 것이니 우리의 말을 그대로 글로 하고 우리의 민요를 그대로 읊으면 그것이 참된 문학이라'고 민족주의적인 경향을 보이고 있다. 벌써 이렇게 다른 점이 있었는데 세월이 흐를수록 두 사람의 사상적 거리는 멀어만 갔다.

정조 10년(병오년, 1786) 박제가는 구언求言에 따라 소회所懷를 올렸는 데 이 병오소회야말로 당면한 국가적 과제인 구빈을 위하여 중국과 의 해로통상을 주장하고 북경에 와 있는 서양인 선교사들을 초빙하여 과학기술교육을 진흥시킬 것, 즉 학서양學西洋을 부르짖고 나라를 덮는 유식양반 문제해결을 위하여 국가적 권장 아래 그들을 모든 종류의 상업에 종사시킬 것을 역설하는 등 스스로 '세상이 깜짝 놀랄 것'을 예기하면서도 누를 길 없는 정성에서 용감하게 피력한 혁명적인 주장이었다.

이 때 올려진 건의는 총 548건 그 대부분이 구태의연하게도 절검론·억말론·신분관계를 고수하려는 명분론 등이었으니 소회등록所懷謄錄 전부와 정유의 병오소회를 대비하여 보면 얼마나 그의 식견이 멀리 시류에 앞선 선각적 탁견인가를 알 수 있다.

이 병오소회야말로 북학파 중에서도 가장 선진적인 사상가가 정유임을 입증하는 기념비라 할 것이다. 그러나 그러한 기고지책奇高之策은 일반은 물론이고 같은 북학파 동지 사이에서도 반발을 샀던 모양이다.

본래 정유의 인품은 온후심중溫厚心重하기보다는 경한직정勁悍直情한 곳이 있었다. 그는 그의 소전小傳에서 자서하기를 "사교적인 사람을 멀리하고 고독한 사람과 사귀려는 성향이 있어 처세에는 늘 손해를 보는 편이라"(『貞蕤集』 卷3) 하였으니 그의 반세속적인 기개와 개성을 알 수 있는 것이다. 그는 생명을 걸고 소신을 밝히는 용감스러움을 보였으니 연암은 그가 때때로 나타내는 이러한 '봉영鋒穎'이 못마땅하였다. 서출로서 영직榮職에 있는만큼 소심근신小心勤愼해야지 기고지책奇高之策을 개진한다든가 즐겨 부화浮華한 자와 교유하는 것을 염려하고 있었다. 부화한 자란 아마 박제가 주변에 있었던 습사권용習射拳勇의 한량들, 서화금슬書畵琴瑟의 풍류객이며 시정상인들이었다고 생각된다.

이덕무에 비하여, 정유는 너무나 '태예자용太銳自用'이었다. 정조 16년 문체론 문제가 일어났을 때 만년의 아정은 더욱 주자학적으로 회

귀하고 그럴수록 정유와의 사상적 거리가 생겼던 것 같다. 이덕무는 정유의 성벽이 돌올突兀하여 중원의 풍속을 악모樂慕하고 만주인과도 형제와 같이 지내고 있으니 당괴의 지목이 정유에게 집중하는 것은 공론이라고 그의 당벽을 비판하고 있다(『雅亭遺稿』卷7). 정유의 과감한 북학론은 시속時俗은 물론이요, 그의 평생지기에게조차 이해되기 어려웠던 모양이다. 여기서도 정유가 북학파 중에서도 가장 혁신적인 인물이었으며, '당괴' 즉 북학파 최대의 별임을 알 수 있는 것이다.

4. 진소본북학의와 『과농소초』

정조22년 11월(1798, 제가 49세) 왕은 해를 이은 흉작에 자극되어 농업문제를 전면적으로 성찰하여 그 해결책을 모색하려고 지리·수공水功·기구·제언堤堰·곡종穀種 등에 대하여 소견을 말하라는 분부를 내렸다. 이에 응하여 40여 인이 농서를 올렸는데 그 중에 면천군수로 있던 연암의 『과농소초』와 영평현령으로 있었던 정유의 『북학의』가 있었다. 이때에 진소한 진소본북학의는 전저『북학의』내외편 53조 중에서 윤음의 취지에 맞추어 수레車·밭田·거름糞·농기農器·도종稻種·축창築倉 및 통강남절강상박의通江南浙江相舶議 등을 진북학의소와 함께 올렸으니 『북학의』내외편의 꼭 3분의 1 되는 분량을 초출抄出하되 첨삭을 가하여 순서·번간繁簡이 모두 다르니 양자를 분간할 것을 강조한다.

진북학의소를 보면 "망발이란 비난을 받더라도 이밖에 또 할말이 없사옵니다"라고 하면서 유식양반의 도태며 용차 등을 주장하고 있어 전저 『북학의』내외편 저술당시인 20년 전과 별다른 변화를 볼 수

없는 것이다. 여기에 비하면『과농소초』는 농기구의 제制를 학중국學
中國할 것 등 일부 기술면의 북학론이 있으되 그의 농업관·상업관이
『열하일기』 당시보다 크게 달라지고 있는 것을 알 수 있는 것이다.
『과농소초』의 '제가총론諸家總論'에서는 다음과 같은 항창자亢倉子의 설
을 인용, 극찬하고 있다.

> 사람들이 농사를 버리고 상업에 종사하면 간지다사奸智多詐하게 된다.
> 선왕이 백성을 다스리는데 먼저 농사에 힘쓰는 것은 다만 지리地利를 위
> 함이 아니요, 그 뜻을 귀하게 함에 있었으니 사람이 농사지으면 질박하
> 여진다. 질박하면, 다스리기 쉽고 질서는 확립된다. 농사꾼의 마음은 순
> 박하여 사리를 좇는 마음이 적으니 공법公法이 잘 준행遵行된다.(要旨)

농사는 민심을 순박하게 하여 체제를 안정시키는 근본이 되고 상
업은 간교의 원천이 된다는 항창자의 설을 '미증유의 명론탁견이라'
고 찬양하고 있다. 이 논평으로 미루어 보건대 노년의 연암의 첫째
소망이 안정된 농업사회의 실현에 있었고 농업사회의 안정은 농민들
이 적정규모의 토지를 소유하는 데 있다고 보았던만큼 점진적으로
토지균분의 효과를 얻으려는 한전법의 주장이 그의 경제사상의 중심
을 이룬다고 보아야 할 것이다.

그런데 당시의 농사는 농법이 서툴러서 생산성이 매우 열악한 형편
이므로 조금이라도 지교知巧있는 자는 모두 호미를 버리고 장삿길로 나
서고 농사짓는 자는 모두 천하의 지우지졸至愚至拙의 무리들이었다.[2]

연암의 경제사상이 그러하고 현실이 그와 같은 이상 그의 상업관
이 억말론적으로 경사하였으리라고 추리하는 것은 논리의 자연스러

---

2)『課農小抄』, 諸家總論.

운 귀결이 아닐 수 없는 것이다. 따라서 그의 상업관을 평생을 통해서 종합하면 본말론적인 범주를 넘는 것이 아니었다고 생각된다. 단이것과 그의 북학론이며 화폐론 등을 아울러 생각하면 농사에 피해를 주지 않는 범위에서의 상업의 발달·전화錢貨의 보급은 농업사회에서도 필요하며 유리하다는 의미에서의 제한된 긍정적 상업관이었다고 생각된다.

여기에 비하여 정유에게는 '한민명전의限民名田議'와 같은 토지제도를 논한 논책은 전무하였다는 사실이 인상적이다. 구빈이라는 국가적 과제의 해결을 위하여 소장시절 연암은 한때 전면적인 북학론이며, 상업진흥책·강남과의 무역에도 동조하였지만 그의 가문이 집권층과 가까운 처지여서인지 점점 보수적으로 회귀, 체제유지를 위해서는 중농이 제일이라는 견해에 도달한 모양이다. 정유의 경우와는 대조적이다.

박제가는 평생을 두고 끊임없이『북학의』를 추고하였는데 현존 규장각본『북학의』통강남절강상박의조를 보면 말미에 중국과만 해로 통상할 것이 아니라 국력의 정비를 기다려 서양제국과도 차차 통상해야한다는 말이 있고 그 밑에 '제가자식齊家自識'이란 서명이 있다.『북학의』내외편 50여 조가 모두 그의 저술인데 유독 서양제국과의 통상을 부르짖는 이 대목에만 '제가자식'이라는 서명이 있는 이유는 무엇일까.

규장각본『북학의』내외편에는 병오소회며 진북학의소 등이 부록되어 있는 것으로 보아 초고본이 아니고 후일 정사精寫한 것으로 서양제국과의 통상론은 후에 추가로 가필한 것이고, 중요한 보첨補添이므로 특히 '제가자식'의 서명을 넣은 것이 아닌가 한다. 그리고 보면 제가의 소신은 세월과 더불어 오히려 철저해졌으며 일관되고 있음을 알 수 있다.

농사에 힘쓰면 인심이 순박해져서 치안을 위해서도 근본대책이
된다는 우민정책적인 연암과 해외통상이 국민의 지견을 넓히는 파급
효과가 있으니 국민계몽을 위해서도 바람직하다는 정유의 견해는 차
원이 다른 이질적인 것이라 할 것이다. 정유의 무역입국론과 연암의
농본주의는 같은 사상이라 할 수 없으며 하물며 제가를 청년시절의
연암의 제자라고 하여 연암학파 속에 넣을 수 없는 것이다. 그것은
너무나 변천을 외면하는 정체된 시각이라 할 것이다.

한편 다음과 같은 사실을 들어서 '두 사람의 관계가 말년에까지
깊은 관계에 있었다'고 하고 '연암이 늙어서 안의현감으로 가 있을 때
에 정조가 박제가에게 "박지원이 안의에 가 있어서 많은 문사들이 찾
아가 노는데 너는 박지원과 가장 가까운 사람이면서도 공무에 매여
못 가는 것 같으니 너의 마음이 울적하지 않느냐, 내가 너에게 휴가
를 줄 터이니 연암을 찾아가서 놀다 오너라(『한국고전심포지움』 2집, 일조
각, 1985, 378쪽)"고 정조가 박제가에게 연암을 찾아볼 수 있도록 특별히
휴가를 주어서 안의에 보냈다'는 설이 있다. 필자는 이 사실의 출전
을 모르거니와 연암은 55세로부터 60세 때까지 안의현감으로 재임하
였으므로 끝무렵에는 생일잔치 등이 성황을 이루었던 모양이고 사상
적 거리에도 불구하고 두 사람의 친지로서의 인간관계는 그럭저럭
유지되었던 모양이다. 정조는 신하에 대하여 인자한 배려가 왕왕 있
는 분이니 그런 일화도 가능했던 것이지 '깊고 특이한 관계를 증명하
고도 남는' 사실은 못될 것이다. 후고後考를 기다려야겠지만 어쩌면
이것은 연암의 회갑수연 때의 일이었는지 모를 일이다.

또 하나 연암·정유 두 사제간의 정의가 '남달랐던 것'의 증거로
거론되는 것은 연암이 빈사의 병석에 있을 때 정유가 문병하러 갔다
가 그의 운명殞命함을 보고 몹시 슬퍼하여 인하여 병이 나서 곧 죽었

다는 김택영이 편찬한 광무본『연암집』권수卷首 본전本傳의 기사다.

본전 '연보'는 당시 외부교섭국장이던 이응익이 기록한 것인데 이
것은 종성에서의 유배생활 2년 7개월 만에 돌아온 후의 박제가의 동
정을 전하는 유일무이한 기록인 것이다. 방석放釋된 후의 정유소식은
묘연하다. 아마 55세 되던 봄에 해배解配된 후 곧 작고한 것이 아닌가
한다. 박제가는 대왕대비의 '방축향리放逐鄕里'의 사령赦令이 내린 다음에
도 1년 넘게 배소생활을 계속하였으니 그것은 의금부의 고관들이 대
비의 영을 따르지 않았기 때문이다. 재차 엄명을 내려 간신히 향리에
돌아온 그가 곧 순조 5년(1805)에 벌써 서울에 있었다는 것은 방증없
이는 믿기 어렵다. 또 사상적·사회적으로 대극적이었던 두 사람 사
이에 이러한 정의가 흐르고 있었다고는 생각되지 않는다. 광무본『연
암집』연보에 있는 "63세에『과농소초』를 진소하였는데, 일기에서의
술기述奇의 죄를 면제받음"이란 기사는 믿고, 이것은 믿지 않느냐고
하겠지만 한 책 중의 기사는 물론이요, 한 장 한 절 속의 기사에서도
취할 것과 버릴 것을 가릴 수 있으며, 그것은 가능할 뿐만 아니라 한
사람이 한자리에서 말한 의견 중에서도 시시비비 장단을 가려야 하
듯이 같은 책 중에서도 취사를 선택하는 탄력적인 비판적 태도는 사
가史家의 당위라고 생각한다.

5. 맺음말: 실학사상의 좌표

정치란 백성의 살림을 고르게 해야 하는 것인만큼 물자의 유무상
통을 촉진하는 화폐며 이를 운영하는 상업은 없을 수 없는 것이며 전

세田稅를 전납케 하면 현물수납에 따르는 갖가지 농간을 막을 수 있다
는 등 다산의 긍정적인 화폐관은 곧 긍정적인 상업관과 통하는 것이
었다. 그렇다면 그의 긍정적인 상업관과 그의 기본경륜인 여전법閭田
法과 같은 농본주의와는 어떻게 조화·양립할 수 있는가. 다산은 농·
상간에 '편고편락偏苦便樂'이 없도록 균형이 이루어져야 한다고 하였다.
그 균형이란 상리商利가 크면 농토를 버리고 장사판으로 모여들게 마
련이니 이러한 폐단이 없도록 과세를 조정해야 한다고 하였으니 그
것은 농사에 피해를 주지 않는 범위 내에서의 상업의 발달, 화폐의
보급은 농업사회에 있어서도 필요하며 유익하다는 의미에서의 제한
된 농주상종農主商從的인 긍정적 상업관이었다. 이러한 다산의 사상은
연암의 그것과 흡사하다고 생각된다.

연암도 적정수준의 토지를 소유하는 농민의 존재를 나라와 정치
의 '대본大本'으로 보았다. 따라서 '겸병兼倂'의 진행에 따라 토지에서 밀
려나거나 과도한 토지소유의 영세성은 절박한 농업사회의 불안요인
이었던만큼 무엇보다도 급무는 토지제도의 개선에 있었다. 그는 혁명
적 방법으로 농민을 경동驚動시키지 않고도 정전井田의 효과를 잃지 않
은 한전법을 주장하였던 것이니, 그의 근본경륜이었다. 따라서 평생
을 두고 연암의 상업관을 검토하면 다산류의 농주상종적인 것이었
다.

여기에 대하여 상업이 발달하면 따라서 만사가 잘된다는 농암 유
수원의 상업제일주의나 구빈의 유일한 첩경으로서 해외통상을 부르
짖고 생산과 유통의 진흥을 주장하는 정유의 통상입국론은 차원을
달리하는 견해인 것이다.

이와 같이 상업관을 기준해서 볼 때 실학파에는 크게 세 개의 유
파가 있으니 적극적인 상업진흥론자인 유수원·박제가와 전면적으로
상업에 대해서 부정적이고 폐전론마저 주장하는 성호 이익을 대조적

입장으로 보면 그 중간이라 할 농주상종적인 사상을 가진 이가 반계 · 연암 · 다산이었다고 생각한다.

따라서 '연암학파'란 개념과 용어는 시정되어야 하며 북학파나 이용후생학파라 하는 경우에도 그 중심인물 내지는 대표는 누구보다도 철저하게, 또 일관되게 용감하게 북학을 역설하여 당시에 이미 '당괴'라고 불렸던 『북학의』의 저자 정유 박제가여야 할 것이다.

박제가 연구논저

1. 사료

朴齊家, 『貞蕤稿略』二卷.
_____, 『貞蕤閣文集』 4冊.
_____, 『貞蕤閣抄集』 1冊.
_____, 『貞蕤詩集』 8冊.
_____, 김한석 역, 『북학의』, 협동문고, 1947.
_____, 이익성 역, 『북학의』, 을유문화사, 1971.
_____, 이석호 역, 『북학의』, 대양서적, 1972.
_____, 김승일 옮김, 『북학의』, 범우사, 1995.
_____, 안대회 옮김, 『북학의』, 돌베개, 2003.
_____, 박정주 옮김, 『북학의』, 서해문집, 2003.

2. 연구논저

강만길, 「조선후기 상업자본의 성장」, 『한국사연구』 제1호, 1968.
_____, 「실학파의 상공업 발전론」, 『한국 사상의 심층연구』, 우석, 1986.
강재언(정창렬 역), 『한국의 개화사상』, 비봉출판사, 1981.
_____, 「조선실학에 있어서의 북학사상」, 한울편집부 역, 『근대한국사상사

연구』, 한울, 1983.

권영익, 「북학파의 상공업론을 중심으로 한 한국 경영이념에 관한 사적 고찰」, 『성균관대논문집』 제12집.

금장태, 『한국실학사상사연구』, 집문당, 1987.

김광진, 「박제가」, 김광진·김광순·변낙주, 『한국경제사상사』, 이성과현실, 1989.

김길환, 「박제가의 생애와 사상」, 이을호 편, 『실학 논총』, 전남대학교 출판부, 1975.

김병하, 『한국경제사상사』, 일조각, 1977.

김성칠, 「연행소고」, 『역사학보』 제12집, 1960.

김영호, 「실학과 개화사상의 연관문제」, 『한국사연구』 8, 1972.

김용덕, 「정유 박제가 연구: 제1부 박제가의 생애」, 『중앙대논문집』 제5집, 1961.

_____, 「정유 박제가 연구: 제2부 박제가의 사상」, 『사학연구』 제10호, 1961.

_____, 「박제가의 사상」, 『한국사상』 제5집, 1962.

_____, 「정유 박제가 연구」, 『조선후기 사상사 연구』, 을유문화사, 1977.

_____, 「연암의 경제사상: 박제가와의 비교를 중심으로」, 『진단학보』 제44호, 1977.

_____, 「박제가의 경제사상: 기적의 선각자」, 『진단학보』 제52호, 1981.

_____, 「박제가의 북학의」, 『한국의 실학사상』, 삼성출판사, 1981.

_____, 「정유와 연암」, 단국대학교부설 동양학연구소 편 『조선후기문화: 실학부문』, 단국대학교출판부, 1988.

김용섭, 「조선후기의 농업문제」, 『한국사연구』 제2호, 1968.

_____, 「조선후기 농학의 발달」, 『조선후기농업발달사연구』(II), 일조각, 1977.

나우권, 「박제가의 실학사상」, 한국사상사연구회, 『실학의 철학』, 예문서원, 1996.

박병호, 「이조실학의 국부와 무역 사상에 관한 고찰」, 『무역논총』 제6집, 한국외국어대학 무역대학원, 1977.

박성수, 「조선후기 실학의 현대경영학적 재조명」, 『경영사학』 제20집, 1999.

박충석, 「초정의 사상적 위치: 북학의를 중심으로」, 『진단학보』 제52호, 1981.

송석구, 「정유의 실학사상」, 단국대학교부설 동양학연구소 편 『조선후기문화: 실학부문』, 단국대학교 출판부, 1988.

송주영, 「정유 박제가의 경제사상」, 단국대학교부설 동양학연구소편 『조선후기문화: 실학부문』, 단국대학교 출판부, 1988.

손승철, 「북학의의 존주론에 대한 성격분석」, 『강원대학교논문집』, 제17집, 1982.

신용하, 「박제가의 사회신분관과 사회신분제도 개혁사상」, 『조선후기실학파의 사회사상연구』, 지식산업사, 1997.

안대회, 「열린 사회를 위한 개혁개방론, 박제가의 북학의」, 안대회 옮김, 『북학의』, 돌베개, 2003.

역사학회편, 『실학연구입문』, 일조각, 1986.

원유한, 「실학자의 화폐통상론」, 『동방학지』 26, 1981. 3.

유원동, 「실학사상의 근대적 특색」, 『한국학보』 제6집, 1977.

_____, 『한국실학사상개론』, 정음문화사, 1983.

윤사순, 『한국유학사상론』, 열음사, 1986.

이경수, 「박제가론」, 정양모 외, 『조선후기한문학작가론』, 집문당, 1994.

이상태, 「박제가의 통상개국론」, 『소헌남도영박사화갑기념사학논총』, 1984.

이석호, 「북학의 해설」, 이석호 역, 『북학의』, 대양서적, 1972.

이성무, 「박제가의 경제사상」, 『이해남박사화갑기념사학논총』, 1970.

_____, 「박제가의 북학의」, 역사학회, 『실학연구입문』, 일조각, 1973.

이우성, 「18세기 서울의 도시적 양상」, 『향토서울』 제17호, 1963.

_____, 「실학연구서설」, 역사학회 편 『실학연구입문』, 1973.

이영협, 「이조후기의 경제사상에 관한 연구」, 『아카데미논총』 제3집, 1975.

이익성 해제, 이익성 역, 『북학의』, 을유문화사, 1971.

이재룡, 「중농적 제도개편론의 대두」, 『한국사』 14, 국사편찬위원회.

이춘령, 「진북학의를 통하여 본 박제가의 농업론」, 『진단학보』 제52호, 1981.

이훈섭, 『한국전통경영사연구』, 보경문화사, 1992.

정옥자, 「문학사적 측면에서 본 정유집」, 『진단학보』 제52호, 1981.

정창렬, 「실학」, 이가원 등 편 『한국학연구입문』, 지식산업사, 1981.

_____, 「실학연구의 쟁점과 과제」, 조명기 외『한국사상의 심층연구』, 1986.

조기준, 「실학사상의 사회경제적 인식」,『한국자본주의성립사론』, 대왕사, 1977.

조동성, 「박제가의 해외통상론」,『한국의 종합무역상사』하권, 법문사, 1983.

주칠성, 「박제가의 철학과 실학사상」,『실학파의 철학사상』, 1996.

천관우,『실학사상사』, 고려대학교민족문화연구소, 1970.

_____, 「조선후기실학의 개념재론」,『한국사의 재발견』, 일조각, 1974.

_____, 『이조실학의 개척자 10인』, 신구문고 제16권, 1974.

한영국 해제, 한영국 역,『우서』, 민족문화추진회, 1981.

한우근, 「이조실학의 개념에 대하여」,『진단학보』제19호, 1958.

_____, 「정조 병오소회 등록의 분석적 연구」,『서울대논문집』제11집, 1965.

홍덕기, 「정유 박제가의 경제사상: 상업론을 중심으로」,『호남문화연구』제 13집, 1983.

藤塚 鄰, 李朝における淸朝文化の移入と金阮堂, 博士學位論文, 東京大學, 1936.

_____,『淸朝文化東傳の硏究』, 1975.

黑岩直樹, 「朴齊家思想」, 飯沼二郎・姜在彦 編,『近代朝鮮社會思想』, 未來 社, 1983.

찾아보기